INVERNADERO

Manual de cultivo y conservación

DR. D.G. HESSAYON

BLUME

Título original:
The Greenhouse Expert

Traducción:
Remedios Diéguez Diéguez
María Isabel Ripollés Amela

**Revisión científica, técnica y adaptación
de la edición en lengua española:**
Xavier Bellido Ojeda
Experto en jardinería
Asesor en plantaciones y reformas

**Coordinación de la edición
en lengua española:**
Cristina Rodríguez Fischer

Primera edición en lengua española 2002

© 2002 Naturart, S. A. Editado por BLUME
Av. Mare de Déu de Lorda, 20
08034 Barcelona
Tel. 93 205 40 00 Fax 93 205 14 41
e-mail: info@blume.net
© 1997 Dr. D.G. Hessayon

I.S.B.N.: 84-8076-406-6
Depósito legal: B.38.588-2001
Impreso en Edigraf, S.A., Montmeló (Barcelona)

CONSULTE EL CATÁLOGO DE PUBLICACIONES *ON-LINE*
INTERNET: HTTP://WWW.BLUME.NET

Contenido

CAPÍTULO 1

INTRODUCCIÓN

Tal vez el motivo de mayor alegría para quien posee un invernadero sea precisamente uno de los que reciben menos atención en los libros. Cuando uno atraviesa la puerta de metal o de madera y la cierras tras de sí, penetra en un mundo privado que le aísla de las preocupaciones de todos los días y del tiempo que hace afuera.

En el exterior hay que compartir las plantas con los vecinos, con la gente que pasa, con la familia, etc. Por otra parte, los factores del entorno son incontrolables: las heladas, el viento y la lluvia dictan nuestras acciones. En el invernadero, en cambio, todo lo que hay en él es lo que hemos creado: un ambiente protegido y una serie de plantas que dependen de nosotros para sobrevivir. Regarlas, alimentarlas, plantarlas, trasplantarlas..., todo lo que hagamos con ellas dependerá de nosotros mismos, y sin nuestros cuidados seguramente morirían.

Además, trabajar en un invernadero bien acondicionado es de lo más reconfortante. En él se está caliente y seco cuando fuera sopla el viento o cae la lluvia, y los resultados dependen exclusivamente de nuestras habilidades más que de los caprichos del terreno y la climatología. Pero no debemos exagerar con libros, artículos o catálogos elogiosos.

Para empezar, el aumento del número de invernaderos no es simplemente una cuestión de sentido común, pues no hay nada obvio en la manera correcta de cultivar pepinos o en la razón por la cual el invernadero se ha de ventilar en un día frío. Los libros como éste le explicarán los pasos que hay que seguir, pero no se engañe pensando que no será necesario trabajar demasiado. Un invernadero necesita una atención constante a lo largo del año, lo que en verano se convierte en un cuidado diario a no ser que instale un sistema de ventilación automático y otro de riego. Finalmente, no se crea al pie de la letra la afirmación de que con un invernadero ahorrará dinero. Un invernadero climatizado de tamaño medio seguramente no «se pagará fácilmente en un año». Un invernadero equipado con el andamiaje y el resto de los componentes necesarios cuesta alrededor de € 480,80, y al año se requiere un gasto más de € 150,25 en combustible para mantener una temperatura mínima de 5-7 °C en un invierno no muy frío.

De modo que no se trata de una propuesta para ganar dinero ni de un simple pasatiempo que reclama alguna intervención ocasional. Se trata de una actividad que le permitirá producir una gran variedad de plantas en épocas en las que las de jardín van más atrasadas o cuyo cultivo resulta imposible al aire libre. Para ello hay una serie de trabajos constantes que es necesario realizar, aunque ninguno es agotador, lo cual hace que el cultivo de invernadero sea especialmente adecuado para los no tan jóvenes y para las personas con alguna minusvalía.

Es posible instalar un invernadero en un amplio abanico de formas y tamaños, pero la diferencia fundamental entre un tipo y otro es la temperatura mínima que se mantiene. El invernadero frío es el más sencillo, pues no tiene ninguna fuente de calefacción artificial y por tanto en lo más crudo del invierno la temperatura puede caer por debajo de los 0 °C. A pesar de eso, el invernadero frío prolonga la estación de crecimiento, ya que retiene el calor del sol durante el día. Aquí puede trabajar protegido de los elementos con plantas que están resguardadas del viento y de la lluvia y disfrutar de unas temperaturas diurnas sensiblemente más altas que en el exterior. Los tomates son el cultivo más frecuente en este tipo de invernaderos, y durante el resto del año se realizan esquejes, se siembran semillas y se cultivan hortalizas. Puede obtener fresas, nabos y patatas semanas antes de que las cosechas expuestas al aire libre estén listas, y puede cultivar un amplio abanico de plantas anuales de gran colorido.

De todos modos, el invernadero frío es bastante limitado. No se pueden cultivar plantas sensibles a las heladas entre principios del invierno y mediados de la primavera, a no ser que se les proporcione calor. La práctica habitual consiste en convertir la estructura en un invernadero fresco en el que la temperatura de invierno no se sitúe por debajo de los 5-7 °C. Un nuevo mundo se abre ante nuestros ojos, pues ahora se pueden cultivar «plantas de invernadero» como azaleas, cinerarias, ciclámenes, *Freesia*, prímulas, *Streptocarpus* y muchas otras. También se pueden cultivar plantas resistentes para trasplantarlas al jardín, así como plantas de flor tanto para el invernadero como para interior. La instalación de calefacción transforma el crecimiento bajo cristal, de modo que lo que antes era un lugar reservado únicamente para tomates, pepinos y plantas resistentes pasa a convertirse en uno para una gran variedad de cultivos a lo largo de todo el año.

Así que compre el invernadero si tiene dinero suficiente para gastar, tiempo para cuidarlo de manera adecuada y le gustan las plantas. Si es posible, adquiera uno de un tamaño algo mayor de lo que había planeado, ya que a la mayoría de la gente que compra un invernadero pronto se le queda pequeño para todas las plantas que desean cultivar. Manténgalo como un invernadero templado, pues un invernadero caliente con una temperatura mínima de 13 °C puede resultar muy atractivo si se desea cultivar plantas exóticas, pero unas condiciones tan cálidas no son favorables para algunas plantas y además significaría una factura de combustible de unos € 480,80 al año.

¿Invernáculo o invernadero?

No hay una única característica que diferencie un invernáculo de un invernadero. Un invernáculo normalmente es una estructura más ornamentada que, en general, se encuentra adosada a las paredes de la casa, pero hay algunas excepciones: los grandes invernáculos del pasado se situaban apartados de las majestuosas mansiones. Un invernadero generalmente es un lugar donde se cultivan plantas más que un lugar para exhibirlas, aunque los invernaderos exclusivos para plantas alpinas u orquídeas son una clara excepción a esta regla.

Lo que distingue ambos tipos de habitáculo para plantas es una combinación de diversos factores, que se muestran a continuación.

EL INVERNÁCULO

- El principal factor que se tiene en cuenta es el bienestar y la comodidad de las personas.

- Su función básica es la exposición de plantas ornamentales con hojas, tallos y flores vistosos.

- En la mayoría de los casos, aunque no en todos, la estructura se encuentra adosada a la casa.

- En la mayoría de los casos, la estructura es decorativa y cuenta con elementos de ornamentación en el exterior.

- El suelo presenta algún tipo de revestimiento decorativo, desde moquetas hasta baldosas de mármol.

- Los materiales preferidos para la estructura son la madera y el PVC, y las barras de acristalamiento suelen ser macizas.

- Un modelo pequeño pero bien diseñado resulta caro.

EL INVERNADERO

- El principal factor que se tiene en cuenta es el bienestar de las plantas.

- Su función básica es la propagación y el cultivo de plantas que pueden ser o no ornamentales.

- En la mayoría de los casos, aunque no en todos, la estructura está separada de la casa.

- En la mayoría de los casos, se trata de una estructura práctica y sin ornamentación exterior.

- El suelo suele ser de un material práctico y funcional, como el cemento.

- El material preferido para la estructura es el aluminio, y las barras de acristalamiento normalmente son finas.

- Un modelo pequeño pero bien diseñado es relativamente económico.

CAPÍTULO 2
ESTRUCTURA
Y MATERIALES

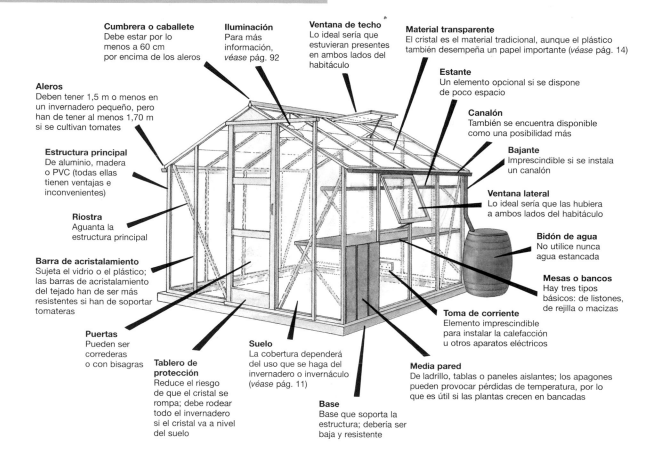

Cumbrera o caballete
Debe estar por lo
menos a 60 cm
por encima de los aleros

Iluminación
Para más
información,
véase pág. 92

Ventana de techo
Lo ideal sería que
estuvieran presentes
en ambos lados del
habitáculo

Material transparente
El cristal es el material tradicional, aunque el plástico
también desempeña un papel importante (*véase* pág. 14)

Estante
Un elemento opcional si se dispone
de poco espacio

Canalón
También se encuentra disponible
como una posibilidad más

Bajante
Imprescindible si se instala
un canalón

Ventana lateral
Lo ideal sería que las hubiera
a ambos lados del habitáculo

Bidón de agua
No utilice nunca
agua estancada

Mesas o bancos
Hay tres tipos
básicos: de listones,
de rejilla o macizas

Aleros
Deben tener 1,5 m o menos en
un invernadero pequeño, pero
han de tener al menos 1,70 m
si se cultivan tomates

Estructura principal
De aluminio, madera
o PVC (todas ellas
tienen ventajas e
inconvenientes)

Riostra
Aguanta la
estructura principal

Barra de acristalamiento
Sujeta el vidrio o el plástico;
las barras de acristalamiento
del tejado han de ser más
resistentes si han de soportar
tomateras

Puertas
Pueden ser
correderas
o con bisagras

**Tablero de
protección**
Reduce el riesgo
de que el cristal se
rompa; debe rodear
todo el invernadero
si el cristal va a nivel
del suelo

Suelo
La cobertura dependerá
del uso que se haga del
invernadero o invernáculo
(*véase* pág. 11)

Base
Base que soporta la
estructura; debería ser
baja y resistente

Toma de corriente
Elemento imprescindible
para instalar la calefacción
u otros aparatos eléctricos

Media pared
De ladrillo, tablas o paneles aislantes; los apagones
pueden provocar pérdidas de temperatura, por lo
que es útil si las plantas crecen en bancadas

DIMENSIONES

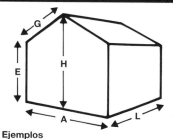

Ejemplos

MEDIDA	CÁLCULO
Volumen	$A \times L \times \frac{1}{2}(E + H)$
Superficie	$2 \times G \times L$ + $2 \times E \times L$ + $(E + H) \times A$
Superficie de cristal aproximada (invernaderos totalmente de cristal)	95 % de la superficie

Longitud (L)	Anchura (A)	E	H	G	Volumen	Superficie	Superficie de cristal aproximada
1,98 m	1,37 m	1,52 m	2,13 m	0,91 m	4,95 m³	14,67 m²	13,93 m²
2,43 m	1,82 m	1,52 m	2,13 m	1,06 m	8,15 m³	19,32 m²	18,11 m²
2,43 m	2,43 m	1,52 m	2,13 m	1,37 m	10,87 m³	23,04 m²	21,83 m²
3,04 m	2,43 m	1,52 m	2,13 m	1,37 m	13,59 m³	26,57 m²	25,08 m²
3,65 m	2,43 m	1,52 m	2,13 m	1,37 m	16,31 m³	30,10 m²	28,33 m²

TIPOS DE INVERNADEROS

DOBLE VERTIENTE SIMÉTRICA

El estilo tradicional tiene los lados verticales. Se aprovecha el espacio y el calor disponibles y tiene la parte inferior protegida por si se producen cortes de suministro durante el invierno. Elija un modelo totalmente de cristal para el cultivo en sacos y en los bordes.

VERTIENTES ASIMÉTRICAS

Más luminoso y aireado que el adosado, resulta útil para cultivar plantas trepadoras como parras o higueras. Sin embargo es caro, de modo que deberá elegir entre una construcción de doble vertiente simétrica o bien una adosada.

ADOSADO

Útil en una pared que dé al sur o al oeste (en el hemisferio norte), ya que almacena calor y así reduce el consumo de combustible. Puede ser parte de la casa mediante una puerta de comunicación. La calefacción se puede conectar al sistema central de la casa.

HOLANDÉS

Con los laterales inclinados y un techo de doble vertiente simétrica. El cristal en ángulo lo hace más cálido y luminoso que la tradicional construcción de doble vertiente simétrica y, además, es más estable, aunque resulta más difícil guiar el crecimiento de las plantas del suelo al techo.

CURVADO

Está realizado con paneles de cristal desde el suelo hasta el techo, formando una curva suave hasta el caballete sin que se distinga el ángulo de los alerones como ocurre en el invernadero de doble vertiente simétrica o en el holandés. Es difícil poner tutores para plantas erguidas.

POLIGONAL

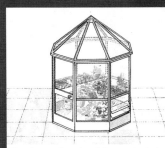

Puede ser de seis, siete u ocho lados. Básicamente ornamental, resulta muy atractivo cuando está lleno de macetas con plantas y situado cerca de la casa. Sin embargo, es caro y no constituye una buena compra si desea aprovechar al máximo el espacio y el dinero invertido.

BÓVEDA

Tiene tres ventajas: un aspecto atractivo cuando está lleno de flores, una gran estabilidad y la máxima absorción de luz. El mayor inconveniente es que resulta poco adecuado para cultivar de modo eficaz plantas de gran altura. Resulta más ornamental que práctico.

PEQUEÑO

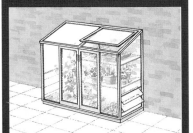

Muy útil cuando el espacio es limitado, este invernadero adosado permite albergar solamente las plantas. Se trata como un invernadero frío, pero, al ser de menor tamaño, en verano aumenta la temperatura con gran rapidez. Por ello, es necesario vigilar el termómetro y abrir las ventanas.

TÚNEL

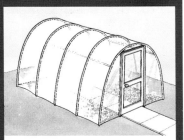

Se trata de placas de plástico que se extienden a lo largo de una serie de arcos metálicos, y es la forma de invernadero más económica. Es una buena opción para cultivos bajos como la lechuga y las fresas; sin embargo, no resulta adecuado para tomates y pepinos.

Imágenes
de invernaderos

El invernadero ornamental.
En este pequeño invernadero no hay tomates
ni otras hortalizas o frutas, sino que se utiliza
exclusivamente para plantas como Impatiens,
Plumbago, Iresine, Hypoestes, Streptocarpus,
Begonia, *etc.*

▷

◁ *El invernadero productivo.*
Típica escena en la mayoría de los invernaderos en verano,
con hileras de tomateras en pleno crecimiento. Estos
especímenes se plantan en macetas, aunque hoy son mucho
más populares los sacos de cultivo.

▲ *El invernadero mixto.*
Aquí crecen juntas las plantas ornamentales y los frutales. Las ramas de la vid
llegan hasta el caballete, y en las mesas hay geranios, fucsias y otras plantas
en plena floración.

TIPOS DE INVERNÁCULOS

GEORGIANO

Las dos características que lo distinguen son un techo plano y ventanas sencillas con pequeñas hojas de cristal. El techo suele ser sólido, y por lo general de forma semicircular. Una buena forma de introducir el jardín en casa, apropiada para la mayoría de las plantas de interior, aunque no es la ideal para las especies amantes del sol.

VICTORIANO

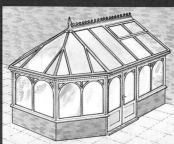

El clásico invernáculo, en otro tiempo realizado en madera y hierro fundido, pero que actualmente se suele construir de aluminio o bien de PVC rígido. Con ornamentos y caballetes decorativos en la cumbrera, su forma más habitual es, no obstante, la rectangular acabada en un saliente en forma octagonal.

EDUARDIANO

Modelo más sencillo y menos ornamentado que el victoriano, aunque en algunos casos conserva la cumbrera. Su forma es rectangular, con un cuadrado adicional o con salientes rectangulares siempre que lo permite el espacio. Las ventanas suelen ser, por lo general, sencillas.

CONTEMPORÁNEO

Un invernáculo de estilo moderno que se presenta en todo tipo de formas y tamaños. Sus dos características básicas son la ausencia de cumbrera, ornamentación o elaboradas ventanas, así como una estructura normalmente más delgada que la estructura tradicional.

VICTORIANO

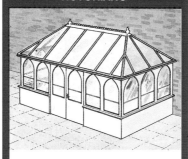

Es fácil de reconocer, pues las ventanas acaban con un distintivo arco gótico (terminado en punta) que le da un aspecto antiguo y más sólido que los invernáculos eduardianos o victorianos. Bastante popular, a pesar de que las plantas que se cultivan en su interior no obtienen ventaja alguna.

EDUARDIANO

A las grandes *orangeries* con tejados sólidos del siglo XVIII les siguieron los invernáculos fabricados en hierro fundido y vidrio del siglo XIX. Normalmente eran edificios enormes: el Great Stove House, en Chatsworth, Inglaterra, medía casi 20 m de altura.

Ventanas

Sencilla

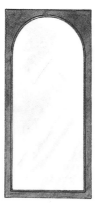

Forma de arco

Gótica

Ojival

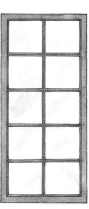

Georgiana

Imágenes de invernáculos

El invernáculo «selvático».
Un invernáculo es cómodo tanto para la gente como para las plantas, aunque aquí predominan estas últimas. Vides, helechos, bulbos y plantas ornamentales crecen alrededor de las sillas.

▷

▷ *El invernáculo equilibrado.*
Aquí hay espacio y comodidad tanto para las personas como para un buen número de plantas ornamentales. Un atractivo asiento alrededor de un árbol aparece rodeado de macetas con flores.

△ *Una habitación en el jardín.*
Este invernáculo forma parte de la vivienda. Luminoso y aireado, con cestas que cuelgan y plantas de interior en los alféizares, es más un comedor que un hogar para las plantas.

**Dimensiones
mínimas
recomendadas**

Aleros
1,50-1,70 m de altura

Caballete
2,10-2,30 m
de altura

Puerta
1,80 m de altura x 0,60 m de
anchura (0,90 m si se usa
carretilla)

TAMAÑO

Puede comprar un invernadero que no exceda de 1,80 m de alto x 1,40 m de ancho, o puede elegir uno que mida 6 x 3 m. Escoger la medida adecuada no resulta fácil, y se deben considerar diversos factores. Una construcción demasiado pequeña es más económica, por supuesto, pero tiene dos claros inconvenientes. El primero es que es mucho más difícil controlar el ambiente en un habitáculo pequeño que en uno más grande, ya que la sequedad o las fluctuaciones de temperatura imprevistas se convierten en serios problemas. La segunda dificultad es que la mayoría de los jardineros se dan cuenta de que necesitan más espacio al cabo de un par de estaciones, por lo que lamentan no haber comprado un modelo más grande. Si hay suficiente espacio, se aconseja comprar un invernadero de módulos que pueda ampliarse una vez que se haya desarrollado el gusto por el cultivo en invernadero.

El tamaño más popular es el de 2,40 m de largo por 1,80 m de ancho, una buena elección cuando el espacio es limitado (elija uno de 3 x 2,40 m si planea colocar mesas a ambos lados). A menudo habrá leído que debería comprar el modelo más grande que pueda, pero piénselo bien antes de seguir este consejo. En primer lugar, el tamaño debe ser proporcionado con respecto a la superficie del jardín, además un invernadero grande puede ser muy costoso de calentar y una estructura de más de 2,40 x 1,80 m normalmente necesita unos cimientos de hormigón. Las normas son diferentes para un invernáculo. Elija una medida que se adecue a la casa y asegúrese de que la altura de los aleros y del caballete resulte cómoda para personas altas. La medida mínima recomendada es de 3 x 2,40 m, pero es preferible que sea de 3,65 x 3,04 m si planea poner una mesa con sillas junto a las plantas.

ESTRUCTURA

ALEACIÓN DE ALUMINIO

La aleación de aluminio se ha convertido en el material más popular para las estructuras de invernaderos por diversas razones: es más barato que la madera, no necesita pintura ni ningún otro tratamiento y las finas barras de acristalamiento proporcionan mucha más luz al interior. Además, la barra del caballete no se deforma y el sistema de sujeción ha hecho que el sistema de reacristalamiento resulte sencillo. Sin embargo, existe una serie de pequeñas desventajas: los invernaderos de aluminio pierden un poco más de calor por la noche que los de madera y es más probable que haya goteo a causa de la condensación. Por otra parte, la estructura se recibe por piezas y las instrucciones pueden ser difíciles de seguir para alguien que no sea un aficionado al bricolaje, y si un módulo de aluminio está mal diseñado o mal construido, se puede retorcer con el viento o el calor y las hojas de vidrio pueden romperse. Finalmente, es difícil sujetar las estanterías, ganchos, etc., en una estructura hecha con un metal duro, aunque hoy en día hay muchos modelos que ya disponen de una serie de agujeros perforados en la estructura principal. A veces aparece una especie de pelusa en las estructuras de aluminio, pero es algo normal y no hay por qué preocuparse. Los modelos más caros tienen la superficie pintada anodizada o a prueba de impactos.

MADERA

Para muchos, la madera es el material más atractivo. El principal problema es que la madera tratada para evitar la putrefacción es cara (la teca y el roble son muy costosos y la madera de cedro rojo, que es más barata, sigue siendo sensiblemente más cara que el aluminio). A las estructuras tratadas se les debe aplicar aceite de linaza cada pocos días para realzar su aspecto. Utilice siempre accesorios de latón o de hierro galvanizado. Muchos invernaderos de madera están hechos con madera de conífera, que son menos caras que la madera de cedro rojo pero que se pudren al cabo de varios años. Asegúrese de que la madera haya sido tratada con un conservante antes de comprar un invernadero de madera de conífera. Píntelo o trátelo con un conservante que no sea perjudicial para las plantas al cabo de varios años. Las maderas de conífera sin tratar son una mala compra.

PVC RÍGIDO

El PVC rígido es el material más reciente. Suele ser algo caro, pero no se deteriora, por lo que necesita muy poco mantenimiento. Éste consiste en una limpieza general de vez en cuando para quitarle el polvo, los excrementos de pájaros, etc. El PVC rígido se está convirtiendo en un material cada vez más popular para la construcción de invernáculos, aunque su mayor inconveniente es que no se trata de un material fuerte, lo cual significa que las barras transparentes han de ser tan gruesas como las de madera, y en construcciones grandes la estructura de PVC rígido necesita un núcleo de metal.

ACERO GALVANIZADO

El acero galvanizado aún se utiliza en la construcción de invernaderos, pero no es muy popular en modelos para viviendas particulares. La gran ventaja de este material es su rigidez y solidez, lo que significa que puede soportar un tejado grande. Esto también es un pequeño inconveniente para un modelo corriente de 2,40 x 1,80 m, así como el hecho de que la superficie galvanizada o pintada puede rayarse y oxidarse.

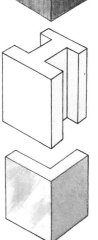

SUELO

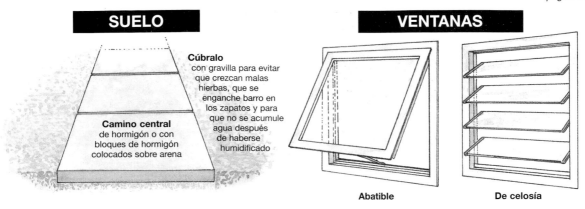

Cúbralo
con gravilla para evitar que crezcan malas hierbas, que se enganche barro en los zapatos y para que no se acumule agua después de haberse humidificado

Camino central
de hormigón o con bloques de hormigón colocados sobre arena

VENTANAS

Abatible

De celosía

El modelo de suelo tradicional en los invernaderos era el que tenía uno o ambos lados con un borde de tierra para el cultivo de plantas y el camino central cubierto de guijarros, hormigón, bloques de hormigón o tablones de madera. Este camino sigue siendo tan importante como siempre (la tierra prensada no ofrece un resultado satisfactorio), pero muchos expertos ya no recomiendan usar tierra en los bordes para el cultivo de plantas anuales como los tomates, a causa del aumento de enfermedades, plagas y otros problemas en la tierra. Hoy en día se prefiere el cultivo en sacos o en macetas. Si planea usar tierra en los bordes, mezcle unos 100 g por m² de Growmore más una cantidad abundante de abono para jardín bastante tiempo antes de la plantación. No plante el mismo cultivo en el borde un año tras otro. Si no tiene intención de tener tierra en los bordes, ponga hormigón en toda la superficie y cubra el suelo de ambos lados del camino con gravilla.

El suelo del invernadero suele ser esencialmente práctico, pero el suelo de un invernáculo ha de ser decorativo. No ponga ninguna alfombra, ya que si se moja se acabará pudriéndose. La solución más usual es la piedra o las losas de piedra. En el mercado hay asimismo una amplia variedad de lujosas baldosas para cubrir la calefacción del suelo (terrazo, mosaico de vidrio, mármol, etc.), pero tenga cuidado al elegirlas: deberá ser una superficie antideslizante si ha de utilizar humidificadores; las baldosas de terracota son una buena elección.

CANALONES

Los canalones resultan muy útiles, ya que el agua de lluvia que gotea del tejado puede socavar los cimientos. Algunos modelos tienen incorporados canalones como un accesorio de serie, pero compruébelo antes de realizar su compra. El agua de los canalones ha de canalizarse hasta un colector o un bidón de agua de plástico, el cual ha de tener una tapa que ajuste bien para evitar que entren hojas y otros escombros. Los expertos no se ponen de acuerdo en si es seguro utilizar este tipo de agua para regar las plantas de invernadero, pero no debe usarla nunca si está claramente contaminada.

PUERTA

Puede ser con bisagras o corredera. La ventaja de las puertas correderas es que no se cierran de un portazo y se pueden usar como ventiladores en caso de emergencia, pero se atrancan de vez en cuando y los cojinetes de nailon en ocasiones han de cambiarse. Las puertas con bisagras suelen ajustar mejor, y por lo tanto hay menos posibilidades de que entren corrientes de aire. Lamentablemente, en algunas zonas, el cerrojo se ha convertido en una parte imprescindible del equipo.

ILUMINACIÓN

La iluminación no es imprescindible, pero las lámparas de horticultura (*véase* pág. 92 para más detalles) aumentan el número de actividades que pueden realizarse bajo el cristal. Es necesario que haya una toma de corriente en el invernadero.

Hay ocasiones en que es necesario ventilar rápidamente el interior del invernadero. Si la temperatura sobrepasa los 26 °C o la humedad se acerca al 100 % es imprescindible realizar 40-60 cambios de aire por hora. Desgraciadamente, las ventanas que se colocan en la mayoría de los modelos estándar son inadecuadas. Debería haber al menos una ventana en el techo y otra en uno de los laterales, pues una sola ventana en el caballete no es suficiente. Las ventanas de tejado son fundamentales, ya que el aire caliente sube y ésta es la manera de hacerlo salir. La superficie total de ventanas en el caballete debería ser del 16-20 % de la superficie total del suelo; las ventanas abatibles deben abrirse al menos 55°. Las ventanas laterales no necesitan abrirse demasiado y, en general, las ventanas de celosía son mejores que las típicas ventanas abatibles. Asegúrese de que cierren correctamente. Puede comprar un mayor número de ventanas, pero en la mayoría de invernaderos son, de hecho, piezas esenciales. Las ventanas laterales deben colocarse en la parte inferior para asegurarse una correcta circulación del aire. Tal como se indica en la página 5, es una buena idea tener ventanas a ambos lados del invernadero.

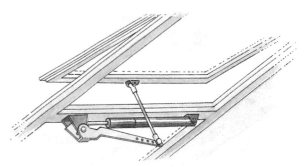

Ventana automática

Las ventanas automáticas, al igual que las abatibles, son consideradas como elemento opcional en el catálogo, pero constituyen una pieza vital del equipo si no quiere perder el tiempo saliendo cada día a abrir y cerrar las ventanas manualmente. Disponen de un dispositivo que funciona sin electricidad y que contiene un cilindro con un componente que se expande con el calor como medida de control. En el interior del cilindro hay un émbolo que se mueve cuando cambia la temperatura, abriendo y cerrando la ventana.

A veces también se incluye un extractor de aire. Colóquelo en el caballete, en el extremo opuesto a la puerta. Este elemento es como los extractores de aire domésticos, pero adaptado a su uso en el invernadero. Se trata de un modelo de baja velocidad que no genera fuertes corrientes de aire, pero que, a pesar de ello, genera la suficiente energía para mover bolsas de aire caliente y frío en el interior del invernadero. Un termostato enciende el extractor cuando el aire alcanza una determinada temperatura. Es ruidoso y algo caro, aunque normalmente no es necesario a no ser que se trate de un invernadero muy grande.

EQUIPO DE RIEGO

Un invernadero es un lugar que, al no llover en su interior, depende de usted para obtener agua. Regar a mano requiere mucho más tiempo que cualquier otra actividad de jardinería en el interior del invernadero o del invernáculo, y probablemente también sea la actividad más difícil de llegar a dominar. Aunque su invernadero sea muy pequeño y esté adosado a la casa, llevar cada día durante el verano cubos con agua desde la cocina hasta los tomates, los pepinos y el resto de las plantas le resultará una tarea muy pesada. El primer paso para hacer las cosas sencillas consiste en tener un grifo en el invernadero o en el invernáculo. Si es un manitas, puede hacer pasar un tubo de plástico desde el grifo hasta la tubería de la red de suministro, pero la conexión tendrá que hacerla un fontanero. Tenga en cuenta que el tubo de plástico ha de enterrarse 0,5 m bajo la superficie para evitar que se congele en invierno. Para facilitar aún más las cosas, puede utilizar uno de los sistemas automáticos de riego descritos a continuación.

REGADERA

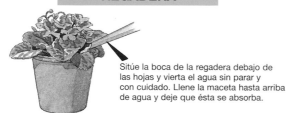

Sitúe la boca de la regadera debajo de las hojas y vierta el agua sin parar y con cuidado. Llene la maceta hasta arriba de agua y deje que ésta se absorba.

Una regadera le permitirá satisfacer las necesidades individuales de las plantas mejor que cualquier otro método, pero sólo es práctica para un pequeño grupo de plantas. Compre una regadera de unos 4 o 5 litros de capacidad de buena calidad, con un pitorro largo (si lleva un alargue mejor). Use el pitorro para el riego de plantas con raíces y coloque una boca con orificios finos para regar las de semillero.

MANGUERA

Acople una lanza con gatillo al final de la manguera. Emplee un pulverizador fino y suave para las plantas de semillero.

Una manguera conectada al suministro de agua del exterior o a un grifo en el interior del invernadero le ahorrará mucho tiempo. Si utiliza una lanza, podrá acceder a las macetas o bandejas que están al final de las mesas, mientras que una cabeza con pulverizador variable le permitirá aplicar un atomizador fino cuando sea necesario. No abra totalmente el grifo, de forma que el chorro de agua sea moderado.

Riego automático

Sistema informático de riego

Hay diversas maneras de facilitar el riego , y una de ellas es el sistema de riego **automático**, que funciona desde la conexión directamente a través de un grifo o de manera indirecta a través de un depósito de reserva. La conexión y desconexión del sistema por lo general se hace manualmente, pero puede comprar un sencillo temporizador o un complejo sistema informático de riego que puede programarse para regar durante un tiempo determinado en horas y días diferentes. En los aparatos más sofisticados hay insertados una serie de sensores en el sustrato que accionan el agua cuando es necesario regar.

La mayoría de los aficionados utilizan, sin embargo, sistemas mucho más simples y semiautomáticos, en los que los depósitos se han de llenar de agua manualmente y puede que tengan que conectarse cada vez que haga falta agua. Los sistemas más sofisticados ahorran una gran cantidad de tiempo pero, como en todos los aparatos de este tipo, todas las macetas suelen recibir la misma cantidad de agua, algo que en verano puede ser un problema si posee plantas de diversos tipos, pero que en invierno se puede convertir en una verdadera amenaza.

BANCO DE ARENA

Revestimiento de plástico grueso

Capa de 5-7 cm de arena lavada

Tablones de madera de 10 cm alrededor del banco

El banco de arena (o capilar) existe desde hace años, pero nunca ha sido demasiado popular. La mesa que sostiene la bandeja debe estar nivelada y ser resistente, y la arena debe mantenerse húmeda, ya sea regándola con regadera o con una manguera conectada a un depósito que se haya llenado manualmente o a uno de igualación. Use macetas de plástico (no de arcilla) sin plato, y húndalas en la arena.

ESTERAS CAPILARES

Maceta de plástico con grandes agujeros

Hoja de plástico

Canalón en el extremo de la estera que se ha de conservar lleno de agua

Estera capilar

Una alternativa moderna al banco de arena: pesa menos y es más fácil de instalar, pero tiene que cambiarse al cabo de un cierto tiempo ya que se atasca con algas. La hoja de polietileno se ha de estirar sobre el banco y cubrirse con la estera, la cual ha de permanecer constantemente húmeda ya sea gracias al riego con regadera, a una manguera que recoja el agua de un depósito o a un canalón lleno de agua.

RIEGO POR GOTEO

Tubo flexible conectado a la manguera

Manguera de alimentación principal conectada al depósito

Muy popular entre los agricultores que comercializan con cultivos de invernadero, pero poco estética. La manguera principal se alimenta de un depósito y de ella salen mangueras pequeñas hasta los puntos de salida insertados en cada maceta. El agua cae en forma de goteo dentro de la maceta, ya sea de manera continua o mediante un temporizador. Compruébelo con frecuencia para evitar que se obstruya.

PERSIANAS

Las plantas deben protegerse de los rayos del sol en verano, pues una temperatura demasiado elevada puede ser un serio problema, y los follajes delicados pueden sufrir quemaduras. La manera más sencilla y económica de luchar contra el sol es la aplicación de una pintura para sombrear la parte exterior del cristal, pero puede ser difícil retirarla una vez llega el frío. Unas persianas suelen ser la mejor solución, y puede elegir entre una amplia selección de modelos enrollables realizados con listones de madera o de plástico o con placas recubiertas de plástico. Al colocarlas en el exterior, la temperatura en el interior del invernadero se reduce y el perjudicial resplandor del sol se elimina. Una ventaja de utilizar persianas en el interior en vez de en el exterior es que no se dificulta la abertura de las ventanas, pero las persianas interiores no reducen la temperatura del invernadero. Las persianas se han de subir o bajar dependiendo del tiempo que haga, aunque hay disponibles persianas automáticas que se ponen en marcha en función de la temperatura del invernadero.

ESTANTERÍAS O BANCOS

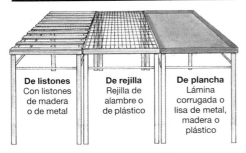

De listones	De rejilla	De plancha
Con listones de madera o de metal	Rejilla de alambre o de plástico	Lámina corrugada o lisa de metal, madera o plástico

Las estanterías o bancos son imprescindibles si quiere cultivar plantas en macetas ya que agacharse constantemente hasta el nivel del suelo puede provocar dolor de espalda. Ambos términos (estanterías o bancos) se utilizan indistintamente en el lenguaje popular, pero si hablamos con propiedad debemos decir que en un caso se trata de una estructura permanente mientras que en el otro se pueden plegar y cambiar. La forma tradicional es la que consiste en una serie de listones de madera situados a 1 m del suelo. En invierno, el aire circula por ellos, lo que reduce el riesgo de enfermedades. Las estanterías de rejilla tienen las mismas virtudes, pero tanto las de listones como las de rejilla tienen el inconveniente de que, al plantar, se dispone de poca superficie de trabajo y no son adecuadas para el riego automático. Las de plancha con un borde poco profundo superan estos inconvenientes (conservan el calor en invierno, aguantan el sustrato cuando se trasplanta o se llenan las macetas, y pueden adaptarse para el riego automático). Los bancos son como mesas en miniatura que se fijan a la pared para sostener pequeñas macetas cuando el espacio es escaso o hay poca luz. Puede comprar mesas y estanterías metálicas. Las mesas plegables le permitirán cultivar en primavera plantas para trasplantar y bulbos a una altura conveniente, y en verano se pueden plegar para cultivar tomates en sacos de cultivo.

AISLAMIENTO

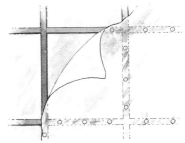

Consiste, básicamente, en poner un revestimiento interior de plástico transparente por encima de los cristales del invernadero. Incluso una instalación simple puede reducir en un 20-25 % la factura de combustible. Hay fabricantes de invernaderos que ofrecen paneles hechos a medida, pero la práctica habitual es sujetar láminas de polietileno a los lados del habitáculo con chinchetas, grapas o cinta adhesiva, de tal manera que una capa de aire de 1 a 2 cm queda atrapada entre el cristal y el plástico. No todos los expertos son partidarios de esta técnica, ya que se reduce alrededor de una sexta parte de la iluminación solar y la condensación puede ser un problema. Si se desea disfrutar de una iluminación máxima, el aislamiento plástico debe reservarse para el lado norte del invernadero. Otro método que ofrece una retención máxima del calor y una condensación mínima son las láminas con burbujas de polietileno, que tienen aire en su interior. La mejor solución para el invernáculo es poner un cristal doble.

PROPAGADOR

Los esquejes necesitan una atmósfera húmeda y moderadamente templada para arraigar de manera satisfactoria. Las semillas de algunas plantas, como los pepinos y los tomates, requieren una temperatura de 15 a 23 °C para germinar de forma apropiada. Para no tener que crear estas condiciones en todo el invernadero, lo más habitual es adquirir un propagador. Éste consiste en un recipiente de plástico o de aluminio con una tapa de plástico transparente o de vidrio. Elija uno que se caliente eléctricamente mejor que uno que funcione con queroseno, y añada un termostato y uno o más ventiladores dispuestos sobre la tapa. Hay pequeños invernaderos en los que se pueden tener plantas tropicales en condiciones cálidas, pero probablemente le bastará con un modelo mucho más simple que disponga de suficiente superficie para colocar al menos dos bandejas de semillas y suficiente altura para que pueda introducir macetas con plantas de unos 15 cm de altura.

TERMÓMETRO

En el invernadero, un termómetro que marque la temperatura máxima y mínima resulta vital. Cuélguelo cerca de las plantas, pero asegúrese de que el aire circule libremente alrededor de él. Lo ideal es que se encuentre a la altura de los ojos en la parte que dé al norte. Los hay de dos tipos: el tradicional, de mercurio, con unas barras finas de hierro en su interior y que se ha de controlar con un imán, y el digital, que se reinicia apretando un botón.

MATERIAL DE ACRISTALAMIENTO

Hasta hace relativamente poco tiempo, el cristal era el único material que se utilizaba para el acristalamiento, y aún hoy es la elección más habitual en la construcción de invernaderos e invernáculos. Este hecho puede parecer sorprendente si tenemos en cuenta que el plástico posee dos importantes ventajas. Por un lado, no se astilla, lo cual es básico si el invernadero está situado cerca de una zona de juegos para niños o junto a la carretera. Y por otro, se trata de un material ligero, lo que significa que no es necesario colocar ventanas sólidas. El problema es que los primeros plásticos que se utilizaron para el acristalamiento tenían bastantes inconvenientes y dieron unos resultados decepcionantes. A causa de sus escasas propiedades aislantes, se enfriaba rápidamente por la noche; además, había poca claridad y ésta disminuía a causa del polvo atraído por la carga electrostática; finalmente, solían agrietarse al cabo de uno o dos años debido a la descomposición provocada por los rayos ultravioletas. Sin embargo, las cosas han mejorado con los plásticos modernos: se han añadido elementos contra los rayos UVA, lo cual significa que pueden tener una vida de entre 10 y 15 años; por otra parte, los materiales tienen buenas propiedades de aislamiento y los modelos más actuales proporcionan casi tanta claridad como el cristal. Todo ello hace que los materiales plásticos para el acristalamiento sean hoy muy utilizados en la construcción del techo de los invernáculos, por ejemplo, y se cree que su uso aumentará considerablemente en el futuro.

El acristalamiento también ha mejorado en los últimos años, ya que en los modernos invernaderos de aluminio la introducción de pinzas y de barras para sustituir las láminas de cristal lo han convertido en una tarea sencilla. Los marcos de madera, en cambio, requieren el método tradicional de resortes para instalar el acristalamiento, además de sellador. La masilla hace ya tiempo que se ha convertido en un material del pasado, y ha sido sustituida por un tipo de material que no se endurece.

CRISTAL

El cristal es la elección más habitual. Ofrece una gran claridad (un cristal de buena calidad permite la entrada del 90 % de las radiaciones solares), y retiene bien el calor (incluso en épocas de heladas la temperatura en un invernadero sin calefacción cubierto de cristal suele ser 13 °C superior a la del exterior). Además, no se ve afectado por los rayos ultravioleta y puede sombrearse con pintura. Pero como ya se ha dicho antes, es pesado y puede romperse fácilmente. Para invernaderos, compre cristal especial para horticultura que tenga un grosor de 3 mm y que pese aproximadamente 600 g por cada 900 cm². Este cristal es de buena calidad y no tiene burbujas de aire.

En los invernáculos, tanto el aislamiento como la seguridad son los elementos más importantes. La manera habitual de asegurar un mayor aislamiento es instalar un doble acristalamiento; es más caro, por supuesto, pero merece la pena. Una manera más económica de reducir la pérdida de calor es comprando cristal de baja emisividad, que es algo más caro que el cristal corriente. Para prevenir accidentes adquiera un cristal duro o laminado.

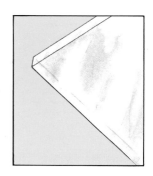

POLICARBONATO

Es uno de los sustitutos del cristal que más éxito está teniendo, ya que es ligero y duro, y por esta razón se ha convertido en el material más utilizado para acristalar el techo de los invernáculos. La forma más común es la de doble cámara, ya que la luz se difumina a causa de su estructura celular, aunque la transmisión real de luz es del 80 %. Su propiedad más destacada es la retención del calor, pues el efecto de doble cámara evita mejor que el calor se escape que con el cristal de 3 mm. Elija placas de 3 o 4 mm para los laterales del invernadero y de 10 mm para la cubierta.

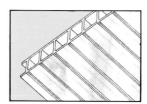

ACRÍLICO

Las placas de 2 y 2,5 mm tienen casi las mismas propiedades de transmisión de la luz que las de cristal. No es tan resistente como el policarbonato pero puede durar tanto como éste (un mínimo de 12 a 15 años) y es más económico. Al ser fácil de modelar, se utiliza para los paneles curvados de los invernáculos. Cuando lo corte para obtener la forma que necesite, marque las líneas y realice los agujeros en el papel protector, y emplee un serrucho para cortar y un taladro manual (no uno eléctrico) para hacer los agujeros. Los lados que hayan sido cortados han de alisarse con papel de lija; después de todo ello, retire el papel que protege la placa.

PLÁSTICO FLEXIBLE

Sus dos usos más importantes son la cobertura de los invernaderos de tipo túnel (*véase* pág. 6) y el aislamiento de invernáculos (*véase* pág. 13). Las placas de polietileno constituyen su forma más habitual y la más económica, y el material producido en la actualidad para ser usado en horticultura contiene elementos protectores de los rayos UVA y suele durar 3 o 4 estaciones antes de perder el color y volverse quebradizo. Su mayor defecto como material de acristalamiento es que puede romperse en caso de fuertes vientos y que no retiene demasiado el calor. La película de fluoroplástico es el mejor material disponible en hojas flexibles: transmite tanta luz como el cristal y posee una retención del calor razonable.

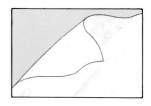

Acristalar un invernadero de aluminio

Normalmente no es necesario poner masilla para colocar los cristales, ya que se dispone de diferentes sistemas en los que se utilizan pinzas, listones, etc. El que se muestra aquí es uno de los métodos con grapas más habituales.

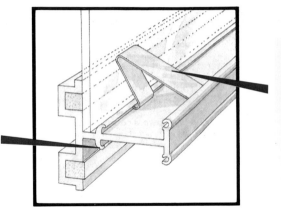

PRIMER PASO:
CAMBIAR LA PLACA ROTA
Póngase unos guantes resistentes, retire la grapa de sujeción y cambie la placa rota. En algunos invernaderos las placas están montadas unas sobre otras, en cuyo caso la placa superior también tendrá que cambiarse.

SEGUNDO PASO:
ASEGURAR LA NUEVA PLACA
Coloque la placa nueva en su sitio y retire la grapa. Es una tarea sencilla que no requiere ninguna habilidad especial, pero se ha de ser cuidadoso si se realiza en algún lugar incómodo de la cubierta, pues sí intenta estirarse demasiado puede resbalar y sufrir un accidente.

Acristalar un invernadero de madera

PRIMER PASO:
CAMBIAR LA PLACA ROTA
Póngase unos guantes resistentes para cambiar el cristal roto. Utilice un destornillador o un cincel para eliminar cualquier resto de masilla, retire cualquier punta, grapa metálica o moldura que pueda haber y luego cepille la madera.

SEGUNDO PASO:
COLOCAR MASILLA EN EL REBAJO
Compre una masilla de buena calidad y moldéela con las manos hasta que quede blanda. Después, ponga una tira de unos 6 mm en el rebajo.

QUINTO PASO:
CLAVAR LAS PUNTAS DE ACRISTALAMIENTO
Coloque las puntas de acristalamiento en su sitio y clávelas en el rebajo con el lateral de un escoplo, deslizando la hoja a lo largo de la superficie del cristal. No emplee un martillo.

SEXTO PASO:
AÑADIR MÁS MASILLA
Disponga otra tira de masilla en el ángulo que se forma entre la nueva placa y el marco de madera. Este paso y el séptimo son opcionales, ya que el borde biselado pulido es decorativo, pero no esencial.

TERCER PASO:
PONER UNA PLACA NUEVA EN LA ABERTURA
La nueva placa ha de ser unos 3 mm más pequeña que la abertura, tanto de ancho como de largo. Asegúrese de comprar la calidad y el grosor adecuados (*véase* página anterior).

CUARTO PASO:
APRETAR EL CRISTAL CONTRA LA MASILLA
Presione el cristal contra la masilla hasta que quede firmemente asentado. Coloque en la posición correcta la parte inferior de la placa y presione hacia delante (siempre los extremos y nunca la parte central del cristal).

SÉPTIMO PASO:
ALISAR LA MASILLA
Utilice una espátula para alisar la masilla y dejar el borde biselado. Inglete las esquinas y elimine el exceso de masilla de la superficie del cristal y de las barras de acristalamiento.

OCTAVO PASO:
LIMPIAR EL CRISTAL
Limpie las marcas o las huellas con un paño empapado en alcohol de quemar. Humedezca la masilla con un pincel a lo largo de la superficie y déjela dos semanas para que se endurezca.

CALEFACCIÓN

Los invernaderos sin calefacción o fríos por lo general se dedican al cultivo de tomates y pepinos en verano, crisantemos en otoño y plantas alpinas, bulbos y plantas de interior resistentes, como los cactos, en invierno.

Si desea ampliar esta variedad de plantas con el fin de incluir frutas y verduras tempranas, crisantemos de invierno y plantas de maceta menos resistentes, necesitará algún tipo de calefacción para mantener una temperatura mínima de 7 °C en los días más crudos del invierno. Se trata del invernadero fresco y es el que recomiendan los expertos para los jardineros aficionados. En el caso de los invernáculos, el invernadero fresco es bastante habitual, pero para el cultivo de algunas plantas ornamentales es necesario mantenerlo a una temperatura más cálida. Además será necesario mantener una temperatura agradable para las personas durante las noches de invierno si el invernáculo se utiliza también como parte de la casa.

Hay una gran variedad de combustibles para la calefacción: coque, carbón, madera, gas natural, parafina, aceite, electricidad. Ya han quedado atrás los días en que el único método de que disponía la gente eran las tuberías de agua caliente calentada con una caldera alimentada con coque o carbón; hoy en día las opciones con mayor aceptación son la parafina, el gas natural, el gas en bombonas y la electricidad.

La electricidad es la mejor fuente de calor pues es fácil de controlar y no produce humos ni vapor de agua, que en invierno puede favorecer la aparición de enfermedades. Una advertencia: la instalación de las salidas de electricidad debe realizarla un electricista profesional. Los combustibles que se queman (parafina, gas natural y gas en bombonas) requieren una ventilación adecuada cuando se utilicen en el interior del invernadero. El atractivo del queroseno es obvio, ya que las estufas no son caras y no es necesario instalar ni cableado eléctrico ni tuberías para el gas ni bombonas pesadas. Aun así los inconvenientes superan las ventajas: no se puede realizar un control termostático y es imprescindible una atención constante. Las estufas con bombonas de gas son más satisfactorias, pero las bombonas son pesadas y las estufas son grandes e incómodas. En los invernáculos e invernaderos con caldera de gas natural adosados se puede utilizar un sistema de agua caliente (*véase* «Conexión al sistema de calefacción central», página siguiente).

Temperatura mínima

INVERNADERO FRÍO
Utiliza únicamente el calor de las radiaciones solares

temperatura mínima -2 °C
cuando la temperatura exterior baje sólo hasta los -7 °C
Beneficios: las plantas están protegidas del viento, la lluvia y la nieve. El crecimiento se adelanta 3-4 semanas respecto a las plantas que se encuentran en el exterior.
Inconvenientes: en los momentos más crudos del invierno el crecimiento se detiene. No es adecuado para que las plantas sensibles a las heladas sobrevivan al invierno.

INVERNADERO FRESCO
Se requiere calefacción durante los meses más fríos

temperatura mínima 7 °C
Beneficios: las plantas están protegidas del viento, la lluvia y la nieve. El crecimiento se adelanta 3-4 semanas respecto al de las plantas de invernadero frío. La temperatura mínima es suficientemente alta para permitir el crecimiento de las plantas. Las plantas sensibles a las heladas pueden sobrevivir al invierno.
Inconvenientes: es necesario algún tipo de calefacción entre el otoño y la primavera.

INVERNADERO TEMPLADO
Requiere calefacción durante parte del año

temperatura mínima 13 °C
Beneficios: puede cultivarse una gran variedad de plantas durante los meses de invierno. Se pueden plantar flores exóticas y frutas.
Inconvenientes: el precio del combustible suele ser unas tres veces mayor que en el caso del invernadero fresco.

INVERNADERO CÁLIDO
Requiere calefacción durante casi todo el año

temperatura mínima 18 °C
Beneficios: pueden cultivarse incluso plantas tropicales, por lo que en este sentido es uno de los mejores.
Inconvenientes: los precios del combustible son prohibitivos para un jardinero medio. Es demasiado cálido para algunas plantas.

Tipos de calefacción para invernaderos frescos

Asegúrese de que el tipo de calefacción que elija sea lo suficientemente potente para calentar el invernadero hasta los 7 °C cuando la temperatura exterior sea tan sólo de -7 °C. Hay diversas fórmulas para calcular el grado de calefacción necesario en cada caso. Utilice la sencilla fórmula que le mostramos a continuación, después de haber calculado la superficie del invernadero tal como se muestra en la página 5.

Tipo de calefacción	Potencia requerida
Queroseno Aceite Gas	Superficie x 33 = BTU por hora necesarios BTU = 1.055 julios
Electricidad	Superficie x 10 = vatios necesarios

Ejemplo: un invernadero de 2,40 x 1,80 m (19 m² de superficie) necesita 6.864 BTU por hora (de parafina, aceite o gas) o 2.080 W de electricidad cuando la temperatura exterior baje hasta -7 °C. Recuerde que todo el equipo ha de estar diseñado para su uso en invernaderos.

**Calefacción eléctrica
por tubos**

Fuente de calor	Detalles
CALEFACCIÓN ELÉCTRICA POR AIRE FORZADO	Es la elección más habitual para invernaderos pequeños. Tiene muchas ventajas (no produce humos, no es necesario transportar el combustible y tiene un buen control termostático); aunque estas mismas ventajas las comparten otros tipos de calefacción eléctrica, ésta tiene una ventaja añadida, ya que ayuda a la rápida circulación del aire. En invierno proporciona aire caliente y en verano aire frío. Elija un modelo con un ventilador que siga funcionando cuando el termostato apague la calefacción.
CALEFACCIÓN ELÉCTRICA POR TUBOS	Es el tipo preferido para calentar una construcción grande o que requiera altas temperaturas. El calor se distribuye por los tubos hasta las paredes, y los tubos deben colocarse al menos a unos 10 cm de la pared. El calor se extiende de manera más uniforme que con el sistema de aire forzado. Puede instalarse un simple tubo para calentar un punto especialmente frío del invernadero.
ESTUFA ELÉCTRICA	Las estufas eléctricas se utilizan mucho para calentar casas pero no han tenido mucho éxito entre los propietarios de invernaderos e invernáculos. Este tipo de calefacción no tiene ni las propiedades de la circulación de aire de los ventiladores ni la regularidad de calor de la calefacción por tubos. Los aparatos que almacenan el calor por la noche son económicos, pero proporcionan calor de día y no de noche, que es cuando lo necesita un invernadero.
ESTUFA DE PARAFINA	Tiene un precio bajo y también suele ser barato hacerla funcionar, pero aquí se acaban todas sus ventajas. Produce vapor de agua, lo que aumenta el riesgo de la aparición de moho en invierno. Compre un modelo de llama azul y recorte la mecha con regularidad; no deje que funcione si está seca y compruebe que haya una buena ventilación. Asegúrese de que la estufa sea suficientemente potente para mantener una temperatura de 5 a 7 °C en un invierno muy frío. No es recomendable, pero es un recurso útil si hay un corte de suministro eléctrico.
ESTUFA DE GAS	Existen estufas sin salida de humos que emplean gas natural o en bombonas. Tienen sus puntos positivos: producen dióxido de carbono, que estimula el crecimiento de las plantas, y también disponen de control termostático. Como ocurre con la parafina, la producción de vapor de agua puede ser un problema y necesitan un mantenimiento regular. En el caso de estufas con bombonas de gas, emplee propano y asegúrese de colocarla sobre una superficie firme y plana.
CALEFACCIÓN POR AGUA CALIENTE	Es el método tradicional para calentar invernaderos, y aunque hubo un tiempo en que era la norma, hoy es la excepción. El agua se calienta en una caldera de carbón, aceite o gas, y circula a lo largo de tubos horizontales alrededor de las paredes laterales. Los tubos tienen un diámetro de 40-100 mm y la distribución del calor es excelente si se deja suficiente espacio detrás de las estanterías. Su mayor inconveniente es el coste de la instalación.
CONEXIÓN AL SISTEMA DE CALEFACCIÓN CENTRAL	Instalar uno o más radiadores en un invernáculo o en un invernadero adosado y conectarlo al sistema de calefacción central doméstico puede parecer una buena solución. Sin embargo, el sistema de calefacción central suele funcionar de día y apagarse de noche, justo lo contrario que necesita un invernadero. El problema se soluciona con la instalación de un alimentador independiente con su propio temporizador y termostato (consulta un ingeniero de calefacción central).
CABLE DE CALEFACCIÓN ELÉCTRICA	Hay disponibles dos tipos. El más popular es el cable de calefacción de suelo, que se coloca en las estanterías o en el pavimento. Es económico, ya que el calor va directamente donde se desea y así se evita que algunas plantas se hielen en un invernadero frío. También existe el cable aéreo, que se coloca en las paredes de una construcción fría o en pequeños invernaderos.

**Calefacción eléctrica
por aire forzado**
(modelo para horticultura)

Estufa de parafina

Estufa de gas

Resistencia eléctrica

ELECCIÓN

La primera decisión importante que debe tomar es la de elegir entre un invernadero o un invernáculo (en la página 4 se señalan las principales diferencias que hay entre ambos). Los encontrará de todo tipo de formas, tamaños... y precios. Elegir el correcto es difícil, y si se equivoca tendrá que aguantar con él durante mucho tiempo. Por ello, antes de decidirse lea los anuncios y estudie detenidamente los catálogos, aunque el mejor sistema es ver los modelos ya construidos en un centro de jardinería, un almacén de bricolaje o una gran exposición de horticultura.

● ¿ES ÉSTE EL MODELO ADECUADO?

Tanto los modelos adosados como los independientes tienen ventajas e inconvenientes. Las estructuras independientes permiten una mayor transmisión de luz y la máxima ventilación, y tal vez se trate del único tipo que puede tener si no dispone de espacio en la pared. El problema es que queda apartado de las instalaciones de agua y de calefacción de la casa. Los modelos adosados no tienen este inconveniente, y además las paredes de la casa retienen el calor, lo cual es una gran ventaja en invierno. Sin embargo, esto se convierte en un inconveniente en verano, cuando es imprescindible tener una buena ventilación y sombreado. Antes de comprar un invernadero sopese las ventajas y los inconvenientes, y después elija; en el caso de los invernáculos, la mejor elección es un modelo adosado con acceso directo a la casa.

● ¿ES ADECUADO PARA LOS USOS QUE TENGO EN MENTE?

Si tiene pensado centrarse en el cultivo de plantas altas como los tomates y los pepinos, elija un invernadero con lados verticales y cristal de arriba hasta abajo. Por otro lado, si desea cultivar plantas activas en invierno sería una buena idea tener una estructura con los lados inclinados, ya que será más cálida que una construcción con los lados verticales cuando el sol esté bajo. Las construcciones con los lados con mitad de madera y mitad de cristal son adecuadas si desea reducir el coste de combustible y si sólo piensa cultivar plantas en macetas.

● ¿DÓNDE DEBERÍA COMPRARLO?

Muchos pequeños invernaderos de aluminio pueden encargarse directamente por catálogo o a través de anuncios de periódico, pero es aconsejable inspeccionar el modelo antes de comprarlo, tal como se ha indicado en la introducción. Si va a comprar un equipo para montarlo usted mismo, es necesario que tenga algo de experiencia, esté capacitado para una empresa de tales proporciones y disponga de varios ayudantes; si no, elija un suministrador que le ofrezca el servicio de montaje. A la hora de escoger el suministrador del invernáculo ha de ser aún más cuidadoso. Puede comprar un modelo no demasiado caro en un almacén de bricolaje o en un centro de jardinería, donde los diseños suelen ser sencillos y se supone que los montará usted mismo o que utilizará los servicios de algún albañil de la zona. Al otro lado de la escala se encuentran los especialistas en invernáculos, que le diseñarán una construcción desde cero para que se adecue a sus necesidades concretas. La empresa se encargará de todo, pero el precio será mucho mayor. Esta vía puede ser necesaria si desea aprovechar un espacio al que es difícil acceder, pero la mejor solución suelen ser las empresas que instalan invernáculos y que tienen una serie de modelos ya diseñados que pueden adaptarse a sus necesidades.

● ¿TIENE EL TAMAÑO ADECUADO?

Demasiado grande o demasiado pequeño, ambos casos representan un problema. El invernadero no debe ser el elemento que domine el jardín ni debería proporcionar más espacio del que pueda llenar. Sin embargo, debe ser suficientemente grande para sus necesidades, y por norma se suele comprar un modelo con un tamaño superior al que se tiene pensado comprar. Si dispone del espacio, considere la posibilidad de comprar un modelo cuadrado con dos caminos mejor que uno alargado y rectan-

gular; y no es sólo una cuestión de medidas. Por otro lado, si es una persona alta, compruebe que el invernadero tenga la altura suficiente para permitirle trabajar sin tener que agacharse. Asegúrese también de que la puerta sea lo bastante ancha para usted y una carretilla si tiene pensado trabajar en el suelo de los bordes. Si piensa en un invernáculo, recuerde que se supone que ha de ser un lugar donde pueda sentarse cómodamente con la familia o los amigos rodeado de plantas. Cuando el espacio sea muy limitado es mejor elegir un invernadero de un tamaño medio que un invernáculo demasiado pequeño.

● ¿ME GUSTA SU ASPECTO?

Normalmente atrae más un modelo de madera que uno de aluminio y un modelo con bóveda que uno con doble vertiente. Por encima de todo, la pregunta que debe hacerse es la siguiente: ¿el invernadero le gusta a usted y a su familia? Recuerde que tendrá que vivir con él como una parte más del jardín. La cuestión es aun más importante en el caso de un invernáculo, ya que se convertirá en parte de la casa.

● ¿PUEDO PERMITÍRMELO?

Levantar la construcción desde cero no es la opción más económica hoy en día, pues la madera y el cristal le costarán más que un invernadero para montar. En general, obtendrá lo que pague por ello, de modo que no se fije en las «grandes ofertas». Si el dinero no es un problema puede pensar en un invernadero de maderas nobles con cristal doble, pero este modelo puede costar diez veces más que una construcción del mismo tamaño realizada con materiales más baratos. Si la inversión que desea hacer es limitada, la mejor elección es una construcción de aluminio cubierta de vidrio y proporcionada por un suministrador de confianza. Emplear placas de plástico finas en lugar de vidrio reducirá el precio, pero es una manera falsa de ahorrar, ya que tendrá que gastar más en calefacción. No se olvide de los costes del combustible: no hay grandes diferencias entre los diversos tipos de combustible, pero mantener una temperatura mínima en invierno de 13 °C en lugar de 7 °C puede resultar costoso. Otra cuestión que debe tener en cuenta es que cambiar las ventanas e instalar un sistema de riego automático pueden resultar un gasto extra, pero en ocasiones imprescindible.

● ¿ES SÓLIDO?

No puede esperar un resultado de alta calidad si ha comprado un modelo muy económico, pero aun así debería estar sólidamente construido. ¿Las ventanas y la puerta ajustan bien? ¿El caballete está sujeto de manera firme y rígida? Al presionar las barras de acristalamiento, ¿permanecen rígidas?

● ¿LOS ELEMENTOS ESENCIALES ESTÁN INCLUIDOS EN EL PRECIO?

Asegúrese de que los elementos esenciales no estén clasificados como opcionales a menos que pueda permitirse pagar un coste adicional. Compruebe qué es exactamente lo que está incluido en el precio. El material de cristal, las mesas y un número adecuado de ventiladores son elementos esenciales, pero no siempre están incluidos en el precio básico. Los cimientos pueden ofrecerse como un elemento opcional, pero se ha de considerar como esencial. Asegúrese de que le avisen antes de cualquier cargo adicional por la entrega y el montaje.

UBICACIÓN Y MONTAJE

El invernadero debe situarse lejos de los árboles, a una distancia mínima de 9 m. Una rama sobresaliente proyectará sombra, dejará que la suciedad caiga sobre los cristales que tiene debajo y puede romperlos si hay un fuerte viento. Si la estructura es independiente, sitúela lejos de cualquier edificación, verja, etc., ya que podrían ocultar el sol en invierno.

No coloque un invernadero de cristal cerca de una carretera o de una zona de juego, pues cambiar las placas rotas siempre es molesto. Otros lugares que es conveniente evitar son los suelos anegados y las bolsas de hielo. Tampoco trate nunca de levantar un invernadero en un suelo recientemente excavado.

Es útil colocar algo que haga de barrera contra el viento, como una cerca, en los lados norte y este, ya que los fuertes vientos pueden dañar la estructura e incluso los vientos de intensidad normal aumentarán la factura de la calefacción; el invernadero debería situarse a unos 4,5 m de la cerca.

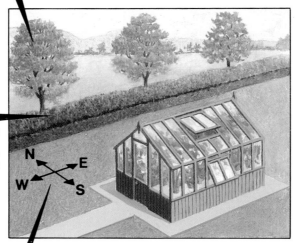

Un invernadero independiente debería situarse tan cerca de la casa como sea posible, ya que la instalación eléctrica es cara y transportar otros tipos de combustible desde el fondo del jardín puede ser una ardua tarea en invierno.

La mayoría de los expertos recomiendan colocar un invernadero independiente de tal manera que el caballete vaya de este a oeste. Pocos opinan que la casa debería ir de norte a sur, pero todos están de acuerdo en el hecho de que la orientación no es un factor clave en una construcción de tamaño medio. La situación es algo diferente si se trata de una estructura adosada. Si se construye contra la pared que da al sur (en el hemisferio norte), retendrá el sol (lo cual irá muy bien en invierno pero provocará demasiado calor en verano); el mejor lugar para situar un invernadero adosado es en una pared que dé al oeste.

Obtención del permiso

PERMISO DE OBRAS

Por lo general no se necesita permiso municipal de obras para una estructura de tamaño medio en un emplazamiento normal. A pesar de esto, es mejor que lo compruebe, ya que hay ocasiones en las que es necesario obtener dicha autorización. Cualquiera de las siguientes situaciones requiere que se solicite dicho permiso antes de empezar a montar la construcción:

- Si el volumen del invernadero o del invernáculo aumenta el volumen de una casa adosada o semiadosada en más de 70 m³ o del 15 % (estas cifras se reducen a 50 m³ o el 10 % en el caso de las casas adosadas en hileras).
- Si parte de la estructura sobresale con respecto a la parte delantera de la casa hacia la carretera, o si sobrepasa el tejado de la casa.
- Si la estructura cubre más de la mitad del jardín cuando la casa sea un edificio protegido o esté situada en una zona protegida.

NORMATIVA SOBRE EDIFICACIÓN

No suele ser necesario cumplir con la normativa sobre edificación si el invernadero o el invernáculo está a nivel de tierra y ocupa una superficie de menos de 30 m². Sin embargo, es mejor que lo compruebe antes.

PERMISO DE LOS VECINOS

No es obligatorio, pero resulta conveniente si la nueva estructura interfiere en las vistas de las casas de sus vecinos. Será necesario cambiar de modelo o de lugar donde colocar el invernadero para evitar cualquier tipo de fricciones, pero en la mayoría de las ocasiones bastará con una explicación antes de empezar para evitar disputas.

Cómo realizar la construcción

Es imprescindible contar con un lugar firme y nivelado; si la estructura es mayor de 2,5 x 1,8 m necesitará unos cimientos de hormigón. Compre la base que le recomiende el fabricante en el caso de que éste ofrezca una y marque el contorno del edificio con estacas y cuerda.

Lea las instrucciones atentamente antes de empezar. Coloque las piezas en el suelo y numérelas si es necesario. Monte primero la estructura (no intente acristalar en esta etapa del proceso) y asegúrese de que esté firmemente sujeta.

Elija un día tranquilo y seco para colocar los cristales: empiece por la mañana e intente acabar el trabajo en un día, ya que un viento fuerte puede provocar estragos en la parte acristalada de la construcción. Asegúrese de que los armazones sean cuadrados y no utilice nunca el vidrio para enderezar las barras de acristalamiento de aluminio.

CAPÍTULO 3

PLANTAS

Es difícil definir qué se entiende exactamente por planta «de invernadero». Hay algunas plantas que viven toda su vida en el interior de un invernadero o de un invernáculo. También hay otras que producen su eclosión ornamental o que crecen bajo el cristal, pero que tienen que nacer fuera del invernadero o deben pasar parte de su vida adulta al aire libre. Y hay un último grupo de plantas cuyo modelo de vida es justamente el contrario: producen su eclosión ornamental o crecen en el jardín, y para ellas el invernadero es un lugar que proporciona un ambiente protegido. Esto ocurre tanto al inicio de su vida, si se trata de semillas o de esquejes, como cuando ya se han plantado en macetas o en los casos en que es necesario evitar las heladas.

El primer grupo mencionado está formado por plantas de invernadero en el sentido estricto de la palabra, ya que pasan toda su vida bajo cristal. Sin embargo, hay un reducido grupo al que le favorece pasar en el exterior los meses de verano: por ejemplo, *Citrus*, el jazmín y la pasionaria. En este «verdadero» grupo de plantas de invernadero se encuentran las hortalizas que necesitan protección para crecer de manera satisfactoria o para asegurar una cosecha temprana con respecto a la que produciría en el exterior. Aquí se pueden encontrar variedades de tomates y de pepinos de invernadero, las zanahorias de raíces cortas, diversas variedades de lechuga de invierno y de primavera y hortalizas tiernas como las berenjenas y los pimientos. Además de estas hortalizas, hay frutales de invernadero: por supuesto la vid, pero también higueras, melocotoneros, melones, etc.

Estos últimos cultivos dominan los invernaderos de reducido tamaño en verano, pero en los invernáculos las reinas son las plantas ornamentales. Dependiendo del tamaño de la estructura y de las preferencias personales, este tipo de plantas pueden ser tan pequeñas como una minúscula planta de rocalla o tan grande como una majestuosa palma. Sin embargo, aun cuando el dinero y el espacio no constituyan un problema, no puede elegir una planta ornamental para su invernadero o invernáculo a la ligera y será necesaria una temperatura mínima durante el invierno. Como puede verse en la lista que aparece en la página 23, hay centenares de plantas adecuadas para un invernadero fresco (temperatura mínima de 7 °C). Mucha gente se dedica al cultivo de una gran diversidad de variedades diferentes, mientras que otros prefieren dedicar todo el invernadero o una parte de él a una colección especializada. Hay muchas cosas que deberá saber si es un aficionado a las plantas alpinas, los cactos, los helechos o las orquídeas y si desea disfrutar su afición al máximo, así como adaptar y organizar su invernadero de tal manera que le permita satisfacer las necesidades específicas de su colección concreta.

El segundo grupo de plantas que se cultivan en un invernadero es un grupo pequeño pero importante: se trata de los tipos que florecen o dan frutos en el invernadero, pero que deben pasar parte de sus vidas en el exterior. Incluimos aquí las plantas bulbosas resistentes de floración primaveral que crecen en recipientes y que empiezan su vida en el exterior. O las macetas de fresas que se colocan en invierno en el interior de un invernadero fresco procedentes del jardín y allí producen frutos que pueden recogerse en primavera. Un último ejemplo es el crisantemo de floración tardía, que se pasa todo el verano en una maceta en el exterior y que se traslada al interior del invernadero a principios de otoño.

El último grupo de plantas es extenso y complejo: se trata de las plantas de jardín que crecen y pasan el invierno bajo el cristal. No son plantas «de invernadero» en un sentido estricto, sino que requieren un lugar donde puedan protegerse del frío y la humedad del invierno. Aquí encontrará hortalizas de resistencia media de semillero, plantas para trasplantar, esquejes de crisantemos y macetas de esquejes de geranios y fucsias, que esperan las noches sin heladas de la primavera.

Lo ideal sería disponer de dos estructuras: un invernadero puramente práctico para la producción de semillas, plantas en reposo y hortalizas en crecimiento, y un invernáculo decorativo para mostrar sus plantas ornamentales en todo su esplendor. Pero aunque éste es el modelo perfecto, en su único y algo reducido invernadero también podrá disponer de una gran variedad de plantas para deleitarse a lo largo de todo el año.

Clave C: catalán; E: euskera; G: gallego

Plantas ornamentales en general

Plantas que se cultivan con el propósito de proporcionar color y belleza al interior del invernadero o invernáculo. Los bulbos y los grupos especializados (alpinas, helechos, cactos y orquídeas) se tratan en otros apartados.
Páginas. 22-47

Plantas ornamentales: bulbosas

Plantas que se cultivan propagando las partes que crecen bajo tierra (bulbos, tubérculos, rizomas). Los **bulbos de invernadero** que crecen bajo el cristal son semirresistentes. Las **bulbosas resistentes de floración primaveral** empiezan a crecer en el exterior y después se trasladan al interior para ser expuestas.
Páginas 48-55

Plantas ornamentales: alpinas

Grupo de plantas de poca altura que crecen bajo cristal para protegerse de la nieve, las heladas, el viento y la lluvia. Necesitan una temperatura fresca y ventilación adicional (un invernadero frío adaptado puede ser satisfactorio).
Páginas 56-57

Plantas ornamentales: cactos

Un grupo bien diferenciado de suculentas que se caracterizan por una ausencia casi total de hojas y la presencia de espinas o de pelusa en sus tallos para protegerse. Los **cactos de desierto** apenas requieren riego durante el invierno. Los **cactos de bosque** suelen tener necesidades especiales.
Páginas 58-59

Plantas ornamentales: helechos

Extenso grupo de plantas sin flores que van desde las variedades pegadas al suelo hasta especímenes grandes como árboles. La mayoría requiere aire, sombra y un abono que se mantenga siempre húmedo. La temperatura requerida varía.
Páginas 60-61

Plantas ornamentales: orquídeas

Grupo de plantas que destacan por sus flores exóticas y llenas de colorido. Por lo general, poseen un prominente pétalo más bajo (labios) y la mayor parte de los tipos tienen una base de tallos gruesos. Cada variedad tiene sus propias necesidades y van desde las «bastante fáciles» de cultivar hasta las de «extrema dificultad».
Páginas 62-63

Plantas de arriate

Plantas que se obtienen de semillas o de esquejes en el invernadero y que luego son trasplantadas al jardín como elementos temporales para proporcionarle un mayor colorido. Pueden ser anuales, bienales o vivaces.
Páginas 64-65

Vivaces y arbustos de jardín

Plantas que pasan la mayor parte de su vida adulta activa en el jardín, pero que han de estar en el invernadero bien al inicio de sus vidas o bien durante los meses de invierno, cuando las heladas amenazan su existencia.
Páginas 66-67

Tomates

Durante muchos años ha sido la planta de invernadero más popular, y aún lo es hoy. Antes crecía en los bordes y en macetas, mientras que hoy se suele cultivar en sacos de cultivo. Las semillas se siembran a finales de invierno para plantarlas a mediados de primavera.
Páginas 68-72

Pepinos

También muy conocidos como planta de invernadero, antes eran considerados difíciles de cultivar, ya que requerían una temperatura más alta y un aire más húmedo que los tomates; sin embargo, los nuevos híbridos F_1 han hecho que el cultivo del pepino sea mucho más sencillo.
Páginas 73-74

Verduras y hortalizas

Las **hortalizas de invernadero** pasan toda su vida bajo el cristal, desde que se siembran hasta que se recogen. Por el contrario, las **de jardín** son variedades resistentes o semirresistentes que se cultivan como plantas de semillero bajo cristal para después plantarlas en el jardín.
Páginas 75-78

Frutales

Plantas que se cultivan única o principalmente para que produzcan frutos. Algunas, como los melones y los melocotoneros, pasan la mayor parte de su vida en el invernadero, mientras que otras pasan mucho tiempo en el jardín.
Páginas 79-81

Plantas ornamentales en general

Las plantas ornamentales de invernadero abarcan una vasta variedad de formas y tamaños, pero todas comparten una misma característica: se cultivan casi exclusivamente para decorar el interior del invernadero o del invernáculo. Aquí se describen las que forman el grupo más extenso: las plantas ornamentales en general. Se trata de tipos no bulbosos y también se han excluido los grupos formados por alpinas, helechos, cactos y orquídeas, que tienen unas necesidades muy específicas y a menudo unas características particulares de crecimiento.

La variedad de plantas ornamentales es enorme, pero año tras año siguen apareciendo las más conocidas, como los crisantemos, los geranios, los claveles, las balsaminas, las fucsias, las begonias, las cinerarias o las prímulas. Otros tipos de gran popularidad son *Streptocarpus*, *Kalanchoe* y toda una gran variedad de plantas decorativas de interior. Hay dos razones básicas para la adquisición de este limitado abanico de plantas: la limitación de espacio y la dificultad para encontrar algunas especies. La falta de una zona para semilleros o para bancales constituye un problema real para el propietario de un invernadero pequeño y superpoblado, y en ocasiones no hay lugar para los especímenes más vigorosos o para las llamativas trepadoras. Pero no hay ninguna excusa para no cultivarlas si se posee un invernáculo grande y con suficiente espacio libre. La dificultad de encontrar las plantas de interior menos habituales es otro de los problemas reales con los que uno se encuentra, ya que casi todos los centros de jardinería suelen ofrecer la misma variedad de especies de plantas de invernadero y de invernáculo. Sin embargo,

muchos tipos pueden cultivarse a partir de la semilla (que también es una manera económica de abastecer su invernadero), y también puede pedir que le envíen por correo el catálogo de los viveros de plantas de invernáculo que se anuncian en las revistas de jardinería. Consulte un directorio de plantas si desea encontrar el distribuidor de una planta en concreto. Por supuesto, hay una tercera vía para obtener plantas poco usuales: esquejes procedentes del invernáculo bien provisto de algún amigo o conocido.

No hay necesidad de crear una selva tropical en el invernáculo: muchas plantas de esta sección estarán bien en un invernadero o invernáculo fresco. Lo habitual es tener una gran variedad de flores de diferentes colores durante todo el año, pero lo ideal sería aspirar a un fondo de plantas «arquitectónicas» para lucir estas flores, ya sea mediante especímenes con formas interesantes o con hojas interesantes. Y si el espacio lo permite, hágalo aún más llamativo: combine el cultivo de arbustos como las camelias y las hortensias en recipientes con el de trepadoras altas como la pasionaria o *Lapageria*.

Las plantas ornamentales se pueden dividir en dos grupos separados por una línea nada definida. Las plantas de invernáculo suelen ser más llamativas, a menudo altas y con tendencia a extenderse. Por otra parte, las plantas de interior por lo general son más pequeñas y crecen bastante bien si les ofrecemos un poco de sombra, como ocurre en un salón en el interior. Sin embargo, esta división resulta más útil para los autores de los libros sobre plantas que para los propietarios de invernáculos.

ABUTILON   Abutilón; c: abútilon
Temperatura mínima: 7 °C

Género fácil de cultivar, con hojas en forma de arce jaspeadas de amarillo o blanco, y flores en forma de campana que aparecen en verano. **A. megapotamicum** es una trepadora que requiere algún tipo de soporte y que crece hasta 1 m. Las flores acampanadas son rojas y amarillas, y la variedad «**Variegatum**» tiene hojas jaspeadas de amarillo. El arbusto **A. hybridum** necesita mayor espacio; puede alcanzar fácilmente 1,5 m y las flores están disponibles en varios colores: «**Ashford Red**» (rosa rojizo), «**Canary Bird**» (amarillo), «**Boule de Neige**» (blanco), etc. Trátela como una anual y siembre las semillas a mediados de invierno.

Abutilon megapotamicum

ACACIA   Mimosa
Temperatura mínima: 7 °C

La mimosa que se utiliza en los adornos florales es **A. dealbata**. Es un arbusto fácil de cultivar que puede alcanzar hasta los 6 m si el espacio lo permite, pero pódelo después de la floración para evitar que sea demasiado alto y delgado. Las flores aparecen durante todo el invierno: pequeñas borlas amarillas de unos 20-23 cm y largas hojas de color verde grisáceo. **A. armata** también produce esponjosas flores amarillas a finales del invierno, pero crecen de manera más compacta y tienen filodios (falsas hojas) espinosos de 2,5 cm de longitud en lugar de auténticas hojas.

ACALYPHA   Cola de zorro
Temperatura mínima: 18 °C

Los dos tipos de *Acalypha* de invernáculo tienen un aspecto bastante diferente, sin embargo comparten algunas características: ambos son arbustos que necesitan un aire húmedo y las condiciones de un invernadero cálido. **A. hispida** (cola de zorro roja) produce a finales de verano borlas de diminutas flores rojas de unos 30 cm. Pódelas severamente a principios de la primavera. **A. wilkesiana** tiene hojas cobrizas manchadas de verde o marrón.

Acalypha hispida

AESCHYNANTHUS
Temperatura mínima: 12-13 °C

Llamativa planta trepadora con tallos que cuelgan 45-60 cm, hojas céreas y flores rojas. La más fácil de encontrar es **A. lobbianus**: las flores rojas, tubulares, de 5 cm, surgen de sus envoltorios marrones en verano. Son plantas exigentes: el riego ha de ser escaso y se ha de evitar la luz del sol directa en las hojas. Tampoco les gustan las corrientes frías, el aire seco y la tierra húmeda en invierno.

AGAPANTHUS   Agapanto, lirio africano, tuberosa azul; c: flor de l'amor
Temperatura mínima: 1-2 °C

El agapanto necesita temperaturas frescas en invierno, pero aparte de esto es una planta fácil de cultivar. Las umbelas de flores con tallos de unos 60 cm crecen por debajo de las hojas en forma de cintas. Normalmente se vende como **A. africanus**, pero este nombre suele esconder **A. campanulatus** y muchos otros híbridos. Las flores tubulares, de casi 3 cm de longitud, suelen ser azules, pero también está disponible con flores blancas. Plántela en un tiesto y trasplántela cada 5 años.

Agapanthus africanus

AGAPETES
Temperatura mínima: 12-13 °C

Este miembro de la familia de las ericáceas con tallos arqueados es adecuado para los invernáculos más grandes. Las brillantes hojas en forma de lanza tienen unos 2 cm de largo y, en primavera, de los tallos cuelgan pequeños ramilletes de flores en forma de urna. Las especies más habituales son **A. serpens** (las flores son rosáceas con manchas en forma de «V» de color rojo intenso). Las hojas que cuelgan necesitarán algún tipo de soporte.

AGLAONEMA   Aglaonema
Temperatura mínima: 18 °C

Planta de interior que requiere aire húmedo, una posición sombreada para evitar la luz del sol y una temperatura cálida en invierno. Crecerá en forma de arbusto en un invernáculo con calefacción. *Véase Plantas de interior*, pág. 65.

Allamanda cathartica

ALLAMANDA
Temperatura mínima: 12-13 °C

Excelente trepadora para el invernáculo. **A. cathartica** produce en verano unas brillantes flores amarillas en forma de trompeta de unos 8 cm. Necesita aire húmedo y algo de luz del sol directa. Riéguela con moderación en invierno.

Anigozanthos manglesii

Anthurium andreanum

Aphelandra squarrosa 'Louisae'

Aristolochia elegans

ALOCASIA   Alocasia
Temperatura mínima: 18 °C

Planta de crecimiento lento y atractivo follaje que requiere unas condiciones cálidas si desea que sobreviva de un año a otro. Es bastante espectacular: **A. amazonica** tiene hojas en forma de flecha de 30-60 cm de largo, y es de color verde oscuro con gruesas venas blancas. **A. sanderiana** se diferencia de la anterior por sus hojas dentadas y con el envés de color púrpura. Ambas especies requieren condiciones de elevada humedad en el aire y suelos bien drenados durante la época de crecimiento.

ALYOGYNE
Temperatura mínima: 7 °C

Podrá encontrarla en los catálogos de algún vivero de plantas de invernáculo. Es de floración libre y produce unas flores de unos 8 cm parecidas a las malvas. La especie preferida es **A. huegelii** «**Santa Cruz**»: un arbusto de desarrollo erguido que se ha de podar en invierno para limitar su crecimiento. Las flores, que aparecen en primavera-verano, son de un azul pálido. **A. hakeifolia** tiene flores malva con el centro rojo.

ANIGOZANTHOS
Temperatura mínima: 1-2 °C

Planta perenne que crece en grupos con hojas como las de los lirios y con flores poco usuales. Cada flor es un largo tubo que acaba en 6 segmentos, con un aspecto parecido al de la pata de un canguro. **A. flavidus** crece unos 60 cm y produce flores de un tono verde amarillento a finales de la primavera. **A. manglesii** ofrece un mayor colorido: flores verdes de unos 8 cm de largo, de color rojo intenso en la base.

ANTHURIUM   Anturio
Temperatura mínima: 12-13 °C

Planta popular para los invernáculos templados. Las que florecen tienen un aspecto claramente exótico, con sus flores en forma de paleta que aparecen en verano. **A. scherzerianum** es la más fácil de cultivar. Las hojas tienen forma de lanza y las aceradas flores de 2 cm de longitud tienen espádices curvados de color naranja. La más grande, **A. andreanum**, tiene hojas en forma de corazones y flores arrugadas de 10 cm que presentan espádices rectos o curvados de color amarillo. **A. wendlandii** puede crecer hasta 1,5-2,5 m. Entre las especies de follaje encontramos ejemplares como **A. crystallinum**, que presenta largas hojas aterciopeladas de 30-60 cm con prominentes venas plateadas.

APHELANDRA   Afelandra
Temperatura mínima: 12-13 °C

Popular planta de interior, a pesar de que este género tropical americano necesita las condiciones de un invernáculo si desea que sobreviva de un año a otro. La variedad más conocida es **A. squarrosa** «**Louisae**», con sus hojas llenas de venas blancas y sus compactas espigas de flores dispuestas sobre las brácteas amarillas con el borde rojo. Estas flores aparecen en otoño y duran unas 6 semanas. La planta crece hasta una altura de unos 60 cm (elija la variedad «**Dania**» si desea un tipo más compacto). Corte los tallos unos 10 cm en primavera.

ARAUCARIA   Araucaria
Temperatura mínima: 1-2 °C

Conífera de invernáculo fácil de cultivar. **A. heterophylla** (**A. excelsa**) crece casi 2 m y posee varias hileras de ramas rígidas. Las hojas, en forma de aguja, miden 1 cm. No la trasplante con demasiada frecuencia: será suficiente una vez cada 3-4 años. Un sustrato seco y un aire demasiado seco pueden hacer que las hojas se caigan.

ARDISIA   Ardisia
Temperatura mínima: 7 °C

Un ejemplar de arbusto, aunque éste presenta hojas brillantes y aromáticas flores de color blanco o rosa pálido que dan paso a frutos rojos. **A. crenata** (**A. crispa**) es la especie más popular: manténgala fresca en invierno y pódela a principios de la primavera.

ARISTOLOCHIA   Aristoloquia
Temperatura mínima: 12-13 °C

Planta trepadora poco común con flores tubulares. La que conviene buscar es **A. elegans**, que produce flores de unos 7 cm marrones con manchas blancas en verano y otoño. Pódelas severamente después de la floración.

ARUNDINARIA   Arundinaria
Temperatura mínima: 1-2 °C

Las especies de invernáculo se cultivan en tiestos para proporcionar hermosos especímenes: tienen tallos en forma de juncos y ramas cortas con hojas aterciopeladas. Algunos ejemplos son **A. auricoma** (90 cm, hojas con bandas amarillas), **A. variegata** (60 cm, hojas de color cremoso) y **A. nitida** (2,5 m, tallos púrpuras).

ARUNDO   Caña
Temperatura mínima: 1-2 °C

Como las anteriores, esta planta aterciopelada produce tallos en forma de caña. **A. donax «Variegata»** es la mejor: tiene tallos arqueados de 1,5 m con bandas blancas. En otoño suele producir panículas de pequeñas flores blancas.

Arundo donax 'Variegata'

ASCLEPIAS   Asclepias
Temperatura mínima: 7 °C

Es raro que esta planta americana se vea tan poco en los invernáculos. **A. curassavica** es un arbusto de casi 1 m con hojas en forma de lanza, y en verano y otoño presenta cabezas redondas de flores estrelladas. Cada flor posee brillantes pétalos naranja y en el interior una corona amarilla. Es una especie fácil de cultivar a partir de semillas.

Asclepias curassavica

ASPARAGUS   Esparraguera; C: esparraguera; E: frantsesporru; G: espargueira
Temperatura mínima: 7 °C

La esparraguera tiene hojas en forma de aguja y pertenece a la familia de las liliáceas. Las hay de diversos tipos, y pueden utilizarse para proporcionar un fondo verde a plantas más coloridas (*véase Plantas de interior*, pág. 69).

ASPIDISTRA   Aspidistra
Temperatura mínima: 1-2 °C

La aspidistra normalmente se imagina más como una planta de interior que como una de invernáculo, pero resulta extraordinariamente útil si se intenta crear un ambiente victoriano, con sillas de cáñamo o de palma (*véase Plantas de interior*, pág. 70).

BANKSIA
Temperatura mínima: 7 °C

Cultivar este tipo de arbustos puede representar un reto, pero el esfuerzo merece la pena, pues tiene unas flores espectaculares: cabezuelas en forma de globo o de cono formadas por centenares de pequeñas flores de colores vivos. Por lo que se refiere a los cuidados, necesita una buena ventilación, aire bastante seco, mucha luz y un sustrato formado por $2/3$ de turba de musgo y $1/3$ de arenilla. Riegue con moderación en invierno. Incluso en condiciones perfectas pueden tardar hasta 3 años en florecer. **B. grandis** crece casi hasta los 2 m de altura y produce cabezuelas de 15-30 cm de color naranja.

Banksia grandis

BEAUCARNEA   Beaucarnea
Temperatura mínima: 7 °C

Necesita bastante espacio, ya que con el tiempo puede llegar a medir hasta casi 2 m, y los ramilletes de hojas en forma de cintas alcanzan 1,5 m de amplitud. La característica más remarcable de **B. recurvata** es la desarrollada base bulbosa, donde almacena agua. Una planta fácil de cultivar que puede tolerar cierta negligencia en su cuidado.

BEGONIA   Begonia, hermosa; C: begònia
Temperatura mínima: 12-13 °C

Las variedades de este género que florecen son numerosas, y en ocasiones resultan difíciles de identificar. Las más llamativas son las de tipo tubular (*véase* pág. 49). Las que se describen en este apartado son las variedades de raíces fibrosas y las ornamentales. Las begonias de floración con raíces fibrosas más conocidas son las de tipo arbustivo, las cuales normalmente se tiran después de la floración; en este grupo se encuentran **B. «Lorraine»**, que florece en Navidad, y los híbridos de **B. hiemalis** de brillantes colores, como por ejemplo **B. «Fireglow»**, que puede adquirise en flor en cualquier época del año. Entre las de tipos arbustivo destaca **B. semperflorens**, que puede durar de un año a otro. Aparte de las begonias de tipo arbustivo también existen variedades con tallos en forma de caña (como **B. coccinea**) o trepadoras, como **B. glaucophylla**. Finalmente existen las de floración invernal, encabezadas por **B. rex**. Para más detalles, *véase Plantas de interior*, págs. 74-79.

Begonia glaucophylla

Bougainvillea glabra

Bouvardia domestica

Guzmania lingulata

Browallia speciosa 'Major'

BELOPERONE Beloperone
Temperatura mínima: 12-13 °C

Existe sólo una especie: **B. guttata**. Se trata de una popular planta de interior que, no obstante, prefiere la luz brillante del invernáculo o del invernadero. Tanto los tallos como las hojas son aterciopelados, y además posee unas cabezuelas curvadas de unos 10 cm formadas por brácteas naranjas y pequeñas flores blancas que crecen entre ellas. Estas cabezuelas en forma de gamba surgen prácticamente a lo largo de todo el año si las riega de manera regular desde la primavera al otoño y de forma más escasa en invierno.

BOUGAINVILLEA Buganvilla
Temperatura mínima: 7 °C

Inconfundible trepadora de aspecto exótico que produce brácteas florales de colores brillantes a lo largo de todo el verano: pueden verse florecer en el exterior en zonas subtropicales, tropicales y de clima mediterráneo de todo el mundo. Tiene tallos leñosos con espinas que suelen requerir tutores, y necesitan mucha luz. Plántela en los bordes o en una maceta de unos 30 cm. Mantenga el sustrato siempre húmedo durante el período de crecimiento, pódela en otoño y que el sustrato permanezca casi seco durante el invierno. La especie más conocida es **B. glabra**, de color rosa púrpura; es más habitual cultivar híbridos como «**Mrs. Butt**» (de color púrpura carmesí), «**Orange King**» (naranja), «**Jamaica White**» (blanca) y «**Scarlet O'Hara**» (rojo anaranjado).

BOUVARDIA Buvardia
Temperatura mínima: 12-13 °C

No es fácil encontrar esta planta en un centro de jardinería, ya que se trata de un tipo de planta de interior algo decepcionante; sin embargo, en una atmósfera cálida, soleada y húmeda como la del invernadero, crece con mayor libertad. Las flores tubulares miden 2 cm de ancho y nacen en grandes ramilletes sobre las hojas en verano y otoño. El híbrido **B. domestica** llega a medir más de 60 cm de altura y fue una especie muy cultivada en los invernáculos de la época victoriana. La variedad «**President Cleveland**» es de color rojo brillante, aunque también las hay en tono rosa y en blanco.

BREYNIA
Temperatura mínima: 12-13 °C

Este arbusto fue introducido como planta de interior en los años ochenta, pero nunca ha sido demasiado popular. El problema es que no le va bien el aire seco del salón, pues lo que necesita es el aire un invernadero o de un invernáculo. **B. nivosa** «**Roseopicta**» tiene hojas ovaladas de 2,5 cm de un color blanco puro salpicadas de rosa y verde. Se ha de proteger de la luz del sol directa y se ha de trasplantar cada 2 años.

BROMELIÁCEAS
Temperatura mínima: 12-13 °C

Las bromeliáceas forman un grupo de plantas interesante y en ocasiones proporcionan al invernáculo un toque espectacular cuando florecen si tiene en cuenta sus necesidades de riego poco habituales. El modelo más conocido es el que presenta una especie de roseta de hojas acintadas y ásperas con un centro en forma de copa para almacenar agua: este follaje puede ser verde, liso o con dibujos y es enormemente decorativo. Produce una cabezuela vistosa al final del tallo de muy variada forma. La floración puede durar meses pero, una vez se marchita, la roseta de hojas muere y es reemplazada por otra. Esta cabezuela está formada por coloridas brácteas, mientras que las auténticas flores no son tan vistosas. La característica esencial de las bromeliáceas es que tienen pequeñas raíces, lo que significa que no han de trasplantarse y que el riego consiste en llenar de agua el centro en forma de copa cada 1-2 meses. El sustrato debe mantenerse ligeramente húmedo, pero nunca mojado. Existen muchos géneros y especies de bromeliáceas (*véase Plantas de interior*, págs. 86-89 para más detalles sobre **Aechmea**, **Ananas**, **Billbergia**, **Guzmania**, **Tillandsia**, **Cryptanthus**, **Neoregelia**, **Nidularium** y **Vriesea**). En los últimos años, las llamadas «plantas aéreas» se han hecho muy populares, ya que viven «literalmente» en el aire: absorben el agua de la atmósfera húmeda y se nutren del polvo.

BROWALLIA
Temperatura mínima: 12-13 °C

Arbusto vivaz que por lo general se emplea como anual: se multiplican mediante semillas a principios de la primavera para obtener flores en verano o se retrasa la multiplicación hasta el verano para la floración invernal. Pode las ramificaciones jóvenes para proporcionarle el aspecto de arbusto que se pretende conseguir. Necesitan algún tipo de soporte para sujetar las ramas de 45-60 cm. **B. speciosa** posee flores en forma de estrella de 5 cm y color violeta con un cuello blanco. «**Silver Bells**» tiene flores enanas blancas. «**Major**» es de color azul violáceo y alcanza 90 cm de altura.

BRUNFELSIA   Brunfelsia
Temperatura mínima: 12-13 °C

Este género arbustivo constituye una gran adquisición, ya que con pocos cuidados permanecerá en flor prácticamente todo el año y éstas cambiarán de color a medida que maduren. El más popular es **B. calycina**, un arbusto de 60 cm de altura con flores púrpuras que se convierten en violeta pálido para acabar siendo blancas. Protéjalo del sol directo en verano y proporciónele aire húmedo. Póngalo en macetas en el exterior de vez en cuando durante la época de más calor. Otro tipo más alto es **B. americana**, con flores que cambian del amarillo al crema antes de volverse blancas.

Brunfelsia calycina

CAESALPINIA   Cesalpina
Temperatura mínima: 1-2 °C

Hay un buen número de plantas exóticas y llamativas que pueden cultivarse en un invernadero fresco que se mantenga a pocos grados por encima de 0 °C en invierno; **C. gilliesii** es un buen ejemplo. Se trata de un arbusto alto con hojas como las de los helechos pero que pueden controlarse si se podan. En verano aparecen las cabezuelas, de 30 cm de altura: unos racimos de flores amarillas con largos estambres de color rojo.

CALADIUM   Caladio
Temperatura mínima: 18 °C

Puede cultivar esta planta en un invernadero fresco para que florezca en verano, pero si desea que se convierta en un ejemplar permanente necesitará las condiciones de uno cálido. Desde finales de la primavera a principios del otoño las variedades de **C. hortulanum** proporcionan un gran colorido gracias a sus hojas en forma de flecha, finas como el papel y de colores variados, como verde, rojo, rosa, naranja o púrpura. Deje de regarlas cuando mueran las hojas y replante los tubérculos en primavera.

*Caladium hortulanum
'White Queen'*

CALCEOLARIA   Calceolaria
Temperatura mínima: 7 °C

Estas plantas de maceta se cultivan por sus flores en forma de bolsa que duran casi un mes en primavera o verano. **C. herbeohybrida** tiene largas hojas aterciopeladas y alcanza los 45 cm de altura: existen variedades con flores amarillas, rojas o naranjas, y a menudo éstas tienen manchas o puntos. Puede multiplicarse mediante semillas; siémbrelas en verano para que florezcan al año siguiente, aunque es mucho más habitual comprar las macetas con las plantas en flor.

CALLISTEMON   Limpiatubos
Temperatura mínima: 7 °C

Es una planta ideal para un invernadero o un invernáculo fresco. Su característica principal es que en verano produce flores en forma de suaves y sedosos pinchos. **C. citrinus** es la más popular: mide casi 1 m de altura y produce flores cilíndricas de 4 cm de color rojo. «**Burning Bush**» es una variedad roja más compacta; «**Mauve Mist**» es de color rosa.

Callistemon citrinus

CAMELLIA   Camelia; c: cameliera; E: kamelia; G: cameleira
Temperatura mínima: 1-2 °C

Arbusto que produce hermosas flores en invierno, cuando se cultiva en recipientes o macetas. Las flores simples o dobles de 5-7 cm que produce **C. japonica** crecen entre las brillantes hojas. No es una planta fácil de cultivar en el invernáculo, ya que requiere bajas temperaturas además de agua sin cal y abono. Ponga la maceta en el exterior una vez haya acabado la floración y vuélvala a entrar en otoño.

CAMPANULA   Campanilla; c: campaneta; E: ezkila-lore
Temperatura mínima: 7 °C

La más popular es **C. isophylla**, una planta de porte rastrero con tallos color verde grisáceo llenos de pelos y con una longitud de unos 30 cm. Por lo general, las flores son de color azul, pero también existen variedades con flores blancas («**Alba**») y de color malva («**Mayi**»). **C. pyramidalis** es de porte erguido y posee flores blancas o azules.

CAMPSIS   Trompeta trepadora
Temperatura mínima: 7 °C

Planta trepadora de invernáculo que alcanza los 3-4,5 m de altura, aunque puede controlarse si se poda. **C. tagliabuana** «**Madame Galen**» produce racimos de flores rosadas en forma de trompeta desde finales del verano hasta el otoño. Las hojas se caen en invierno.

*Campsis tagliabuana
'Madame Galen'*

Cassia corymbosa

Cestrum elegans

Chorizema ilicifolium

Chrysanthemum morifolium

CAPSICUM   Pimiento; c: banyeta, bitxo; E: biper; G: pemento
Temperatura mínima: 1-2 °C

Popular planta de interior que se compra en invierno para exponer sus frutos en forma de cono de color verde, naranja o rojo. Las flores duran hasta principios de primavera (*véase Plantas de interior*, pág. 112, para más detalles).

CASSIA   Sen
Temperatura mínima: 7 °C

Este arbusto de floración libre crece alrededor de 1,5 m de altura, pero puede podarse anualmente para impedir que se desarrolle demasiado. Florece desde finales del verano hasta el invierno, y a los ramilletes de flores amarillas en forma de copa los seguirán unas vainas aplanadas. Otros nombres: **C. alata**, **C. corymbosa** o **C. didymobotrya**.

CELOSIA   Celosía
Temperatura mínima: 1-2 °C

Plante las semillas a mediados de invierno a 18-19 °C para que florezca en verano. **C. plumosa** posee racimos plumosos con pequeñas flores amarillas o rojas que duran varias semanas si no se seca el sustrato. Su altura habitual es 30 cm, pero existen variedades enanas de 20 cm. **C. cristata** tiene unas cabezuelas aterciopeladas y acrestadas.

CESTRUM   Palquis
Temperatura mínima: 7 °C

Los palquis alcanzan entre 2 y 10 m de altura, por lo que las ramas débiles necesitan algún tipo de soporte. Todas las especies poseen brillantes hojas ovaladas y, en verano, grandes ramilletes de flores en forma tubular. La más aromática es la especie blanca llamada **C. nocturnum**, cuyas flores se abren por la noche y llenan el invernáculo con su fragancia. **C. aurantiacum** posee aromáticas flores naranja de 2,5 cm, mientras que **C. elegans** posee flores rojas.

CHLOROPHYTUM
Temperatura mínima: 7 °C

Popular planta de interior, aunque su papel en el invernadero o invernáculo es el de servir de base a otras especies más vistosas (*véase Plantas de interior*, pág. 114).

CHOISYA   Naranjo de México; c: taronger de Mèxic
Temperatura mínima: 1-2 °C

Arbusto perenne muy conocido como planta de jardín pero que apenas se menciona en los libros y catálogos de invernaderos. Es una planta excelente para su cultivo en recipientes; produce flores blancas en forma de estrella en primavera y, excepcionalmente, en verano y otoño. **C. ternata** se suele encontrar en la sección de bulbos de cualquier centro de jardinería.

CHORIZEMA   Chorizema
Temperatura mínima: 7 °C

Aunque es una verdadera rareza, se puede encontrar en algunos catálogos para especialistas. Se trata de un arbusto con ramas débiles de 60 cm de altura, por lo que necesita algún tipo de tutor. **C. ilicifolium** tiene hojas espinosas y largas espigas de flores que aparecen en primavera y verano. Cada flor posee más o menos 1 cm de ancho y son una mezcla de naranja, amarillo, rosa y púrpura pálido.

CHRYSANTHEMUM   Crisantemo; c: crisantem; E: krisantemo; G: crisantemo
Temperatura mínima: 7 °C

Los crisantemos de invernadero (**C. morifolium**) son de floración tardía, y florecen entre otoño y principios de invierno. Para obtener flores grandes, elija una variedad para exhibición y tome esquejes a mediados de invierno (otra alternativa consiste en comprar esquejes con raíces a principios de la primavera). En primavera, trasplántelos a macetas de 7 a 12 cm, y a mediados de dicha estación cámbielos a otras de 20 cm e inserte una o más cañas resistentes para sujetar las ramas. Pellizque las puntas de las ramas cuando tengan una altura aproximada de 20 cm y, a finales de primavera, coloque las macetas al aire libre. Riéguela regularmente y a principios de otoño vuelva a entrarla. Ramonee cuando sea necesario y aliméntela hasta que los brotes muestren color. Otra variedad es la de maceta, que se compra en flor en cualquier momento del año para que muestre las flores de manera temporal. Las variedades Charm cultivadas a partir de semillas aparecen cubiertas con centenares de flores; las Cascade poseen tallos que cuelgan y **C. frutescens** o **Argyranthemum** proporcionan flores con el centro amarillo en verano.

CINERARIA   Cineraria
Temperatura mínima: 7 °C

La cineraria (cuyo auténtico nombre es **Senecio cruentus**) se compra entre finales del invierno y mediados de la primavera. Compre un espécimen con alguna flor abierta y montones de capullos cerrados: se mantendrán abiertas durante 4-6 semanas, después de las cuales deberá deshacerse de ellas. Las hojas grandes en forma de corazón de esta planta, que mide entre 22 y 90 cm, están cubiertas con flores parecidas a las margaritas. Está disponible en muchos colores, pero la más vistosa es el grupo Grandiflora, con flores de 5-7 cm de ancho. Si desea una planta compacta, cultive la variedad Multiflora Nana. La cineraria puede multiplicarse en primavera mediante semillas.

Senecio cruentus

CLERODENDRUM   Clerodendro
Temperatura mínima: 12-13 °C

El clerodendro tiene unas ramas largas y débiles que pueden alcanzar los 2,5 m o más: permita que trepen o enrósquelas en un soporte recto. Controle su crecimiento a través de la poda en invierno si el espacio es limitado. Proporciónele una atmósfera húmeda y no la riegue demasiado en invierno. **C. thomsoniae** produce ramilletes de flores con pétalos carmesí y cálices blancos en verano. **C. ugandense** produce flores azules en primavera.

Clerodendrum thomsoniae

CLIANTHUS
Temperatura mínima: 7 °C

Este arbusto de hojas compuestas por diversos folíolos produce unas flores poco usuales a finales de la primavera o en verano. Las flores, de 10 cm, tienen una característica forma de pico, con el pétalo inferior curvado y acabado en punta. **C. formosum** alcanza los 60 cm de altura y produce flores de un rojo brillante en verano. **C. puniceus**, arbusto que crece desordenadamente, mide 2,5 m y produce flores rojas que se abren a finales de la primavera.

CLIVIA   Clivia
Temperatura mínima: 1-2 °C

La más conocida es **C. miniata**, que en primavera muestra en los altos tallos unas cabezuelas de flores en forma de campana por encima de las hojas acintadas. Existen variedades en amarillo, rojo y crema. Se trata de una planta difícil: manténgala en un ambiente fresco y riéguela esporádicamente de finales del otoño a principios de la primavera.

Clianthus puniceus

COBAEA   Cobea
Temperatura mínima: 1-2 °C

C. scandens se cultiva al aire libre como una planta anual, pero bajo cristal se convierte en una trepadora vivaz. El período de floración se extiende desde mediados del verano hasta el otoño: cada flor madura consiste en una «tacita» púrpura de 7 cm de altura sobre un «plato» de color verde pálido. Pódela de forma severa tras la floración.

CODIAEUM   Crotón
Temperatura mínima: 18 °C

Esta planta de interior de hermoso follaje necesita unas condiciones casi tropicales para florecer: si la temperatura baja de los 15-18 °C o si fluctúa mucho, la planta detendrá su crecimiento y puede perder las hojas inferiores. El aire debe ser húmedo. **C. variegatum pictum** (el crotón) es la variedad más habitual, pero existen muchos tipos diferentes. Las hojas poseen un colorido muy variado, con llamativas venas en colores diversos. En la página 119 de *Plantas de interior* aparecen las variedades más conocidas.

COLEONEMA   Coleonema
Temperatura mínima: 7 °C

Tendrá que recurrir a un catálogo especializado para obtener esta planta, pero no es difícil de cultivar. **C. pulchrum** es un arbusto de porte extendido de más de 90 cm de altura que se parece al brezo y que en primavera y verano produce flores en forma de estrella de color rosa.

Cobaea scandens

COLEUS   Coleo
Temperatura mínima: 12-13 °C

Planta fácil de multiplicar mediante esquejes o semillas, y mucho más fácil de cultivar que su rival, *Codiaeum*. Sin embargo, no es tan imponente y los ejemplares crecen demasiado, por lo que es mejor tratarla como una planta anual. Hay disponibles muchos híbridos de **C. blumei**, y prácticamente todos ellos tienen el follaje de dos colores o más.

Columnea banksii

Coronilla glauca

Crossandra undulifolia

Cupressus cashmeriana

COLUMNEA   Columnea
Temperatura mínima: 12-13 °C

Vistosa planta de invernáculo cuyos tallos alcanzan los 90 cm y producen hileras de flores rojas entre el invierno y principios de la primavera. Las flores de 7,5 cm de largo tienen forma de caperuza, y la garganta o boca es amarilla. No es una planta fácil de cultivar, aunque las variedades de hojas lisas como **C. banksii** y **C. «Stavanger»** presentan menos dificultades que las de hojas peludas, como **C. gloriosa**, **C. microphylla** y su variedad multicolor, «**Tricolor**». Mantenga el sustrato húmedo entre la primavera y el verano.

CORONILLA   Caroldina
Temperatura mínima: 1-2 °C

Atractivo arbusto perenne y semirresistente, útil en un invernáculo que se mantenga algo por encima de 0 °C durante las frías noches de invierno. **C. glauca** alcanza 1,2 m de altura, y en primavera y verano presenta ramilletes de flores amarillas parecidas a las del guisante, y cuyo aroma también es parecido.

CORREA   Correa
Temperatura mínima: 12-13 °C

Arbusto australiano poco conocido, fácil de cultivar y que florece en invierno. **C. backhousiana** produce pequeños ramilletes de 2,5 cm de largo, con flores que penden en forma de campana y que pueden ser blancas o de color crema. **C. reflexa** crece aproximadamente lo mismo (90 x 90 cm), pero sus flores son mucho más coloridas: rojas con los bordes de los pétalos de color blanco.

COSTUS   Costus
Temperatura mínima: 12-13 °C

Interesante género de plantas raro de ver en los invernáculos. Posee largas hojas en forma de espiral alrededor de los tallos. Las flores, con los pétalos recortados, miden 5-7 cm de ancho y aparecen en verano. **C. igneus** crece unos 45 cm de altura, tiene las hojas brillantes y las flores naranjas y amarillas. **C. speciosus** puede alcanzar 1-1,5 m, y sus flores son blancas con el centro amarillo.

CROSSANDRA   Crossandra
Temperatura mínima: 12-13 °C

Planta llena de color que florece entre la primavera y el otoño, pero necesita aire húmedo alrededor de sus hojas, de 7,5 cm de largo, en forma de lanza. **C. undulifolia** (**C. infundibuliformis**) es la más conocida: produce flores tubulares de color naranja en ramilletes que crecen al final de los tallos, de 60 cm de altura.

CUPHEA   Cufea; c: cúfea
Temperatura mínima: 12-13 °C

Esta planta suele estar en la sección de plantas de interior de los centros de jardinería, y aunque es bonita, no resulta particularmente llamativa. **C. ignea** (flor del tabaco) alcanza una altura de 30 cm y entre la primavera y el otoño produce flores tubulares de color rojo y blanco y boca púrpura que penden de los tallos. Pódela severamente a principios de la primavera para evitar que los tallos crezcan largos y finos. Aunque es fácil de cultivar si siembra las semillas en primavera, es mejor cultivarla como una anual.

CUPRESSUS   Ciprés; c: xiprer; E: altzifrea
Temperatura mínima: 7 °C

C. cashmeriana es una pequeña conífera con hojas colgantes de color azul plateado muy adecuada para el invernadero. Otra especie fácil de cultivar es **C. macrocarpa**. Pódela a principios de la primavera si el espacio es limitado.

CYPERUS
Temperatura mínima: 12-13 °C

Interesante hierba que crece entre especímenes vistosos y que resulta fácil de cultivar si recuerda una regla de oro: la maceta se ha de colocar sobre un plato con agua y conservar el sustrato siempre empapado. **C. alternifolius** es la más popular; tiene tallos de 90 cm y hojas dispuestas en verticilo como las varillas de un paraguas. C. diffusus es más compacta (30 cm) y tiene las hojas más anchas. **C. papyrus** (papiro) crece 1,5-2,5 m, posee hojas en forma de hebra y precisa las condiciones de un invernadero cálido.

CYTISUS   Retama
Temperatura mínima: 7 °C

Se trata de un arbusto de bordes muy habitual, aunque lo es menos en el invernáculo. Largos ramilletes de flores amarillas aparecen en primavera al final de los arqueados tallos: se trata de flores parecidas a las del guisante y muy aromáticas. Elija uno entre los siguientes: **C. racemosus**, **C. canariensis** o **C. «Porlock»**.

Cytisus racemosus

DATURA   Floripondios
Temperatura mínima: 12-13 °C

A pesar de que en algunos catálogos le han cambiado el nombre, su belleza se mantiene intacta. Ahora la puede encontrar bajo el nombre de **Brugmansia** y es una elección excelente para un invernáculo grande, siempre que tenga en cuenta que es venenosa. Se trata de un arbusto que se cultiva en recipientes y en verano y en otoño produce flores colgantes, en forma de trompeta y con bocas muy brillantes. Pódelo severamente cuando ya haya acabado la época de floración. **D. candida** es una especie conocida que puede crecer hasta 4,5 m si dispone de espacio; produce flores blancas de 20-25 cm con un aroma intenso. **D. suaveolens** es otra especie de flores blancas; si las desea de color rojo, pruebe con **D. sanguinea**.

DESFONTAINEA   Desfontainea
Temperatura mínima: 1-2 °C

Este arbusto crece al aire libre en zonas con temperaturas suaves, pero es mucho más seguro cultivarlo en un invernadero para evitar las heladas. **D. spinosa** es la especie más fácil de encontrar; se trata de una planta con hojas parecidas a las del acebo, y en verano produce flores tubulares de color rojo, con los bordes amarillos. La variedad **«Harold Comber»** posee flores de color naranja rojizo.

DIANTHUS   Clavel, clavellina; c: clavell; E: krabelina; G: caravel
Temperatura mínima: 12-13 °C

El clavel chino (**D. chinensis**) y la minutisa (**D. barbatus**) en ocasiones se cultivan como plantas de maceta temporales, pero las auténticas clases para invernáculo son variedades de floración continua, que son las que se pueden ver en las floristerías. Elija la variedad **«Sim»** y compre esquejes con raíces en primavera. Recorte las puntas para que se formen brotes laterales y sitúela primero en una maceta de 12 cm y luego en una de 17 cm para que pueda desarrollarse. Coloque guías para sujetar los largos tallos y recorte los brotes laterales para conseguir unas flores más grandes. Pueden obtenerse flores durante todo el año si la temperatura no baja de los 12-13 °C. Las plantas serán productivas durante unos 3 años; después, sustitúyalas con esquejes con raíces obtenidos de plantas jóvenes.

Datura arborea

DIEFFENBACHIA
Temperatura mínima: 15-18 °C

Este género, muy utilizado para invernáculos, crece 1,5 m o más. Posee largas y carnosas hojas de una mezcla de verde y crema o blanco, que van desde las prácticamente verdes de **D. amoena** a las casi totalmente blancas de **D. picta** «**Rudolph Roehrs**». Contiene una savia extremadamente desagradable, que no debe entrar nunca en contacto con la boca. Perderá las hojas inferiores si la temperatura nocturna se sitúa por debajo de los 15-18 °C o si el aire es demasiado seco (para más detalles *véase Plantas de interior*, pág. 127).

DIOSCOREA   Dioscorea
Temperatura mínima: 15-18 °C

El invernáculo necesita tanto plantas con un follaje espectacular como flores vistosas, por lo que **D. discolor** constituye una excelente elección para las condiciones de un invernadero cálido si lo que desea son hojas llamativas. Los tallos dobles poseen hojas en forma de corazón de color verde aterciopelado con venas plateadas y de color púrpura en el envés. El crecimiento se detiene en otoño: mantenga el sustrato seco hasta principios de la primavera.

Desfontainea spinosa

DIZYGOTHECA
Temperatura mínima: 12-13 °C

Arbusto alto que ofrece un efecto parecido al encaje. Cada hoja de **D. elegantissima** se divide en 7-10 folíolos dentados, de color cobrizo cuando son jóvenes y casi negros cuando maduran. Planta temperamental que no puede soportar el aire seco, las corrientes de aire frío o un riego excesivo. Trasplántela en primavera cada 2 años. Puede llegar a crecer casi 2 m en un invernáculo cálido.

*Dieffenbachia picta
'Rudolph Roehrs'*

Eccremocarpus scaber

Episcia cupreata

Erica hyemalis

Erythrina crista-galli

DRACAENA   Drácena
Temperatura mínima: 15-18 °C

Hay muchas especies y variedades de drácenas, así como de otro arbusto con el que están estrechamente relacionadas, *Cordyline*. La mayoría son falsas palmas, con un tronco leñoso desnudo y coronado de hojas en forma de cintas que le dan una inconfundible apariencia de palma. Si desea una planta de gran envergadura, elija las variedades con hojas de colores como **D. marginata**, pero si dispone de un espacio limitado, cultive **D. sanderiana** o la conocida **Cordyline terminalis**.

DREGEA
Temperatura mínima: 1-2 °C

Una única especie se halla bajo la etiqueta de **D. corrugata** y **Wattakaka sinensis**. Se trata de una trepadora parecida a la hoya, con tallos dobles y ramilletes de flores aromáticas en verano. Las flores son blancas y tienen forma de estrella y una corona interior blanca con vetas rojas.

ECCREMOCARPUS
Temperatura mínima: 7 °C

Trepadora fácil de cultivar, no necesita condiciones cálidas. **E. scaber** crece rápidamente y llega a alcanzar los 3 m o más en una sola estación. Florece entre la primavera y el otoño, y produce racimos de flores en forma de tubo de color naranja oscuro sobre las hojas perennes. Pódela hasta la mitad cuando haya dejado de producir flores.

ECHIUM   Viborera
Temperatura mínima: 7 °C

E. plantagineum es un arbusto anual bastante resistente que puede cultivarse en el jardín, pero hay especies que en invierno requieren el calor de un invernadero o invernáculo. **E. fastuosum** tiene hojas perennes y crece hasta alcanzar más de 1 m de altura. Sus hojas son aterciopeladas y sus flores, que salen en primavera y verano, son de color azul intenso.

EPISCIA   Episcia
Temperatura mínima: 12-13 °C

Este atractivo género de planta rastrera requiere una elevada humedad en la atmósfera: puede cultivarse en recipientes colgantes, pero es mejor utilizarla como tapiz entre otras plantas más altas. Sólo podrá encontrar dos especies, y ambas poseen tallos de 45 cm y producen flores tubulares en verano. **E. dianthiflora** posee pequeñas hojas aterciopeladas que nacen agrupadas, y las flores acaban en flecos. El follaje de **E. cupreata** es mucho más vistoso: las hojas tienen una superficie como acolchada y venas. Las flores son anaranjadas.

ERICA   Brezo; c: bruc; e: ainarra, txilarra
Temperatura mínima: 7 °C

Por lo general, se compran cuando están en flor, en otoño o en invierno, como plantas de interior y, una vez marchitas las flores, se tiran. Sin embargo, estas plantas pueden conservarse todo el año en un invernáculo. Cultívelas en un suelo sin cal y manténgalo siempre húmedo. Ponga las macetas al aire libre en verano. Produce unas minúsculas flores acampanadas o tubulares y hojas aciculares. **E. gracilis** y **E. hyemalis** son las especies más conocidas.

ERYTHRINA   Ceibo
Temperatura mínima: 1-2 °C

No es habitual ver esta planta en macetas en el invernadero, aunque es fácil cultivarla en uno protegido de las heladas si se dispone del espacio suficiente. Los tallos espinosos de **E. crista-galli** (árbol del coral) crecen hasta casi los 2 m de altura, y las flores en forma de garra de color carmesí aparecen en otoño. En invierno mueren las ramas: pódelas y mantenga el sustrato seco hasta que en primavera vuelvan a aparecer los primeros brotes.

EUCALYPTUS   Eucalipto; c: eucaliptus; e: eukaliptua; g: eucalito
Temperatura mínima: 7 °C

Los especímenes jóvenes se cultivan por su follaje azulado, que proporciona un aroma característico si se estruja. Cultive **E. gunnii**, **E. citriodora**, o bien **E. globulus**, por su eficacia en el crecimiento.

EUPHORBIA   Espina de Cristo, lechetrezna, tártago mayor; c: lleteresa; e: aunt-kurrumiga
Temperatura mínima: 12-13 °C

Las plantas de interior de este género se presentan en una variedad de especies bastante diferentes entre sí. La poinsetia o flor de pascua (*véase* pág. 41) y las formas suculentas (*véase* pág. 46) aparecen en otros apartados, mientras que las dos que se tratan aquí no son suculentas. *E. milii* (espina de Cristo) tiene ramas espinosas de 90 cm de altura y diminutas flores contenidas en el interior de una bráctea roja, naranja o amarilla; con algo de cuidado, esta planta florecerá prácticamente a lo largo de todo el año. Sin embargo, *E. fulgens* florece en invierno, sus ramas son arqueadas y no tiene espinas.

Euphorbia fulgens

EXACUM
Temperatura mínima: 7 °C

Cultívela a partir de semillas o bien compre una maceta con la planta llena de brotes y con algunas flores abiertas. La época de floración se extiende desde mediados del verano hasta finales del otoño. Crece alrededor de 2,5 m de altura, y posee flores aromáticas de color púrpura pálido con el centro dorado. Deshágase de ella después de la floración.

FATSIA   Aralia, fatsia; c: aràlia
Temperatura mínima: 1-2 °C

Buena elección para un invernáculo fresco si desea proporcionarle un aspecto victoriano, pero ocupa demasiado espacio para un invernadero corriente. *F. japonica* posee grandes hojas lobuladas de 30 cm de ancho, y en la variedad «**Variegata**» las hojas tienen los bordes blancos. En invierno produce espigas con flores de color crema.

Exacum affine

FEIJOA   Feijoa
Temperatura mínima: 1-2 °C

Planta que vale la pena cultivar en un invernadero fresco. *F. sellowiana* es un arbusto de 90 x 90 cm con las hojas de un color verde oscuro y el envés como de fieltro. A finales de primavera produce unas flores rojas de casi 4 cm de ancho, con 4 pétalos bordeados de blanco, y que en el centro poseen unos filamentos rojos con la punta amarilla.

FELICIA   Felicia, áster de África
Temperatura mínima: 7 °C

Si mantiene el sustrato húmedo en todo momento, es posible conseguir que este subarbusto de 30 cm esté en flor desde la primavera hasta el otoño. *F. amelloides* posee unas flores azules parecidas a las margaritas de 2,5 cm de ancho y con el centro amarillo: es una planta bonita, aunque sus flores sólo se abren cuando brilla el sol. Recorte los brotes con regularidad para controlar su crecimiento.

Feijoa sellowiana

FICUS   Ficus
Temperatura mínima: 12-13 °C

Las diversas especies de *Ficus* han proporcionado durante mucho tiempo follaje ornamental y formas majestuosas a los invernáculos. Entre las rastreras destacan las de hojas pequeñas como *F. pumila* o la alta y robusta *F. lyrata*, que posee hojas de 45 cm de largo. Entre estas dos existe la popular planta del caucho (*F. elastica decora*) y el ficus enano (*F. benjamina*). Para más detalles, *véase Plantas de interior*, págs. 142-143. El secreto del éxito en el cultivo de las diferentes variedades de ficus consiste en no regarlas en exceso: el sustrato debe quedar seco durante algún tiempo entre riego y riego.

FITTONIA   Fitonia
Temperatura mínima: 18 °C

Planta rastrera para invernaderos con calefacción: no produce flores pero sus hojas ovaladas poseen venas de diversos colores que pueden variar desde el blanco (*F. argyroneura*) hasta el rosa (*F. verschaffeltii*) o el rojo (*F. verschaffeltii* «**Pearcei**»). Para que las plantas crezcan bien necesitan una temperatura templada constante, algo de sombra y aire húmedo alrededor de las hojas. La más temprana es la enana *F. argyroneura* «**Nana**», que posee unas hojas de 2,5 cm con venas blancas.

FREMONTODENDRON   Fremontia
Temperatura mínima: 1-2 °C

Esta planta, que crece al aire libre en zonas templadas, suele encontrarse en la sección de arbustos del catálogo o del centro de jardinería. *F. californicum* es una especie útil en los invernáculos, ya que posee hojas con lóbulos y flores amarillas en forma de platillo que aparecen entre la primavera y el otoño. Apóyela contra una pared.

Fremontodendron californicum

Fuchsia hybrida 'Ballet Girl'

Gardenia jasminoides

Grevillea banksii

Hardenbergia violacea

FUCHSIA   Fucsia
Temperatura mínima: 12-13 °C

La mayoría de las fucsias se cultivan en el jardín o como plantas de interior, y una vez marchitas las atractivas flores que produce, se tira. Sin embargo, gracias al invernadero estas plantas pueden conservarse varios años. Para ello sólo debe podarlas y regarlas poco en invierno, y trasplantarlas a principios de la primavera. Tome esquejes en primavera y verano y recorte las puntas de las ramas jóvenes para favorecer el crecimiento en forma de arbusto. Tarda unas 8 semanas en florecer. Póngale tutores o deje que adopte un hábito rastrero, y retire las flores muertas para asegurarse de que se formen bulbos de manera regular. Hay numerosas especies y centenares de variedades con nombres diferentes de **F. hybrida** (*véase Plantas de interior*, págs.148-149).

ANUALES DE JARDÍN
Temperatura mínima: 1-2 °C

Hay un gran número de plantas anuales que, aunque se venden más para el jardín que para el invernadero, pueden cultivarse en macetas o en cestas colgadas para mostrarse bajo el vidrio. Siembre las semillas o cómprelas como plantas para trasplantar en primavera para que muestren todo su esplendor en verano; las anuales resistentes pueden sembrarse en otoño para que florezcan en primavera. Los géneros más habituales son **Ageratum**, **Antirrhinum**, **Calendula**, **Clarkia**, **Convolvulus**, **Godetia**, **Lathyrus**, **Lobelia**, **Matthiola**, **Nemesia**, **Nicotiana**, **Phlox**, **Tagetes**, **Tropaeolum**, **Viola** y **Zinnia**.

GARDENIA   Gardenia
Temperatura mínima: 18 °C

Bello arbusto recargado de hojas brillantes, que necesita las condiciones de un invernadero cálido para que florezca libremente. **G. jasminoides** posee flores de 7,5 cm de ancho, dobles o semidobles, de color blanco y con una intensa fragancia. Utilice sustrato y agua que no contengan nitratos, proporciónele una temperatura estable y mantenga el aire húmedo.

GERBERA   Gerbera
Temperatura mínima: 7 °C

La especie que se cultiva es **G. jamesonii**, planta vizaz que crece en grupos con unas hojas profundamente lobuladas y flores de 10 cm de ancho al final de unos tallos sin hojas de 60 cm. Los pétalos son amarillos, naranjas, rojos, rosas o blancos, alrededor de un disco central amarillo. Para un crecimiento más compacto elija la variedad «**Happipot**». En invierno mantenga el aire casi seco.

GREVILLEA   Grevillea
Temperatura mínima: 12-13 °C

G. robusta es una conocida planta de interior de hojas ligeras, pero existen algunos tipos con flores adecuados para invernáculos. Son más difíciles de cultivar que la antes mencionada, pero el esfuerzo merece la pena. **G. banksii** (roble australiano) posee unas cabezuelas de flores rojas, cada una de ellas coronada por un racimo de largos y curvados filamentos.

GRISELINIA   Griselinia
Temperatura mínima: 1-2 °C

Podrá encontrar esta planta en la sección de bulbos de los catálogos o los centros de jardinería. **G. littoralis** es la especie más habitual y puede cultivarse al aire libre en zonas de clima suave. Bajo el cristal crecerá hasta alcanzar 1,20 m de altura. Las flores pasan inadvertidas, pero son sus brillantes hojas las que llaman la atención. Elija una variedad abigarrada como «**Variegata**», «**Dixon's Cream**» o «**Bantry Bay**».

GYNURA   Ginura
Temperatura mínima: 7 °C

Popular planta rastrera que combina bien con plantas de follaje verde pálido, pues las hojas de **G. sarmentosa** son de un verde intenso y están cubiertas con pelos aterciopelados de color púrpura. Corte las extremidades de las ramas de vez en cuando para fortalecer la ramificación, y corte las pequeñas flores cuando aún sean capullos, pues producen una desagradable fragancia.

HARDENBERGIA
Temperatura mínima: 7 °C

Planta trepadora que alcanza casi 2 m de altura y que debería cultivarse más. **H. violacea** es una especie de floración libre que produce masas de flores malva parecidas a las del guisante a finales del invierno y de la primavera. Debe podarse después de la floración.

HEDERA   Hiedra; c: heura; e: huntza; g: hereira, heradeira
Temperatura mínima: 1-2 °C

La hiedra es más conocida como planta de interior que como planta de invernáculo, pero puede utilizarse como tapiz o para recubrir las paredes bajo el vidrio. Hay un gran número de variedades de **H. helix** (hiedra común): lisa o abigarrada, con hojas en forma de corazón o acabadas en punta. *Véase Plantas de interior* para más detalles; también puede consultar el apartado dedicado a **Glechoma**, **Senecio** (cineraria), **Plectranthus** y **Hemigraphis**.

HEDYCHIUM   Ediquio
Temperatura mínima: 7 °C

Espectacular planta que se forma en grupos y que crece hasta alcanzar 1,5 m o más. **H. gardnerianum** produce las espigas en verano y otoño: éstas miden más de 30 cm y están formadas por grupos de flores amarillas con estambres rojos de 5 cm de largo. Otras especies son **H. greenei** (con flores de color naranja oscuro) y **H. coronarium** (de flores blancas).

Hedychium gardnerianum

HELICONIA   Platanillos
Temperatura mínima: 18 °C

Esta planta necesita condiciones tropicales si desea que produzca las cabezuelas de 30-60 cm formadas por brácteas rojas y pequeñas flores. Necesitará mucho espacio: las hojas de **H. bihai** miden 90 cm de largo. No la riegue en invierno.

HEPTAPLEURUM   Cheflera
Temperatura mínima: 12-13 °C

Antes era éste el nombre del género de esta pequeña planta, pero en la actualidad se agrupa en el género **Schefflera** (*véase pág. 44*).

Heliconia bihai

HIBBERTIA
Temperatura mínima: 12-13 °C

Trepadora de hojas brillantes que crece con gran rapidez y que produce (sobre todo en verano pero en algunas ocasiones a lo largo de todo el año) unas flores amarillas de 3 cm de ancho. **H. scandens** es la única especie que encontrará.

HIBISCUS   Hibisco, rosa de Siria, altea de Siria; c: hibisc de Síria
Temperatura mínima: 12-13 °C

Es habitual verla en países cálidos y muy utilizada en los invernáculos para darles un aspecto tropical. **H. rosa-sinensis** (rosa de China) crece cerca de 90 cm de altura y entre la primavera y el otoño produce sucesivas flores de vida muy breve. Estas flores son fáciles de reconocer a causa de la prominente columna en la parte central. Dispone de variedades en blanco, amarillo, naranja, rosa y rojo. La variedad «**Cooperi**» tiene un follaje abigarrado. Si desea flores con pétalos festoneados, cultive **H. schizopetalus**.

Hibiscus rosa-sinensis

HOYA   Hoya
Temperatura mínima: 12-13 °C

Trepadora perenne con racimos de flores cerosas con forma de estrella con una agradable fragancia. La época de floración es de mediados a finales de verano. **H. carnosa** posee unas hojas brillantes de 7,5 cm de largo y racimos redondos formados por flores rosas con el centro rojo. Riéguela poco en invierno y no la trasplante a no ser que sea imprescindible. **H. bella** produce flores blancas y necesita más calor y humedad.

HYDRANGEA   Hortensia; c: hortènsia
Temperatura mínima: 7 °C

Este conocido arbusto de jardín puede cultivarse en el invernadero en una maceta o recipiente grandes. Manténgala fresca en invierno y riéguela abundantemente durante el período de crecimiento. Las conocidas cabezas en forma de mocho de **H. macrophylla** aparecen en primavera y otoño.

Hoya carnosa

HYPOESTES   Hipestes
Temperatura mínima: 12-13 °C

Planta cultivada por sus hojas jaspeadas de rosa. **H. sanguinolenta** es una conocida planta de interior, pero puede utilizarse también en el invernáculo (*véase Plantas de interior*, pág. 159).

Nepenthes coccinea

Ipomoea acuminata

Jacobinia carnea

Jasminum polyanthum

IMPATIENS   Alegría de la casa, balsamina; c: balsamer
Temperatura mínima: 12-13 °C

Las especies de este género que más suelen cultivarse bajo cristal son **I. walleriana** y otras relacionadas con ella. Los tallos suculentos crecen alrededor de 60 cm de altura y producen unas flores aplanadas a lo largo de casi todo el año. Hoy en día es mucho más habitual cultivar uno de los híbridos F_1, que son más compactos, de floración más libre y muy utilizados como plantas para trasplantar. Los tipos **New Guinea** aún son más interesantes, ya que son más altos que los híbridos compactos y sus flores también son más grandes, pero su característica más atractiva es el follaje, que puede ser bicolor o multicolor.

INSECTÍVORAS

Estas plantas son fascinantes, a pesar de no ser especialmente ornamentales. Las hay de tres tipos: las atrapamoscas, con hojas de bordes espinosos que se cierran por la mitad atrapando al insecto dentro; las plantas de hojas pegajosas con unos pelos que producen un fluido que deja pegadas a sus víctimas, y las plantas nepentáceas, con hojas que forman una especie de embudo. Es imposible generalizar sobre las condiciones de temperatura que requieren, pero todas resultan difíciles de cultivar. Mantenga el sustrato siempre húmedo y emplee agua de lluvia para regar. Los géneros aquí incluidos son: **Dionaea**, **Drosera**, **Darlingtonia**, **Sarracenia** y **Nepenthes**.

IPOMOEA   Campanillas, flor de luna; c: flor de lluna
Temperatura mínima: 7 °C

Puede cultivar la anual **I. tricolor** para que florezca en un corto plazo, pero existen especies vivaces para el invernáculo. La más popular es **I. acuminata** (**I. learii**), que entre finales de primavera y principios de otoño produce una sucesión de flores de 10 cm de ancho en forma de embudo y de color malva purpúreo.

IRESINE   Iresine
Temperatura mínima: 12-13 °C

Esta planta posee un follaje capaz de añadir color a una variedad de plantas con escaso brillo. Hay disponibles dos especies, y en ambos casos deberá podar la extremidad de los tallos para favorecer el desarrollo leñoso. **I. herbstii** crece hasta alcanzar 60 cm de altura y posee marcadas hojas de color rojo vino. **I. herbstii** «**Aureoreticulata**» posee tallos rojizos y hojas verdes con venas amarillas.

IXORA   Ixora
Temperatura mínima: 18 °C

Si le gustan los retos, intente cultivar esta planta: necesita aire húmedo, no soporta las corrientes de aire frías y requiere un riego cuidadoso para mantener el suelo húmedo durante la época de crecimiento. **I. coccinea** crece a una altura de 90-120 cm y en verano presenta unas cabezuelas redondeadas bajo las brillantes hojas. Las pequeñas flores, de 1 cm de ancho y forma tubular, son de color blanco, amarillo, rosa o rojo.

JACOBINIA   Justicia
Temperatura mínima: 12-13 °C

Existe una gran confusión de nombres para designar estas plantas. La conocida como **Jacobinia** o **Justicia carnea** posee espigas de flores de 12 cm que aparecen en verano. Otra especie algo diferente es **J. pauciflora** (**Justicia rizzini**), que produce en invierno una gran cantidad de flores escarlata con los bordes amarillos a lo largo de los tallos.

JASMINUM   Jazmín; c: gessamí; E: jasmina; G: xasmin
Temperatura mínima: 7 o 18 °C

La mayoría de los jazmines florecen bastante bien en un invernadero fresco. Uno de los preferidos es **J. polyanthum** (jazmín de China), una planta trepadora con tallos dobles y que en primavera abre sus capullos rosa para dar lugar a aromáticas flores tubulares en forma de estrella. Los jazmines suelen enroscarse alrededor de un aro de alambre clavado en la maceta. **J. sambac** precisa las condiciones de un invernadero cálido, y sus ramilletes son blancos y aromáticos.

JOVELLANA   Jovellana
Temperatura mínima: 7 °C

Numerosos catálogos de bulbos y de plantas de invernáculo ofrecen la especie **J. violacea**. Se trata de un arbusto erecto y con poco follaje que en verano produce cabezuelas de flores de color malva con cuellos amarillos y puntos púrpuras.

KALANCHOE   Kalanchoe
Temperatura mínima: 7 °C

Es una de las plantas de jardín más populares en Europa, y también se utiliza mucho como ornamental compacta para invernaderos e invernáculos. Las preferidas son los híbridos de **K. blossfeldiana**, con ramilletes de pequeñas flores tubulares disponibles en una gran variedad de colores. Los híbridos de **K. manginii** también se pueden encontrar hoy en día: tiene ramilletes con flores acampanadas de 1,5 cm de largo. Para más detalles, *véase Plantas de interior*, pág. 166.

LAGENARIA   Lagenaria
Temperatura mínima: 18 °C

Planta más interesante que hermosa, **L. vulgaris** es una trepadora anual (siembre las semillas en primavera) que produce flores blancas en verano, seguidas en otoño por unos frutos redondos y en forma de botella que se utilizan como calabaza o una especie de mate en los países tropicales.

Lapageria rosea

LANTANA   Lantana
Temperatura mínima: 12-13 °C

La característica básica de esta planta de crecimiento desordenado es la producción de unos ramilletes de 2,5-5 cm que cambian de color a medida que las minúsculas flores maduran. **L. camara** florece entre la primavera y el otoño, y está disponible en rojo, amarillo y blanco. Pódela después de la floración.

LAPAGERIA   Lapageria
Temperatura mínima: 7 °C

Los expertos le dirán que la mejor manera de cultivar esta planta trepadora es en alambres bajo el techo del edificio, de tal manera que las flores, de 7,5 cm de largo, con forma acampanada y aspecto ceroso, puedan colgar. El nombre de la especie es **L. rosea** (rosada) y hay un gran número de variedades: blanca, rosa oscuro y a rayas. Las flores aparecen prácticamente durante todo el año, pero hay que cultivarla en un sustrato bajo en nitratos.

Lisianthus russelianus

LEPTOSPERMUM
Temperatura mínima: 1-2 °C

Esta planta en ocasiones se encuentra en la sección de bulbos de los centros de jardinería. Es un arbusto que posee pequeñas hojas y en verano su follaje se cubre de una gran cantidad de pequeñas flores de 5 pétalos. **L. scoparium** tiene las flores blancas, pero las variedades de colores son más populares, como por ejemplo «**Keatleyi**» (rosa) y «**Red Damask**» (doble y roja).

LISIANTHUS
Temperatura mínima: 7 °C

Lisianthus se vuelve a poner de moda: la encontrará bajo el nombre de **L. russelianus** o **Eustoma grandiflorum**. Las variedades compactas hoy nos ofrecen flores parecidas a amapolas simples o dobles en color blanco, púrpura o azul. Se cultiva como una anual que florece en verano o una bienal, ya que es difícil cultivarla como vivaz.

LOTUS   Cuernecillo
Temperatura mínima: 7 °C

Planta de invernáculo, adecuada para cultivarse en recipientes colgantes. **L. berthelotii** posee unas hojas plateadas en forma de aguja a lo largo de las ramas de 60 cm, y a principios de verano produce flores anaranjadas parecidas a las pinzas de un bogavante. Procure no regarla en exceso. **L. maculatus** crece de manera similar, pero sus flores son amarillas y negras. Ambas son poco usuales y atractivas, pero no son fáciles de cultivar.

Lotus berthelotii

LUCULIA   Luculia
Temperatura mínima: 7 °C

Arbusto con grandes hojas ovaladas y ramilletes de flores tubulares con pétalos redondeados que aparecen durante el invierno. Pode las ramas hasta la mitad cuando ya haya acabado la época de floración y conserve la planta bastante seca hasta que empiece el crecimiento activo en primavera. Si desea flores de verano, cultive **L. grandiflora**.

Luculia gratissima

Mandevilla sanderi 'Rosea'

Medinilla magnifica

Mimulus aurantiacus

Musa coccinea

MANDEVILLA   Mandevilla
Temperatura mínima: 12-13 °C

También llamada **Dipladenia**, se trata de una trepadora con flores en forma de trompeta. Cultívela en una maceta grande: puede alcanzar los 3 m o más pero es mejor que la pode cuando haya acabado la época de floración para que mantenga su aspecto de arbusto. **M. laxa** (**M. suaveolens**) produce aromáticas flores blancas durante todo el verano. **M. «Alice du Pont»** cuenta con flores de color rosa y **M. sanderi «Rosea»** produce flores rosas con el cuello amarillo.

MANETTIA
Temperatura mínima: 12-13 °C

Los tallos necesitan tutores, pero también puede dejar que se arrastren. **M. inflata** (**M. bicolor**) tiene unas flores en forma de embudo con la extremidad amarilla: no son demasiado vistosas, pero pueden llegar a ser tan numerosas como para cubrir las hojas y aparecen a lo largo de todo el año. Corte las extremidades de los tallos para mantenerla con forma de arbusto.

MARANTA   Maranta
Temperatura mínima: 12-13 °C

Este grupo de plantas de interior se utiliza por su follaje, formado por hojas ovaladas o en forma de lanza con venas de colores o prominentes manchas. El color de fondo va prácticamente del blanco al negro, y todas necesitan algo de sombra, aire húmedo, ausencia de corrientes de aire y algo de calor en invierno. **Maranta** es el género más popular, pero las especies de **Calathea** son más vistosas, por ejemplo **C. makoyana** o **C. crocata** (con flores anaranjadas). Otros géneros menos conocidos son **Ctenanthe** y **Stromanthe**. Para más detalles, *véase Plantas de interior*, págs. 171-172.

MEDINILLA   Medinilla
Temperatura mínima: 18 °C

Hay pocas flores de invernáculo más llamativas que **M. magnifica**. Este arbusto de hoja perenne crece hasta los 90-120 cm de altura, y si le proporciona aire húmedo y lo mantiene en condiciones casi tropicales, los magníficos racimos de flores aparecerán a finales de la primavera. Éstos están formados por grandes flores rosadas con brácteas y montones de pequeñas flores.

MIMOSA   Sensitiva
Temperatura mínima: 12-13 °C

La característica principal de esta planta, motivo por el que se cultiva, es que cuando se toca encoge sus brillantes hojas y baja las ramas: por esta razón es la planta favorita de los niños (tarda una hora aproximadamente en recuperarse). Posee pequeñas y esponjosas flores de color rosa que aparecen en verano. **M. pudica** es la única especie disponible.

MIMULUS   Mímulo; c: mímulus
Temperatura mínima: 1-2 °C

Planta que se cultiva sobre todo para trasplantarse o como planta vivaz de rocalla, pero existe también como arbusto de hoja perenne (**M. aurantiacus**), que se vende para los invernáculos. Alcanza los 90 cm de altura y posee hojas pegajosas, lanceoladas y flores tubulares, de color amarillo, que se producen entre la primavera y el otoño.

MONSTERA   Monstera
Temperatura mínima: 12-13 °C

A menudo vista como planta de interior que se cultiva por su follaje, **M. deliciosa** puede crecer en un invernáculo cálido y húmedo hasta alcanzar las proporciones que lograría en la selva, con grandes hojas rajadas y perforadas y raíces trepadoras. Produce flores parecidas a los lirios y frutos de forma cónica (fruto del árbol del pan). La forma **«Variegata»** tiene las hojas salpicadas de color crema. Para más detalles, *véase Plantas de interior*, pág. 174.

MUSA   Bananero
Temperatura mínima: 12-13 °C

Planta que suele aparecer más en la sección de ornamentales que en la de frutales a causa del hecho de que normalmente se cultiva por su forma y flores exóticas y no para que produzca frutas, aunque existe una variedad (**M. cavendishii**) que produce bananas comestibles. **M. velutina** mide casi 1,5 m y produce unas flores amarillas y aterciopelados frutos de color rojo. **M. coccinea** (90-120 cm) tiene unas flores rojas y amarillas.

MYRTUS Arrayán, mirto; c: murta; e: mitre; g: mirteira
Temperatura mínima: 7 °C

Planta de exterior bastante delicada pero fácil de cultivar en el interior de un invernadero o invernáculo. **M. communis** (mirto común) puede alcanzar los 90 cm de altura si se cultiva en recipientes, y en verano produce aromáticas flores blancas con estambres amarillos de 2 cm. Posee unas hojas brillantes y aromáticas. Las hojas de la «**Variegata**» poseen bordes blancos.

NANDINA Nandina; c: nandina
Temperatura mínima: 1-2 °C

Resistente planta oriental que cambia de color según la estación. **N. domestica** es un arbusto de 1,20-1,50 m con folíolos acabados en punta de color cobrizo en primavera, verdes en verano y rojos en otoño. En verano produce panículas de pequeñas flores blancas que dan lugar a bayas de color rojo.

NERIUM Adelfa
Temperatura mínima: 7 °C

Es habitual verla en los jardines subtropicales, pero también es una útil planta de jardinera para invernáculo. **N. oleander** es un arbusto de desarrollo vertical que alcanza casi 2 m de altura y cuyas ramas están cubiertas por hojas de 15 cm parecidas a las del sauce. En verano produce ramilletes de flores de 2 cm de ancho que se encuentran disponibles en blanco, rosa, púrpura, rojo y amarillo. Es posible poner la maceta al aire libre los días soleados de verano. Una advertencia: todas las partes de la adelfa son venenosas.

Myrtus communis

OCHNA
Temperatura mínima: 7 °C

Durante la mayor parte del año esta planta no tiene nada de especial. **O. serrulata** es un arbusto de 1,20-1,50 cm con hojas perennes y dentadas. En primavera produce unas flores amarillas de 1,5 cm, que dan lugar a la única característica especial de esta planta: sus frutos. Se trata de unas bayas brillantes en forma de mora de color negro sobre un cáliz rojo y encorvado.

OPLISMENUS
Temperatura mínima: 7 °C

Ésta es la planta ideal para el propietario de un invernáculo que desee cambiar **Tradescantia** por otra planta que cubra el suelo o que pueda colgar en cestas. **O. hirtellus** «**Variegatus**» es una planta rastrera con tallos de 90 cm y hojas estrechas de 10 cm de largo de color verde, con bandas blancas y rosas. En verano produce unas flores muy pequeñas.

Nerium oleander

PACHYSTACHYS
Temperatura mínima: 12-13 °C

P. lutea es más conocida como planta de interior que como especie para invernáculo. Se trata de un arbusto de hojas ovaladas que crece hasta 45 cm y desde finales de la primavera hasta el otoño produce unas espigas de flores de 12 cm, cada una formada por flores blancas con brácteas amarillas.

PALMAS
Temperatura mínima: 1-2 °C o 12-13 °C

No hay ningún otro tipo de plantas que proporcione al invernáculo un ambiente más victoriano que las palmas, razón por la que los diversos géneros desempeñan un importante papel incluso en los invernáculos más modernos. Debe rociar las hojas de vez en cuando y proporcionarles algo de sombra para protegerlas del cálido sol de verano. Entre las más sencillas de cultivar destaca la resistente **Chamaerops humilis** (palmito) y otros tipos tradicionales como **Kentia** y **Howea**. **Neanthe bella** es una típica palma enana, y **Caryota mitis** requiere las condiciones de un invernadero cálido. *Véase Plantas de interior*, págs. 180-182, para más detalles.

Ochna serrulata

PANDANUS Pandano
Temperatura mínima: 12-13 °C

Espécimen grande que puede causar gran impresión en un invernáculo; sin embargo, esta planta parecida a las palmas no es una buena elección: sus largas hojas que giran en espiral alrededor de las ramas tienen los bordes espinosos, y puede ser doloroso si se pincha con ellos. **P. veitchii** mide 120 x 120 cm, y la variedad «**Compacta**» tiene hojas más pequeñas.

Pachystachys lutea

Passiflora quadrangularis

Pellionia pulchra

Pentas lanceolata

Pilea cadierei

PASSIFLORA   Flor de pasión, pasionaria; c: passionera
Temperatura mínima: 1-2 °C o 12-13 °C

Planta trepadora que produce grandes y a menudo coloridas inflorescencias: durante el verano aparecen flores de 10 pétalos a lo largo de las ramas. La especie más popular es **P. caerulea**, con hojas lobuladas y flores de 7,5 cm de ancho. **P. edulis** y **P. ligularis** producen frutos comestibles si se cultivan en un invernáculo templado. La especie más llamativa y con los frutos más grandes es **P. quadrangularis**, pero necesita unas condiciones casi tropicales. La pasionaria debe podarse un tercio de su tamaño en primavera (pode los brotes laterales cortos).

PELARGONIUM   Geranio
Temperatura mínima: 7 °C o 12-13 °C

El famoso geranio incluye diferentes grupos: zonal, regio y con hojas parecidas a las de la hiedra. Los hay con flores y hojas de todo tipo y colorido, y si la temperatura no baja de los 12-13 °C pueden obtenerse flores a lo largo de todo el año. Pode las plantas jóvenes para que crezcan más compactas y trasplántelas sólo cuando sea imprescindible. Proporcióneles mucho aire fresco y no demasiada humedad en el ambiente. Retire las flores muertas y corte las ramas inútiles a finales del otoño. Mantenga el sustrato casi seco si la temperatura mínima se encuentra entre los 1-2 °C y los 7 °C.

PELLIONIA
Temperatura mínima: 12-13 °C

Planta que proporciona un buen tapiz a un invernadero templado con aire húmedo. **P. daveauana** tiene hojas ovaladas, de color verde oscuro, con el centro en un tono verde más claro. **P. pulchra** posee unas hojas con venas de color pardo en el haz y púrpura en el envés. Los esquejes de los tallos arraigan con gran rapidez.

PENTAS   Pentas
Temperatura mínima: 12-13 °C

Planta fácil de cultivar pero que puede retrasar su crecimiento si no se poda severamente una vez se han marchitado las flores. Por lo general, **P. lanceolata** (**P. carnea**) florece en otoño o invierno: produce unas espigas de flores en forma de estrella de 7-10 cm. Existen variedades en blanco, rosa, rojo y malva. Trasplántelas en primavera y recoja esquejes de los tallos a finales de la primavera o en verano.

PEPEROMIA
Temperatura mínima: 12-13 °C

Se suele considerar adecuada como planta de interior, ya que no necesita el aire húmedo del invernáculo. Existen muchos tipos a su disposición: trepadoras (**P. scandens** «Variegata», etc.), tupidas (**P. caperata** y **P. hederaefolia** son las más conocidas) y de porte erguido (**P. magnoliaefolia**, etc.). Se cultiva por la calidad de sus hojas, que pueden ser carnosas, acolchadas, arrugadas, suaves o con pelos, verdes o abigarradas. Procure no regarla en exceso.

PHILODENDRON   Filodendro
Temperatura mínima: 12-13 °C

P. scandens (filodendro trepador) es un arbusto pequeño y fácil de cultivar, muy habitual en las casas, aunque la mayoría de los filodendros necesitan el espacio y el aire húmedo que les proporciona un invernáculo. Todos se cultivan por sus llamativas y en ocasiones espectaculares hojas. Los hay enérgicos trepadores con hojas que pueden ser verdes o rojizas, lisas o aterciopeladas, en forma de flecha o como las de las palmas; trasplántelo cada 2-3 años. Las que no son trepadoras son plantas impresionantes, de gran tamaño, y poseen hojas divididas en lóbulos (*véanse* págs. 189-190 de *Plantas de interior* para más detalles).

PILEA   Planta de aluminio
Temperatura mínima: 12-13 °C

Pequeño arbusto que se cultiva por el colorido de su follaje. Corte de vez en cuando las extremidades de los tallos y protéjalo de las corrientes. El más popular es la planta de aluminio (**P. cadierei**), que mide 30 cm de altura y posee unas hojas acolchadas con manchas plateadas. También destaca **P. «Norfolk»** (de hojas de color bronce con marcas plateadas) y **P. «Moon Valley»** (de hojas verdes con venas más oscuras).

PIPER   Pimentero
Temperatura mínima: 12-13 °C

Planta trepadora que parece una versión en color de la conocida **Philodendron scandens**, pero más difícil de conseguir. **P. ornatum** produce hojas en forma de corazón de 10 cm de largo, con la superficie arrugada y manchadas de rosa y plata. Puede llegar a medir 1,5 m con algún tipo de tutor y las condiciones adecuadas. Es necesario vaporizarlas con frecuencia.

PISONIA   Pisonia
Temperatura mínima: 12-13 °C

A primera vista **P. umbellifera** «**Variegata**» se parece a la planta del caucho, pero posee algunas diferencias. **Pisonia** tiene los tallos en forma de ramas y sus hojas son pegajosas (unas hojas grandes, ovaladas, con el borde blanco y salpicadas de rosa). En ocasiones, produce pequeñas flores tubulares de color blanco.

PITTOSPORUM   Azarero, azahar de la China, pitósporo; c: pitospor
Temperatura mínima: -10 °C

Varias especies para invernadero frío. La más popular, **P. tobira**, muestra bellas hojas espatuladas, brillantes y persistentes. En primavera produce abundantes flores de un blanco crema con fragancia de azahar. Su cultivar «**Variegatum**» posee hojas jaspeadas en blanco.

PLUMBAGO   Azulina, celestina; c: gessamí blau, malvesc
Temperatura mínima: 7 °C

Esta trepadora se cubre de ramilletes de flores de 2,5 cm de color azul cielo a lo largo del verano y el otoño. **P. auriculata** (**P. capensis**) es fácil de conseguir en los centros de jardinería; también podrá conseguir la variedad con flores blancas «**Alba**». Puede crecer 1,80 m o más, por lo que conviene podarla después de la floración. Existe una especie rosa no trepadora (**P. rosea**) que requiere las condiciones de un invernadero cálido.

PLUMERIA   Franchipán, plumeria
Temperatura mínima: 12-13 °C

Este popular arbusto subtropical puede cultivarse en el invernáculo. **P. rubra** alcanza 1,80 m, y a finales del verano produce unos ramilletes de flores de 5 cm, de color blanco o rosa y con un intenso aroma. El problema es que las hojas se caen en invierno y entonces las ramas quedan desnudas. Manténgalo casi seco durante el período de letargo y trasplántelo en primavera cada 2 años.

POINSETTIA   Poinsetia, flor de pascua
Temperatura mínima: 12-13 °C

Muy valorada como planta de interior de invierno, en cambio raramente figura en las listas de plantas recomendadas para invernadero. El nombre en latín de la flor de pascua es **Euphorbia pulcherrima**. Los especímenes que haya comprado tendrán un aspecto magnífico al lado de especies que florecen tarde como los crisantemos: las variedades modernas en blanco, crema, rosa o rojo pueden durar meses. Sin embargo, conseguir que florezca de nuevo es una empresa difícil (*véase* pág. 195 de *Plantas de interior* para más detalles).

POLYGALA   Polígala
Temperatura mínima: 7 °C

Las flores malva en forma de guisante de **P. myrtifolia** «**Grandiflora**» aparecen de mediados de primavera a principios de otoño, y cuando no está en flor es un atractivo arbusto de hoja perenne que alcanza 90 cm de altura. Pódelo a finales del invierno y asegúrese de que el sustrato se mantenga siempre húmedo. Tome esquejes a finales de la primavera o el verano y plántelos en un propagador.

POLYSCIAS
Temperatura mínima: 12-13 °C

Estos arbustos o árboles poseen tallos dobles y un follaje muy decorativo: son una buena elección si lo que desea es dar a su invernáculo un aspecto oriental. La especie más popular en Estados Unidos es **P. fruticosa**, de hojas parecidas a las de los helechos. Requiere aire húmedo y ha de trasplantarse cada 2 años. A veces también se cultiva **P. balfouriana**.

Piper ornatum

Plumbago auriculata

Plumeria rubra

Polygala myrtifolia 'Grandiflora'

Protea cynaroides

Punica granatum 'Nana'

Pyrostegia venusta

Rhodochiton volubilis

PRIMULA   Primavera, prímula; c: prímula
Temperatura mínima: 7 °C

La especie delicada más habitual de todas las que se cultivan es **P. malacoides**, que produce compactos verticilos de pequeñas flores muy aromáticas. **P. obconica** es grande, aromática y está disponible en una gran variedad de colores, pero sus hojas pueden arañar las pieles sensibles. **P. kewensis** es la única que posee flores amarillas; siembre las semillas a mediados del verano para que florezcan en la siguiente primavera. **P. variabilis** es resistente y puede crecer con fuerza en un invernadero frío. Estas prímulas de flores grandes y crecimiento bajo han de plantarse en el jardín cuando se hayan marchitado las flores primaverales.

PROSTANTHERA
Temperatura mínima: 1-2 °C

Planta australiana fácil de cultivar que posee un follaje muy aromático y grandes cantidades de flores en forma de copa en primavera o verano. **P. rotundifolia** es la más alta (1,80 m) y produce flores malva en primavera. **P. nivea** tiene flores blancas y florece a principios del verano. **P. mellisifolia** produce flores de color lavanda.

PROTEA   Protea
Temperatura mínima: 7 °C

Las personas que se dedican a hacer arreglos florales conocen bien este género, ya que sus grandes flores se utilizan mucho una vez secas. A pesar de su apariencia exótica, las especies de *Protea* necesitan una temperatura fresca y no las condiciones de un invernadero templado. **P. cynaroides** produce unas flores rosas de 13 cm en forma de copa. Ponga la maceta al aire libre en verano.

PSEUDERANTHEMUM
Temperatura mínima: 12-13 °C

En un tiempo fue muy popular pero hoy ya no lo es tanto. En un principio se cultivaba por su follaje de colores brillantes, pero hay especies que se cultivan por sus flores con ojos púrpuras. **P. (Eranthemum) atropurpureum** tiene brillantes hojas de un mezcla de verde, crema, rosa y púrpura. **P. reticulatum** tiene unas hojas con venas amarillas, y **P. sinuatum** se cultiva para que florezca en verano.

PUNICA   Granado
Temperatura mínima: 7 °C

P. granatum (granado) se cultiva bajo el cristal como planta de maceta (alcanza una altura de 1,80 m) por sus flores tubulares y sus hojas brillantes más que por sus frutos comestibles. Por desgracia, no suele florecer hasta pasados unos 6 años. Es mejor cultivar la variedad compacta «**Nana**» (granado enano), de 90 cm, que en verano produce un gran número de flores a pesar de su tamaño, y más tarde desarrolla unos frutos esféricos.

PYROSTEGIA
Temperatura mínima: 12-13 °C

Planta que puede servir para cubrir el techo de un invernáculo grande. **P. venusta** alcanza una altura de 3 m o más y es una trepadora con zarcillos que desde finales del otoño hasta principios de la primavera produce unas flores de color naranja rojizo. Pódela después de la floración.

REHMANNIA
Temperatura mínima: 7 °C

Planta bastante rara que florece en verano y se cultiva como bienal: siembre las semillas a mediados de primavera para que florezca a principios de verano del año siguiente. Las hojas con folíolos de **R. angulata** (**R. elata**) alcanzan los 30 cm y produce racimos de 5 cm de flores tubulares con manchas rosas que miden 5-7 cm.

RHODOCHITON
Temperatura mínima: 1-2 °C

Excelente trepadora en un invernadero que la proteja de las heladas. Los largos tallos de **R. volubilis** (**R. atrosanguineus**) se enroscan alrededor de los tutores y pueden crecer hasta una altura de 1,5 m. A finales del verano produce flores de gran colorido de 5 cm, con corolas púrpura rodeadas por un cáliz rosa. Pódelas todos los inviernos si la cultiva como vivaz, o bien trátela como anual y siembre las semillas cada primavera.

RHODODENDRON   Azalea, rododendro
Temperatura mínima: 7 °C

Los dos únicos tipos de *Rhododendron* que normalmente se cultivan en el invernadero o en el invernáculo se conocen popularmente como azaleas: son más delicadas (30-45 cm de altura) y tienen hojas más pequeñas que los rododendros de jardín. Las más cultivadas son los híbridos **R. simsii**. Para mantenerlas en flor y asegurarse de que al año siguiente volverán a florecer, es necesario mantener el sustrato mojado (no simplemente húmedo) y tener la planta fresca y muy iluminada. Sitúela al aire libre desde mediados de primavera hasta principios de otoño. La otra especie es **R. obtusum**, cuyas flores tubulares son más pequeñas que las de **R. simsii**. Además se pueden encontrar otras especies de rododendros enanos para cultivar, como **R. ciliatum**.

Rhododendron simsii

RHOEO
Temperatura mínima: 12-13 °C

Interesante planta con unas flores más curiosas que atractivas. Se trata de una roseta con hojas lanceoladas, de color verde en el haz y púrpura en el envés en el caso de **R. discolor**, y verde con bandas longitudinales amarillas en la variedad «**Vittata**». Las flores, que aparecen a intervalos a lo largo de todo el año, son pequeñas y blancas, y quedan encerradas en brácteas en forma de barca en la base de las hojas más externas.

RIVINA   Rivina
Temperatura mínima: 12-13 °C

Puede reconocer esta planta por sus bayas en forma de cadenas de guisantes, que aparecen en otoño y que duran todo el invierno. **R. humilis** tiene bayas rojas, mientras que la variedad «**Aurantiaca**» las tiene amarillas. Este arbusto crece hasta unos 60 cm de altura y sus flores son minúsculas.

Rochea coccinea

ROCHEA   Rochea
Temperatura mínima: 7 °C

Planta con ásperas hojas que normalmente se compra en flor. **R. coccinea** crece hasta los 30-45 cm. Sus hojas triangulares de 2,5 cm cubren los tallos rectos, y en verano aparecen las umbelas de flores tubulares de color rojo. También existen variedades blancas y bicolores (en rojo y blanco).

ROSA   Rosa
Temperatura mínima: 7 °C

Los híbridos de té y los rosales Floribunda se plantan en macetas de 15-20 cm a finales de verano. Deje las macetas en el jardín hasta principios de invierno, y entonces éntrelos en el invernadero. Pódelos severamente a mediados de invierno, para que las flores aparezcan en primavera. Aclimátela y coloque la maceta al aire libre a mediados de primavera antes de transplantarla a finales de verano.

Ruellia macrantha

RUELLIA   Ruellia
Temperatura mínima: 12-13 °C

Siempre merece la pena cultivar plantas con hojas llamativas y flores atractivas. **R. makoyana** es un arbusto de 60 cm de altura y tallos débiles que necesita tutores. Posee unas hojas con venas plateadas y flores en forma de trompeta, de color rosa, que aparecen en invierno y principios de la primavera.

SAINTPAULIA   Violeta africana
Temperatura mínima: 12-13 °C

La gran cantidad de variedades de **S. hybrida** que existen hoy en día es desconcertante. Miniaturas capaces de crecer en una huevera, simples y dobles, rojas, rosas y de color coral, compactas o formando un tapiz. Entérese de lo que debe hacer y podrá tener violetas africanas en flor prácticamente durante todo el año (*véanse* págs. 201-203 de *Plantas de interior* para más detalles).

SALPIGLOSSIS   Salpigrosis; c: salpigrosi
Temperatura mínima: 7 °C

Siembre las semillas de **S. sinuata** a principios de la primavera para que florezca en verano o siémbrelas en otoño para que lo hagan a principios de la primavera. Los tallos de 30-60 cm necesitan tutores. Las flores son como trompetas de 5 cm de ancho de color amarillo, naranja, rojo o lila y venas más oscuras. Obtendrá unas flores exóticas por el módico precio de un paquete de semillas; deshágase de ellas después de la floración.

Salpiglossis sinuata

Salvia involucrata

Saxifraga sarmentosa 'Tricolor'

Schizanthus hybrida 'Hit Parade'

Scindapsus aureus 'Marble Queen'

SALVIA   Salvia; c: sàlvia; e: salbia, sobe; g: salvea
Temperatura mínima: 7 °C

Más conocida como anual de jardín (*véase* pág. 34), sin embargo también existen algunas especies vivaces que pertenecen al invernadero o invernáculo. **S. involucrata** crece unos 90 cm de altura y en verano y otoño produce espigas de flores tubulares de color rosa. **S. leucantha** posee flores blancas y **S. elegans** las tiene rojas. Todas son sencillas de cultivar y se multiplican a través de esquejes en primavera o verano.

SANCHEZIA   Sanchezia
Temperatura mínima: 12-13 °C

Evidentemente está relacionada con otra planta mucho más popular, **Aphelandra** (*véase* pág. 24). Las flores amarillas, tubulares, de 5 cm de **S. nobilis** están agrupadas en ramilletes encima de las hojas y aparecen en verano; tiene un follaje con prominentes venas amarillas. Sin embargo, es más grande (90 cm de altura con hojas de 30 cm) y es más difícil de cultivar que su conocida pariente.

SANSEVIERIA   Sanseviera
Temperatura mínima: 7 °C

Una de las plantas de interior más conocidas, que ocasionalmente se puede emplear para rellenar un espacio vacío en un invernadero o invernáculo fresco. La variedad que se puede ver por todos lados es **S. trifasciata** «**Laurentii**», con los bordes amarillos, pero hay muchas más (*véase Plantas de interior*, pág. 204, para más detalles).

SAXIFRAGA   Saxífraga, quebrantapiedras
Temperatura mínima: 7 °C

Planta rastrera que forma largos estolones rojos con minúsculas plantas al final de ellos. **S. sarmentosa** tiene hojas verdes con venas plateadas: las hojas de la variedad «**Tricolor**» son verdes, con los bordes blancos y rosas. Esta especie es más grande (estolones de 60-90 cm) y resulta más fácil de cultivar que otras más coloridas.

SCHEFFLERA   Cheflera
Temperatura mínima: 12-13 °C

Planta con hojas lanceoladas con varios folíolos en forma de varilla de paraguas. **S. actinophylla** es la más popular, tiene una altura de 1,8-2,5 m y posee hojas de 30 cm de largo. Otra especie disponible con hojas más pequeñas es **S. arboricola**, que habitualmente se vende bajo el nombre de **Heptapleurum arboricola**. Se trata de un árbol de 90-180 cm con largos folíolos de 7,5-15 cm (hay unos 6-15 en cada tallo). Las hojas de «**Variegata**» tienen marcas amarillas oscuras.

SCHIZANTHUS
Temperatura mínima: 12-13 °C

Siembre las semillas en primavera para que florezca a finales del verano, o bien en otoño si desea que lo haga en primavera. Pode las extremidades de los tallos de las plantas jóvenes para asegurarse un desarrollo breñoso. **S. hybrida** produce sobre sus plumosas hojas flores amarillas parecidas a las orquídeas en una gran variedad de colores. Suele escogerse una variedad enana como «**Hit Parade**» (30 cm) o «**Dwarf Bouquet**». Deshágase de ellas después de la floración.

SCINDAPSUS   Poto
Temperatura mínima: 12-13 °C

Popular trepadora con hojas abigarradas en forma de corazón y raíces aéreas que pueden trepar por cualquier superficie. La que debe buscar es **S. aureus**, cuyas brillantes hojas están salpicadas de amarillo. Existen variedades que son casi completamente amarillas («**Golden Queen**») o blancas («**Marble Queen**»).

SELAGINELLA   Selaginela
Temperatura mínima: 12-13 °C

Una de las plantas preferidas en los invernáculos victorianos pero que hoy en día se cultiva muy poco. Los tipos rastreros se usan para cubrir el suelo bajo los helechos, y los más compactos (15-30 cm de altura) pueden colocarse en la parte delantera de los bordes o las bancadas. Todas tienen las hojas pequeñísimas y necesitan aire húmedo. **S. kraussiana** es la especie trepadora más popular. Cultívela en sustrato o en corteza mojada.

SOLANDRA   Copa de oro
Temperatura mínima: 7 °C

Trepadora enérgica que en primavera y verano produce grandes flores en forma de trompeta. **S. maxima** es la especie que debe buscar: puede llegar a medir 3 m y sus aromáticas flores tienen 20 cm de largo. Primero son de color crema, pero cambian a un amarillo dorado para acabar siendo de color marrón claro. Pode las ramas más altas después de la floración.

SOLANUM   Cerezo de Jerusalén
Temperatura mínima: 7 °C

Hay dos tipos de *Solanum*: **S. capsicastrum** es habitual verla en Navidad (pequeños arbustos con frutos, venenosos, redondos de color naranja o amarillo) y necesita ser trasplantada en primavera. También destacan las trepadoras que florecen en verano y otoño, como por ejemplo **S. jasminoides** (de flores azul cielo), **S. wendlandii** (con flores azules) y **S. rantonettii** (con flores de color púrpura azulado).

Solandra maxima

SOLLYA
Temperatura mínima: 7 °C

Planta trepadora de tallos retorcidos que a menudo se recomienda para su cultivo entre árboles de follaje alto o arbustos. **S. heterophylla** mide 1,2-18 m de altura y en verano produce racimos con flores de 1,5 cm de ancho en forma de campana. Son de color azul cielo, seguidas por frutos púrpura. Una planta fácil de cultivar, por lo que merece la pena intentarlo.

SPARMANNIA   Tilo de salón
Temperatura mínima: 7 °C

Esta planta con aspecto de árbol necesita espacio, pues crece rápidamente y no produce flores hasta que es bastante alta. **S. africana** tiene grandes hojas aterciopeladas y a principios de primavera produce grupos de flores blancas con el centro dorado. Pódelas cuando ya haya acabado la floración y trasplántelas cada año. Mantenga siempre el sustrato húmedo.

SPATHIPHYLLUM   Espatifilo
Temperatura mínima: 12-13 °C

Esta planta prefiere unas condiciones tropicales pero también crecerá en un invernadero templado, y lo hará a la sombra de plantas más altas en verano. **S. wallisii** es una popular planta de interior: sus flores blancas son parecidas a las de otra planta, los aros, y crecen en ramas de 30 cm sobre las hojas lanceoladas. Florece en primavera y de nuevo en otoño. Cuando el espacio lo permita, cultive la más robusta **S. «Mauna Loa»** (espatifilo), que florece prácticamente a lo largo de todo el año.

Sparmannia africana

STENOTAPHRUM   Gramón
Temperatura mínima: 7 °C

S. secundatum es la principal especie y en Florida y en otros estados del sur de Estados Unidos se cultiva como si fuera césped. La forma abigarrada **«Variegatum»** se utiliza como tapiz en el invernáculo. Sus hojas lineales de 15 cm tienen una banda ancha color blanco crema en el centro. Una planta sencilla y poco exigente, ideal para los bordes de las bancadas.

STEPHANOTIS   Estefanotis
Temperatura mínima: 12-13 °C

De primavera a otoño produce unas flores tubulares y estrelladas en ramilletes de color blanco, céreas y muy aromáticas. **S. floribunda** es una trepadora vigorosa de hojas brillantes que puede alcanzar los 3 m o más, y muchos expertos la recomiendan. Pero es una planta difícil, que necesita una temperatura estable y unas condiciones razonablemente frescas durante el día en invierno y primavera.

Stephanotis floribunda

STRELITZIA   Ave del paraíso
Temperatura mínima: 12-13 °C

Para mucha gente ésta es la planta más espectacular de todas las que hay para invernáculos, y sin embargo no es difícil de cultivar. Las flores naranja y púrpura de 15 cm de **S. reginae** parecen la cabeza de un pájaro; se levantan 1,20 m por encima del suelo y están rodeadas de grandes hojas en forma de remo. Produce flores en primavera o verano y duran diversas semanas, pero las plantas nuevas tardan 4-6 años antes de dar flor. Riéguela y aliméntela abundantemente en verano; en invierno, en cambio, debe reducirse el riego.

Strelitzia reginae

Streptocarpus 'Concorde Mixed'

Streptosolen jamesonii

Strobilanthes dyeranus

Pyrostegia venusta

STREPTOCARPUS   Estreptocarpo
Temperatura mínima: 12-13 °C

En los últimos años han aparecido muchas variedades de **S. hybrida**, pero «**Constant Nymph**» (lilácea con venas violeta) continúa siendo la preferida. Las flores, en forma de embudo, tienen 5 cm ancho y se encuentran en finos tallos encima de la roseta de largas hojas en forma de tiras. Otros tipos incluyen «**Baby Blue**» (azul lavanda con vetas más oscuras) y «**Royal Mixed**» (de diversos colores). Siembre las semillas en primavera pues el verano es la estación de floración habitual. Es una planta exigente: precisa aire húmedo, protección del sol intenso de verano y evitar las corrientes. Retire las flores cuando se hayan marchitado.

STREPTOSOLEN
Temperatura mínima: 7 °C

Arbusto de porte desordenado que produce flores en forma de embudo de color naranja a finales de la primavera. **S. jamesonii** alcanza una altura de 1,20-1,80 m y tiende a volverse demasiado alta y delgada con la edad, por lo que necesita algún tipo de tutor. Mantenga el suelo siempre húmedo.

STROBILANTHES
Temperatura mínima: 12-13 °C

Existe sólo una especie: **S. dyeranus**. Este arbusto se cultiva por sus coloridas hojas de 1,80 m. Cuando es joven las hojas son de color verde oscuro con manchas púrpura entre las venas y con el envés púrpura. A medida que crece, las manchas cambian a una tonalidad lilácea plateada. En verano produce flores tubulares color azul pálido. No es una planta fácil de cultivar.

SUCULENTAS
Temperatura mínima: 7 °C

Son plantas con hojas carnosas, entre las que se encuentran los cactos, que son un grupo de plantas lo suficientemente importantes como para dedicarles un apartado a ellos solos (*véanse* págs. 58-59). Otras suculentas tienen su propia entrada en esta sección, por ejemplo *Sansevieria* y otros tipos que producen flores como *Hoya* o *Rochea*. A pesar de ello aún quedan centenares de variedades que se cultivan en un invernadero fresco o en un invernáculo y todas tienen las mismas necesidades básicas: un suelo bien drenado, luz solar, aire fresco, la cantidad de agua adecuada en la época de crecimiento y un período de letargo fresco y seco (*véanse* págs. 212-218 de *Plantas de interior* para más detalles sobre las siguientes plantas: **Adromischus**, **Aeonium**, **Agave**, **Aloe**, **Bryophyllum**, **Crassula**, **Cotyledon**, **Echeveria**, **Euphorbia**, **Faucaria**, **Gasteria**, **Graptopetalum**, **Haworthia**, **Kalanchoe**, **Kleinia**, **Orostachys**, **Pachyphytum**, **Pedilanthus**, **Sedum**, **Sempervivum** y **Senecio**). Un par de consejos importantes: primero, trasplante las plantas suculentas sólo cuando sea absolutamente necesario y asegúrese de que la nueva maceta sea sólo un poco más grande que la anterior; segundo, deje secar los esquejes unos cuantos días antes de plantarlos en el suelo.

SYNGONIUM   Singonio
Temperatura mínima: 12-13 °C

Estas trepadoras son parientes del filodendro (*véase* pág. 40): las diferencia la forma de las hojas, ya que las hojas jóvenes de *Syngonium* tienen forma de flecha y con el tiempo se vuelven lobuladas. La especie más popular es **S. podophyllum** y los tipos preferidos son las especies abigarradas como «**Green Gold**» o «**Emerald Gem**».

TECOMA   Guasapariba
Temperatura mínima: 12-13 °C

Arbusto de porte erguido con hojas parecidas a las de los helechos y ramilletes de flores en forma de embudo que penden. El período de floración dura desde la primavera hasta el otoño. **T. stans (Bignonia stans)** alcanza una altura de 1,80 m; debe podarla después de la floración y regarla poco en invierno.

TECOMARIA   Tecomaria
Temperatura mínima: 7 °C

Planta de crecimiento descontrolado que se beneficia con el uso de tutores. Las flores de **T. capensis**, en forma tubular, estrechas, curvadas y de color rojo anaranjado, están dispuestas en espigas. La estación de floración empieza en primavera y puede alargarse durante 6 meses o más. La variedad «**Aurea**» tiene flores amarillas.

TETRANEMA   Tetranema
Temperatura mínima: 12-13 °C

T. roseum florecerá de manera intermitente a lo largo de todo el año si la temperatura se mantiene por encima de los 13 °C. Estas flores tubulares son de color púrpura con la garganta de un tono más pálido y crecen por encima de una roseta de hojas ovaladas. La variedad «**Album**» tiene las flores blancas.

THUNBERGIA
Temperatura mínima: 12-13 °C

El ojo de poeta (**T. alata**) es una conocida anual trepadora que cubre rápidamente una gran zona y en verano produce flores con la garganta amarronada. **T. grandiflora** es una trepadora de hoja perenne que en verano sus flores de 7,5 cm de anchura y de color azul. **F. fragrans**, que no tiene fragancia, posee flores de color blanco.

Thunbergia grandiflora

TIBOUCHINA   Tibuchina
Temperatura mínima: 12-13 °C

Una excelente elección para un invernadero templado, y bajo esas condiciones florecerá desde primavera hasta otoño. Sus flores son muy llamativas: las de **T. urvilleana** son de color púrpura, de 10 cm de ancho, y con estambres de extrañas formas. Son esenciales una humedad alta y mucha luz; en invierno se han de regar de forma escasa.

TRACHELOSPERMUM
Temperatura mínima: 1-2 °C

Trepadora que florece en un invernadero que la proteja de las heladas. **T. asiaticum** y **T. jasminoides** se venden para ser cultivadas al aire libre en zonas de clima suave. Las flores de color crema, estrelladas, aparecen encima de un follaje vistoso en verano. Una de sus características es su intenso aroma: su perfume puede llenar un invernadero pequeño, aunque en ocasiones cuesta que arraiguen.

Tibouchina urvilleana

TRADESCANTIA   Tradescantia; c: tradescància
Temperatura mínima: 7 °C

Grupo de plantas con hojas que se disponen aplicadas sobre los tallos que trepan o se arrastran. Las extremidades de los tallos deben cortarse con regularidad para controlar su crecimiento; los esquejes arraigan fácilmente en primavera, verano u otoño. Son muy conocidas como plantas de interior pero también desempeñan un papel importante en el invernáculo. Las especies o variedades de **Tradescantia** son las más populares, pero también destacan **Callisia**, **Zebrina** y **Setcreasea**. Para más detalles, *véanse* págs. 221-222 de *Plantas de interior*.

TWEEDIA
Temperatura mínima: 7 °C

Arbusto trepador (60-90 cm) muy recomendable. **T. caerulea** (**Oxypetalum caeruleum**) no necesita temperaturas cálidas ni humedad. Posee unas hojas en forma de corazón, con pelos, y en verano y otoño las flores cambian de color al madurar, pasando de un color azul verde pálido a un púrpura, para acabar siendo malva.

Trachelospermum asiaticum

VITÁCEAS
Temperatura mínima: 7 °C o 12-13 °C

Plantas trepadoras que se asen a los tutores a través de los zarcillos. Su función es cubrir enrejados, postes o una pared de ladrillos desnuda y algunas son conocidas plantas de interior: **Cissus antarctica**, **Rhoicissus rhomboidea** y la variedad «**Ellen Danica**». Otras dos pertenecen al invernáculo: **Tetrastigma voinierianum** (que necesita bastante espacio) y **Cissus discolor** (que necesita aire húmedo). *Véanse* págs. 223-224 de *Plantas de interior* para más detalles.

YUCCA   Yuca; c: iuca; E: juka
Temperatura mínima: 7 °C

Falsa palma que proporciona un aspecto tropical, aunque esta planta requiere temperatura fresca en invierno. Tiene un tronco de 90-150 cm coronado por largas y ásperas hojas. Elija **Y. elephantipes**, ya que **Y. aloifolia** tiene un follaje acabado en punta afilada que puede ser peligroso. Después de diversos años pueden aparecer en los altos tallos flores blancas en forma de campana.

Tweedia caerulea

Plantas ornamentales: bulbosas

Muchas plantas ornamentales que crecen en invernaderos o invernáculos producen partes abultadas enterradas que pueden utilizarse para la propagación. A veces estos órganos de almacenamiento son auténticos bulbos (escamas carnosas que rodean una yema o brote central), pero en otras ocasiones se trata de tubérculos o rizomas.

La línea que separa los bulbos y las plantas ornamentales generales no es clara. Algunas plantas bulbosas son de hoja perenne y normalmente se propagan mediante división. Suelen agruparse con las plantas ornamentales, y en este libro tenemos el ejemplo de la clivia (*Clivia*) y el agapanto (*Agapanthus*).

Esto aún deja a un gran número de plantas, las cuales se suelen cultivar plantando el bulbo, tubérculo, etc. en un sustrato adecuado. Muchas de ellas pierden las hojas durante el período de letargo, por lo que se colocan a la vista durante el período de floración y luego se retiran.

Las plantas de esta sección están divididas en dos grupos básicos. Los bulbos de invernadero por lo general son semirresistentes y no pueden crecer en el exterior, donde las heladas pueden matar las hojas u otras partes de la planta. En muchos casos se dejan en macetas cuando el follaje muere y el sustrato se conserva casi seco hasta que vuelve a empezar el crecimiento de la planta gracias al riego. No hay normas generales sobre la frecuencia con que estos bulbos se han de cambiar de maceta: algunos tipos necesitan un cambio anual de sustrato antes de volver a crecer, mientras que otros prefieren que no se les moleste durante unos años. Hay un pequeño grupo de bulbos de invernadero que poseen el órgano de almacenamiento sumergido y almacenado en turba durante el período de letargo, y entonces deben trasplantarse antes de iniciarse la estación de crecimiento. La propagación de bulbos de invernadero normalmente implica la renovación de esquejes, así como plantar estos pequeños bulbos en la época de cambio de maceta.

El segundo grupo está formado por los bulbos resistentes de floración primaveral. Muchos de los bulbos que florecen en el jardín a finales del invierno o de la primavera pueden utilizarse en los invernaderos o invernáculos. Los bulbos más grandes «se fuerzan» conservándolos en lugares fríos y oscuros para hacer que las raíces crezcan, y después se les proporciona luz y calor para que las hojas y las flores puedan desarrollarse. A los más pequeños no se les fuerza: se plantan en macetas en el exterior y después éstas se colocan en el interior cuando los capullos están a punto de abrirse.

Un último consejo: compre siempre productos de calidad, pues que un bulbo florezca bien depende en gran parte de la manera como haya crecido y haya sido guardado.

Sprekelia

Bulbosas de invernadero

Prácticamente ninguna de estas plantas puede tolerar las heladas y nunca se colocan en el exterior en invierno. Muchas florecen en verano o en otoño y normalmente pierden las hojas durante el período de letargo. Dependiendo de la variedad del bulbo, puede dejarse en la maceta durante este período o almacenarse en turba húmeda.

Bulbosas resistentes de floración primaveral

Estas plantas son más conocidas como bulbosas de jardín, pero pueden cultivarse para que florezcan bajo cristal. Hay dos técnicas de crecimiento básicas. El método forzado se usa con los bulbos grandes para hacer que florezcan bastante antes que sus homólogas de jardín. El segundo método se emplea con bulbos más pequeños y es más sencillo que el forzado, pero la floración sólo se adelantará un corto período de tiempo respecto a otros bulbos de jardín similares.

Bulbosas de invernadero

ACHIMENES

Temperatura mínima: 12-13 °C durante la estación de crecimiento

Se trata de una planta fácil de cultivar y puede ser trepadora o compacta y alcanza una altura de 15-30 cm. Los modernos híbridos de **A. heterophylla** y otras especies producen de primavera a otoño masas de flores en forma de trompeta blancas, azules, púrpuras, rosas y amarillas, dependiendo de la variedad. Plante los pequeños tubérculos a una profundidad de 1,5-2,5 cm a principios de la primavera y asegúrese de que el abono no se seque nunca cuando la planta esté creciendo. Deje de regarla cuando se acabe la época de floración y la planta volverá a crecer en la próxima primavera si la riega con agua tibia. Protéjala de la luz del sol directo. Es adecuada para cestas colgantes.

Achimenes heterophylla

AMARYLLIS

Temperatura mínima: 7 °C durante la estación de crecimiento

Los populares bulbos «Amaryllis» que se ponen a la venta en otoño en realidad son **Hippeastrum** híbridos. La auténtica *Amaryllis* se planta en otoño y sus hojas aparecen en primavera. Los tallos con flores aparecen en otoño tan pronto como el follaje se marchita, y cada uno está coronado por un ramillete de flores de unos 7 cm de ancho. Las flores, con un intenso olor dulce, duran 6 semanas. Hay disponibles las variedades rosa y rojo pálido de **A. belladonna**; trasplántelas cada 5 años aproximadamente. Para la propagación tome esquejes en la época de trasplante y plántelos en sustrato.

Amaryllis belladonna

BABIANA   Babiana

Temperatura mínima: 12-13 °C durante la estación de crecimiento

Babiana stricta está relacionada con los gladiolos, pero es una planta mucho más pequeña: posee hojas con nervios y pelos y tallos de flores de 15-30 cm coronados por ramilletes de flores de 2,5 cm de ancho de una intensa fragancia. En su lugar de origen, Sudáfrica, los babuinos cogen los bulbos como alimento. Hay disponibles variedades en blanco, azul, rojo y violeta. Plante los bulbos a una profundidad de 5 cm en otoño para que aparezcan las flores en primavera, y cuando las hojas se vuelvan blancas guarde los bulbos en turba seca hasta que llegue el momento de plantarlos.

BEGONIA   Hermosa, begonia; c: begònia

Temperatura mínima: 12-13 °C durante la estación de crecimiento

Las begonias más populares son las variedades de **B. tuberhybrida**, con flores de unos 7-15 cm de ancho sobre pedúnculos rígidos de 30 cm de altura. Las flores femeninas son pequeñas, mientras que las masculinas son más grandes y vistosas. Hay una amplia variedad de tipos simples, semidobles y dobles disponibles en numerosos colores y combinaciones de colores. Algunos ejemplos incluyen «**Gold Plate**» (amarilla), «**Guardsman**» (roja), «**Double Picotee**» (crema con los bordes rojos). Las flores de **B. multiflora** tienen una forma parecida pero son mucho más numerosas y pequeñas. **B. tuberhybrida pendula** posee unos tallos largos y rastreros. Estas begonias crecen al plantarse los tubérculos en verano en cajas de turba húmeda. Mantenga una temperatura de 15-21°C y cuando los brotes alcancen una longitud de 12 cm trasplántelos. Cuando alcancen los 20 cm colóquelos en macetas para que florezcan en verano y en otoño. Guarde los tubérculos en turba.

*Begonia pendula
'Picotee Cascade'*

BRODIAEA   Brodiaea

Temperatura mínima: 7 °C durante la estación de crecimiento

Brodiaea es una planta bulbosa poco común para la gente que prefiere las flores delicadas a las grandes y vistosas. Las hojas miden unos 30 cm y poseen tallos de 30-60 cm que sostienen densas cabezuelas con pequeñas flores. Plante los esquejes en otoño y trasplántelos cada 5-6 años. **B. laxa** produce flores blancas y azules en primavera, mientras que **B. coronaria** florece en verano. **B. ida-maia** es bastante diferente, pues de sus tallos penden flores rojas con los bordes verdes.

CANNA   Cañacoro

Temperatura mínima: 12-13 °C durante la estación de crecimiento

Las plantas de **Canna hybrida** son grandes, robustas y de colores variados y dan al invernáculo un aspecto tropical. Las flores de 10-12 cm de ancho se parecen a las de las orquídeas y poseen tallos de 60-120 cm de altura. Existen variedades con rayas, manchas o lisas en color blanco, amarillo, naranja, rosa o rojo. También se puede elegir el color de las hojas: verde, bronce o púrpura. Para obtener hojas con marcas amarillas y flores amarillas cultive **C. variegata**. Plante los rizomas con forma de tubérculo en primavera a una temperatura de 12-18 °C y riéguela abundantemente durante los meses de verano. Manténgala fresca y casi seca en invierno, y divídala y trasplántela en primavera.

Canna hybrida

Crinum powellii

Eucharis grandiflora

Eucomis comosa

Gloriosa rothschildiana

CHLIDANTHUS
Temperatura mínima: 7 °C durante la estación de crecimiento
Género que posee sólo una especie: **G. fragrans**. En verano aparecen los esbeltos tallos de 30 cm de altura, coronados con un pequeño ramillete de flores en forma de lirio. Las flores amarillas miden unos 8 cm y tienen una intensa fragancia. Las estrechas hojas verde grisáceas aparecen poco después que las flores. Plante los bulbos
a una profundidad de 5 cm en otoño, y cuando las trasplante use los pequeños bulbos como base para la propagación.

CRINUM
Temperatura mínima: 12-13 °C durante la estación de crecimiento
Todo en **C. powellii** es grande: bulbos de 15 cm, tallos de más de 90 cm de altura que
aparecen en verano coronados con flores fragantes en forma de lirio de 15 cm de ancho.
El color habitual es el rosa, pero también hay variedades en blanco y rojo. Plante el bulbo
en un recipiente grande en primavera o verano un tercio por encima de la superficie del
sustrato. Necesitará paciencia: los bulbos tardan diversos años en alcanzar el estado
de floración. Riéguelos abundantemente entre la primavera y el final de la floración; en
cambio, en invierno modere su riego. Trasplántelas cada 3 o 4 años.

CYCLAMEN   Ciclamen; c: ciclamen
Temperatura mínima: 7 °C durante la estación de crecimiento
Los híbridos de **C. persicum** son los preferidos de los invernaderos: flores como peina-
das hacia atrás sobre hojas con manchas plateadas. Las flores pueden ser de colores
brillantes o pasteles, grandes y vistosas o pequeñas y perfumadas. Compre una planta
en otoño y no a mitad del invierno, y escoja una con gran cantidad de bulbos cerrados.
Necesita un lugar fresco (10-15 °C es lo ideal) alejado de la luz del sol directa. Reduzca
el riego cuando las flores se marchiten y retire la maceta y manténgala seca hasta mediados de verano. Entonces trasplántela usando sustrato fresco y entierre la corona
hasta la mitad. Se pueden multiplicar también con semillas en verano. Muchas variedades tardan 15-18 meses en florecer.

EUCHARIS   Eucaria
Temperatura mínima: 18 °C durante la estación de crecimiento
Bulbo que florece a finales del verano y que puede volver a florecer a principios de invierno cuando las condiciones le resulten favorables. Las aromáticas flores de 7,5 cm de ancho de **E. grandiflora** se parecen a las del narciso blanco con la campana en punta:
cada tallo de 60 cm sostiene 3 o 6 flores. Plántela en primavera u otoño y riéguela de forma moderada cuando empiece a crecer. Trasplántela en primavera cada 3 o 4 años.

EUCOMIS   Eucomis
Temperatura mínima: 7 °C durante la estación de crecimiento
E. comosa necesita mucho espacio: las hojas de 45-60 cm forman una gran roseta y
las espigas cilíndricas de 30 cm de altura están formadas por pequeñas flores blancas
y una bráctea foliácea. **E. bicolor** (con flores de color púrpura verdoso y tallos con
manchas púrpura) es más pequeña. Plante los bulbos en invierno: las flores aparecerán a mediados de verano y durarán varias semanas. Las hojas se caen en invierno.
Mantenga el sustrato seco hasta que vuelva a empezar a crecer.

FREESIA   Africana
Temperatura mínima: 7 °C durante la estación de crecimiento
Las flores tubulares de 5 cm de largo de **F. hybrida** crecen a un lado del largo tallo de
30-45 cm: puede elegir desde flores blancas, amarillas, azules, liláceas, anaranjadas, rosas o rojas. Una de sus características principales es la enorme fragancia que desprende
y es habitual utilizarlas en ramilletes en los arreglos florales. Plante los bulbos a una profundidad de unos 5 cm en verano y coloque las macetas en el exterior hasta principios del
otoño. Colóquelos en el interior y las flores empezarán a aparecer en invierno. Cuando se
hayan caído las flores y las hojas, guarde los bulbos en turba seca y trasplante los más
grandes en verano. Plante semillas en primavera para que florezcan en otoño.

GLORIOSA   Gloriosa
Temperatura mínima: 12-13 °C durante la estación de crecimiento
Esta trepadora alcanza una altura de 120-180 cm y produce grandes y abigarradas flores durante todo el verano, aunque requieren tutores. **G. rothschildiana** posee los pétalos rojos con una base amarilla. **G. superba** es de crecimiento similar pero sus pétalos
varían del verde al naranja para acabar en rojo. Plante el tubérculo en una maceta de
unos 15 cm en verano con la punta hundida a unos 2,5 cm, y en un primer estadio riéguelo abundantemente. Después de la floración reduzca el riego y finalmente deje que se
seque. Guarde el tubérculo en una maceta a unos 10-12 °C y trasplántelo en primavera.
Para la propagación, en la época de trasplante, tome esquejes y plántelos en sustrato.

HABRANTHUS
Temperatura mínima: 7 °C durante la estación de crecimiento

Bulbo poco común que parece *Hippeastrum* en miniatura. La especie más popular es **H. tubispathus**, que a principios de otoño produce tallos florales de 23 cm provistos de flores solitarias en forma de embudo, de color amarillo o cobrizo en su parte interior, y gris rosáceo en el exterior. Las estrechas hojas aparecen poco después de las flores: cuando este follaje se vuelva amarillo deje de regarla y mantenga la maceta en un lugar fresco pero resguardada de las heladas. Trasplántelas cada 2 o 3 años en primavera. **H. robustus** es una planta más alta con tallos florales de 60 cm.

HAEMANTHUS   Orejas de asno
Temperatura mínima: 12-13 °C durante la estación de crecimiento

La cabezuela en forma de bola mide unos 15-20 cm y está formada por un centenar de flores rojas de forma tubular, en primavera (**H. multiflorus**) o en verano (**H. katherinae**). Las hojas tienen una longitud de 30 cm, y los tallos florales miden 30-60 cm de altura. Plante el bulbo en verano con la punta por encima del sustrato y después de la floración riéguela de forma moderada. Es una planta de hoja vivaz. Trasplántela cada 4 o 5 años.

Haemanthus multiflorus

HIPPEASTRUM   Amarilis
Temperatura mínima: 12-13 °C durante la estación de crecimiento

En otoño encontrará estos grandes bulbos en sus centros de jardinería, en las tiendas de bricolaje y en los grandes almacenes. Las variedades de **H. hybrida** (que pueden ser etiquetadas como «Amarilis») se plantan en macetas de 18 cm con la mitad del bulbo por encima de la superficie. Si se planta a mediados del invierno, florecerá en primavera: plante los bulbos preparados en otoño para un florecimiento temprano. Los tallos florales de 4-5 cm sostienen diversas flores en forma de embudo que tienen un diámetro de 12-15 cm, y sus hojas acintadas aparecen durante o poco antes de la floración. Está disponible en blanco, naranja, rosa, rojo y púrpura: los pétalos pueden ser lisos, con vetas, con venas o con los bordes en formas diversas. Deje de regarla cuando las hojas se vuelvan amarillas y trasplántela cada 2 años en otoño.

Hippeastrum hybrida 'Minerva'

HYMENOCALLIS
Temperatura mínima: 12-13 °C durante la estación de crecimiento

Este bulbo se cultiva por sus atractivas flores de aroma dulzón que aparecen a finales de la primavera o en verano. Cada flor parece un narciso (una larga corona con largos estambres y 6 estrechos pétalos en la base). **H. festalis** es la especie más popular: posee tallos florales de 30 cm que contienen 8 flores blancas y las perennes hojas miden 30-60 cm. Plante el bulbo en invierno con la punta por encima de la superficie, riéguela con moderación después de la floración y trasplántela cada 2 años en primavera.

Hymenocallis festalis

IXIA   Ixia
Temperatura mínima: 7 °C durante la estación de crecimiento

Las espigas de flores estrelladas o en forma de taza con 6 pétalos crecen al final de fuertes tallos a principios del verano. Los colores suelen ser brillantes: amarillo, naranja o rojo con el centro rojo intenso o marrón. **I. hybrida** está disponible bajo diversos nombres, pero suele venderse como una mezcla que produce una gran cantidad de flores de 2,5 cm en diversos colores. Plante los bulbos en otoño. Han de desecarse después de que las hojas se marchiten.

LACHENALIA   Lachenalia
Temperatura mínima: 7 °C durante la estación de crecimiento

Los tallos de 30 cm de *Lachenalia* sostienen flores tubulares colgantes. Las flores de 2,5 cm de **L. aloides** son amarillas con manchas verdes y rojas, y las de la variedad «**Lutea**», amarillas. Los tallos florales y las hojas tienen manchas marrones o púrpuras. Plante 6-8 bulbos en una maceta de 15 cm a finales del verano para que florezcan en invierno: las puntas deben estar justo por debajo de la superficie. Después de la floración, reduzca el riego y déjelos desecar hasta que vuelva a trasplantarlos en otoño. Es atractiva, pero puede fallar si la temperatura es muy cálida.

LILIUM   Lirio, azucena; c: lliri; E: azuzena; G: azucena
Temperatura mínima: 1-2 °C durante la estación de crecimiento

Un gran número de variedades de lirio pueden cultivarse con éxito bajo el vidrio, incluida **L. longiflorum**, que florece en verano. Los híbridos como **L. «Enchantment»** (de un rojo anaranjado) son populares y sencillos de cultivar: tienen una altura de 60-120 cm y flores de 10-12 cm de diámetro. Plante el bulbo en una maceta de 15 cm en otoño y cubra la punta con una capa de 3-4 cm de sustrato. Guárdelos en un lugar fresco, oscuro y húmedo. Cuando aparezcan los brotes, póngalos en un sitio con mucha luz para que florezcan a principios del verano.

Lilium 'Enchantment'

Nerine sarniensis

Ornithogalum thyrsoides

Rechsteineria cardinalis

Sinningia speciosa

LYCORIS   Licóride
Temperatura mínima: 12-13 °C durante la estación de crecimiento

Si desea encontrar este bulbo tendrá que buscarlo bien: el único que podrá encontrar es **L. aurea**. La planta no posee hojas cuando aparece el tallo floral de 30 cm: cada flor mide unos 8 cm de diámetro y está formada por estrechos pétalos cerosos. Estas flores de color amarillo dorado se abren a finales del verano. Plante el bulbo en verano en un invernadero con calefacción y no lo riegue después de que las flores y las hojas se hayan marchitado. Trasplántelo cada 2 o 3 años.

NERINE   Nerine; c: nerine
Temperatura mínima: 7 °C durante la estación de crecimiento

N. sarniensis posee flores de estrechos pétalos blancos, naranjas o rojos que se agrupan en ramilletes compactos al final de tallos de 30-45 cm. **N. flexuosa** produce flores de 8 cm con pétalos rosas o blancos y con el borde ceroso. Son unas plantas que florecen en otoño, y las hojas de 30 cm en forma lanceolada se desarrollan a medida que las flores se abren. Plante el bulbo en verano con la parte superior por encima del sustrato. Guárdela en un sitio frío hasta que aparezcan los brotes, y entonces riéguela y llévela al interior del invernadero o del invernáculo. Trasplántela cada 3 años.

ORNITHOGALUM
Temperatura mínima: 12-13 °C durante la estación de crecimiento

O. thyrsoides posee hojas carnosas de 30 cm en forma de cinta, y a finales de la primavera aparecen tallos de 45 cm de altura. Estos tallos están coronados por una espiga de 20-30 flores en forma de estrella de color blanco o crema. Las flores son duraderas si las pone en agua, por eso es una planta tan popular en los adornos florales. Plante unos 6 bulbos en una maceta de 15 cm en otoño, reduzca el riego cuando ya se haya producido la floración y trasplántelos cada otoño.

OXALIS   Acederilla; c: pa de cucut, agrèlla; e: irrorrimingotz; g: trébol acedo
Temperatura mínima: 7 °C durante la estación de crecimiento

No se trata de una planta particularmente vistosa y nunca ha sido muy popular. Las hojas, en forma de trébol, crecen en ramilletes y poseen flores de 5 pétalos de 2,5 cm. **O. deppei** produce flores rojas y blancas en primavera, **O. cernua** las tiene amarillas y **O. bowiei**, púrpura pálido. Las hojas se cierran por la noche, al igual que las flores en algunas especies. Plante los bulbos en otoño: conserve el sustrato húmedo durante la época de crecimiento y riéguelos con moderación una vez que las hojas se vuelvan blancas.

POLIANTHES   Nardo
Temperatura mínima: 12-13 °C durante la estación de crecimiento

Planta muy popular en los invernáculos de época victoriana pero que en la actualidad no se ve demasiado. La característica más destacable de esta alta planta (60-120 cm) es la intensa fragancia de sus flores blancas que aparecen en los tallos sin ramas en otoño. **P. tuberosa** posee flores simples y la variedad «**The Pearl**» las tiene dobles. Plante el rizoma en forma de bulbo a 2,5 cm de profundidad en verano, y no lo riegue hasta que aparezca el follaje. Riéguela abundantemente durante la etapa de crecimiento. La planta no puede ser trasplantada después de la floración; empiece de nuevo con rizomas frescos.

RECHSTEINERIA
Temperatura mínima: 12-13 °C durante la estación de crecimiento

R. cardinalis puede aparecer bajo el nombre de **Gesneria** o **Sinningia cardinalis**. Está relacionada con la gloxinia, y requiere un trato similar. La forma de sus flores, sin embargo, es completamente diferente. **R. cardinalis** produce flores tubulares de 5 cm al final de los tallos de 30 cm (la gloxinia posee flores en forma de campana abierta). Plante los tubérculos para que produzca en verano flores de un rojo brillante.

SINNINGIA   Gloxinia
Temperatura mínima: 12-13 °C durante la estación de crecimiento

Las flores aterciopeladas acampanadas de la gloxinia (**S. speciosa**) tienen un diámetro de 8 cm o más; es muy apreciada en los invernaderos e invernáculos en verano. Pueden encontrarse variedades blancas, rosas, rojas, azules y púrpuras. Los bordes de los pétalos pueden ser lisos o arrugados. Plante el tubérculo en una maceta de 12 cm a principios de la primavera, cave un hoyo, y coloque el tubérculo al mismo nivel que la superficie. Mantenga el ambiente cálido y seco hasta que aparezcan las hojas, y entonces mantenga el sustrato húmedo con agua tibia; no moje las grandes hojas aterciopeladas. Deje que se seque cuando las hojas se vuelvan amarillas y trasplántela en primavera.

SMITHIANTHA

Temperatura mínima: 12-13 °C durante la estación de crecimiento

Sus flores acampanadas penden encima de las hojas aterciopeladas y con manchas. **S. zebrina** es una variedad alta que alcanza los 60-90 cm. Para plantas más compactas elija una variedad de **S. hybrida**: produce flores con una mezcla de amarillo, naranja y/o rosa. Plante 3 rizomas en una maceta de 12 cm a finales del invierno y mantenga el sustrato húmedo en todo momento durante la época de crecimiento. Deje de regarla cuando las flores se hayan marchitado y trasplántela en primavera. Divida los rizomas en la época de trasplante.

Smithiantha hybrida

SPARAXIS   Sparaxis

Temperatura mínima: 7 °C durante la estación de crecimiento

A finales de la primavera y principios del verano una mezcla de las variedades de **S. tricolor** producirán un gran colorido. Las flores de 5 cm crecen en tallos de 30-45 cm por encima de las hojas lanceoladas, y en algunas variedades cada flor en forma de estrella tiene un cuello amarillo con el borde negro y los pétalos con tonalidades de blanco, amarillo, rojo y púrpura. **S. elegans** (con flores blancas o naranjas) sólo crece 15-20 cm de altura. *Sparaxis* es una flor que puede cortarse para arreglos florales. Plante los bulbos en otoño y trasplántela cada 2-3 años.

SPREKELIA

Temperatura mínima: 7 °C durante la estación de crecimiento

Cultive esta planta si la jardinería es algo nuevo para usted. Las flores de 10 cm de **S. formosissima** parecen orquídeas de color rojo brillante: nacen de manera aislada a principios del verano en lo alto de tallos de 30 cm. Plántela en otoño con el cuello del bulbo por encima de la superficie. Una vez se hayan marchitado las flores y se haya caído el follaje deje que el sustrato se seque. Manténgala en un lugar fresco hasta la primavera y entonces riéguela para que vuelva a crecer. Trasplántela cada 3 años.

Vallota speciosa

VALLOTA   Vallota

Temperatura mínima: 7 °C durante la estación de crecimiento

Las grandes flores en forma de embudo de **V. speciosa** crecen en ramilletes de 4 a 10 en lo alto de los tallos de 30-60 cm a finales del verano. El color más habitual es el rojo, pero también existen variedades en blanco y rosa. Plántela en primavera en una maceta de 12 cm, dejando el bulbo sin cubrir. No la riegue en exceso durante la época de crecimiento y permita que la superficie se seque entre un riego y otro. Las hojas son perennes, de modo que no las trasplante hasta que los bulbos estén llenos de brotes. Reduzca el riego durante los meses de invierno.

VELTHEIMIA

Temperatura mínima: 7 °C durante la estación de crecimiento

Planta fácil de reconocer. La espiga está formada por 60 pequeñas flores tubulares rosas y verdes en lo alto de un tallo floral tieso. Las hojas de 30 cm tienen forma de cinta y los bordes son ondulados. Plante el bulbo en otoño y riéguela con moderación hasta que aparezcan las hojas. La floración se produce en primavera y las cabezuelas duran un mes aproximadamente. Hay especies que requieren un período de adaptación. **V. capensis** tiene la hoja caduca y debería mantenerse seca durante el otoño; en cambio, **V. bracteatus**, de hoja perenne, debería mantenerse húmeda. Trasplántelas cada 2-3 años.

Veltheimia capensis

ZANTEDESCHIA   Cala, lirio de agua; c: lliri d'aigua

Temperatura mínima: 12-13 °C durante la estación de crecimiento

Es una de las bellezas del mundo de las plantas de invernadero y aparece en los catálogos como **Z. aethiopica**. Posee flores blancas de 15-23 cm en forma de trompeta que crecen en primavera en lo alto de tallos de 90 cm; las hojas tienen forma de saeta. Otras especies incluyen **Z. rehmannii** (rosa) y **Z. elliottiana** (amarilla). Plante el rizoma en otoño, riéguelo moderadamente al principio, y cuando empiece el crecimiento, hágalo abundantemente; reduzca el riego después de la floración. Volverán a crecer en otoño tras un riego más libre.

Zantedeschia aethiopica

ZEPHYRANTHES

Temperatura mínima: 7 °C durante la estación de crecimiento

Se trata de una planta delicada y compacta: **Z. grandiflora** produce tallos florales de 15 cm a principios del verano, y las flores se parecen a las del azafrán. **Z. candida** es más pequeña y posee hojas perennes; en otoño produce pequeñas flores blancas, pero existen híbridos con flores de 10-12 cm de diámetro. Plante unos 6 bulbos en una maceta de 12 cm a principios de la primavera y deje de regar los tipos de hoja caduca cuando las hojas se vuelvan blancas. Estimule el crecimiento de nuevo en primavera humedeciendo el sustrato. Trasplántelas sólo cuando la maceta se quede pequeña.

Bulbosas resistentes de floración primaveral

CULTIVO DE JACINTOS, NARCISOS Y TULIPANES

- **Plantación:** elija bulbos que tengan un buen tamaño, que no estén enfermos y que sean firmes. Para que florezcan en invierno son mejores los bulbos «preparados», que se han de plantar a finales de verano. A veces se usa fibra para bulbos como medio de crecimiento, pero si intenta guardar los bulbos para usarlos en el jardín después de la floración, elija semillas y sustrato para esquejes. Ponga una capa de sustrato húmedo en el fondo de la maceta y coloque los bulbos en él. Deben estar cerca los unos de los otros pero no deben tocarse ni tocar la maceta. Nunca introduzca con presión los bulbos en el sustrato. Acabe de llenar la maceta con más sustrato de este tipo, presionándolo con firmeza pero no demasiado fuerte alrededor de los bulbos. Cuando acabe, las puntas deben estar por encima de la superficie y debería haber 1 cm más o menos entre donde acaba el sustrato y el borde de la maceta.

- **Cuidados después de la plantación:** los bulbos necesitan un período de absoluta oscuridad con una temperatura de unos 4 °C. El mejor lugar es en el jardín, con la maceta cubierta con unos 10 cm de turba. Si esto no resulta, colóquela en una bolsa negra de polietileno y déjela en un cobertizo, bodega o garaje. En este estadio, una temperatura demasiado elevada puede ser perjudicial. El período de oscuridad dura entre 6 y 10 semanas. Compruebe de vez en cuando si el sustrato aún está húmedo.

- **Cuidados durante el crecimiento:** cuando los brotes tengan unos 3 o 5 cm coloque la maceta en un punto sombreado del invernadero (bajo las bancadas es ideal). Empiece a preparar los bulbos a finales de otoño para que florezcan a principios de invierno. Las temperaturas deberían ser frías pero sin heladas. Después de 7 días cambie la maceta a una parte de la casa más luminosa y después a una más soleada. Las hojas se desarrollarán ahora y en pocas semanas aparecerán los capullos. Éste es el momento en que debe cambiar la maceta y ponerla en el lugar que haya elegido para que florezca. Mantenga siempre húmedo el sustrato y utilice algún tipo de soporte para las plantas con flores altas. Aliméntelas con algún fertilizante líquido.

- **Cuidados después de la floración:** corte las flores, no los tallos de las flores. Continúe regándolas y alimentándolas hasta que las hojas se hayan marchitado, extraiga los bulbos y deje que se sequen; a continuación, retire el follaje seco y guárdelo en un lugar seco y fresco. Estos bulbos no volverán a florecer en el interior, pero puede plantarlos en el jardín en otoño.

Hyacinthus orientalis

Tulipa greigii

HYACINTHUS   Jacinto; c: jacint; E: hyazintho, moredina; G: xacinto

El jacinto común (*H. orientalis*) es una planta de interior muy valorada ya que su fragancia llena cualquier espacio y los tallos florales sin hojas coronados con flores de aspecto ceroso son muy llamativos. Hay muchas variedades en una gran gama de colores. Los detalles básicos son 18-30 cm de altura, flores de 2,5-5 cm de longitud, período de plantación a principios de otoño y época de floración de principios a finales de primavera. *H. orientalis albulus* tiene algunas diferencias: las flores son más pequeñas y menos compactas y cada bulbo produce 2 o 4 tallos; sólo está disponible en blanco, rosa y azul; plántelo a finales de verano para que florezcan a principios de invierno.

NARCISSUS   Narciso; c: narcís

Las flores están formadas por 6 pétalos y una trompeta (corona). Los cuatro grupos descritos a continuación son los que se consideran normalmente más fiables. Hay dos tipos de *N. hybrida*, uno de ellos con las características siguientes: 30-50 cm de altura y trompeta más larga que los pétalos. En cambio, el otro tipo mide 30-60 cm y la trompeta es más corta que los pétalos (dispone de variedades dobles). *N. cyclamineus* posee 15-30 cm de altura, flores péndulas con largas trompetas y pétalos fuertemente reflejos. Por su parte, *N. tazetta* posee 15-45 cm de altura, varias flores por tallo y una copa central corta rodeada de pétalos más largos. Plante los narcisos de mediados de verano a principios de otoño para que florezcan de principios de invierno a mediados de primavera. Las variedades de *N. tazetta* producen ramilletes de flores en cada tallo en invierno.

TULIPA   Tulipán; c: tulipa; E: tulipa; G: tulipa

Los tulipanes son una parte indispensable del jardín en primavera, pero a veces son algo decepcionantes en el invernáculo. Requieren temperaturas frescas y es necesario elegir el tipo adecuado. Hay varios tipos recomendables. Las mejores variedades son las clasificadas como «tempranas». *T. hybrida* simple y doble posee 23-40 cm de altura. *T. kaufmanniana*: 15-25 cm de altura y flores aplanadas. *T. greigii*: 20-30 cm de altura y hojas con vetas o manchas marrones. *T. hybrida* Darwin: 60-75 cm de altura, con flores muy grandes en primavera; precisa tutores. *T. hybrida* «flor de lirio»: 50-60 cm de altura, con pétalos acuminados y reflejos. Plante los bulbos de tulipanes a principios de otoño para que florezcan de principios de invierno a mediados de primavera.

CULTIVO DE BULBOSAS ENANAS

- **Plantación:** es esencial elegir un recipiente con unos agujeros adecuados para el drenaje. Ponga guijarros en el fondo y luego una capa de semillas y sustrato de esquejes. Plante los bulbos unos cerca de los otros y añada más sustrato. Las puntas de los bulbos han de estar totalmente cubiertas.

- **Cuidados después de la plantación:** sitúe la maceta en el jardín.

- **Cuidados durante el crecimiento:** proteja los brotes de las babosas y los ratones. Cuando las plantas hayan crecido por completo y aparezcan los capullos, ponga la maceta en el lugar que haya elegido para que florezca. Mantenga siempre húmedo el sustrato. La temperatura máxima durante el período de floración debería estar entre los 15 y los 18 °C.

- **Cuidados después de la floración:** trátelas como los jacintos, narcisos y tulipanes (*véase* pág. 54).

CHIONODOXA   Gloria de las nieves
La especie más popular es *C. luciliae*: produce unas 10 flores en forma de estrella de color azul pálido y con un centro prominente blanco en cada tallo floral. Las variedades incluyen «**Alba**» (blanca) y «**Pink Giant**» (rosa). *C. sardensis* tiene flores totalmente azules, y las más grandes (casi 4 cm de diámetro) son las de *C. gigantea*. Plante los bulbos a principios de otoño para que florezcan en pleno invierno.

Chionodoxa gigantea

CROCUS   Azafrán; c: safrà; e: azafran; g: azafrán
Plante los bulbos a principios de otoño. Las variedades de *C. chrysanthus* («**Cream Beauty**», «**Goldilocks**», etc.) producen flores de 8-10 cm en invierno y su color habitual es el amarillo. Algunas variedades pueden «forzarse» de la misma manera que los jacintos, etc. (*véase* pág. 54). Las variedades de *C. vernus* poseen flores más grandes, florecen un poco más tarde y normalmente son blancas, azules o púrpuras. Las más populares son «**Joan of Arc**» y «**Vanguard**».

ERANTHIS
Si desea algo diferente, plante los tubérculos de *Eranthis* en macetas o tiestos a principios de otoño. En invierno aparecerán los tallos florales de 7,5 cm, cada uno coronado con una flor amarilla brillante rodeada por una bráctea con volantes. Las especies habituales son *E. hyemalis*, con flores de 2,5 cm. Para flores más grandes, cultive *E. tubergenii*.

GALANTHUS   Campanilla
Las campanillas no son más grandes ni más coloridas, pero son un apreciado indicador de que el nuevo año floral ha empezado. Plante los bulbos a principios de otoño. Las especies más comunes son *G. nivalis*, de 10-15 cm de altura con flores que cuelgan de 2,5 cm. Para flores más llamativas y tallos de 2,5 cm, elija *G. elwesii*.

Eranthis hyemalis

IRIS   Lirio; c: lliri; e: ostargi-belar; g: lirio
Los lirios de bulbos enanos producen flores de 8 cm de ancho en tallos florales de 10-15 cm en pleno invierno si se han plantado a principios de otoño. Elija entre *I. histrioides* «**Major**» (azul oscuro, con centros blancos y amarillos), *I. reticulata* (púrpura, con centros amarillos y con fragancia) o *I. danfordiae* (amarilla y con fragancia). Para que florezcan más pronto, cultive *I. histrioides* «**Major**».

MUSCARI   Jacinto racemoso, nazareno; c: calabruixa
Esta planta no tiene nada de particular, aparte de montones de minúsculas flores en forma de campana agrupadas en ramilletes que coronan cada espiga. La elección más habitual es *M. armeniacum* (23 cm, flores azules con el borde blanco), pero si desea flores de color azul cielo, cultive *M. botryoides*. *M. comosus* «**Plumosum**» tiene flores con aspecto de plumas. Plante los bulbos en otoño para que florezcan en invierno.

SCILLA   Escila
La popular *S. siberica* (tallo de 15 cm, flores de menos de 2 cm que cuelgan) puede cultivarse bajo cristal: dispone de variedades en azul brillante, azul cielo y blanco. Otras escilas adecuadas son *S. tubergeniana*, *S. adlamii* y *S. violacea*, enanas y con una floración temprana. Plante los bulbos a principios de otoño para obtener flores en invierno.

Iris histrioides 'Major'

Plantas ornamentales: alpinas

Puede parecer extraño que las plantas alpinas, procedentes de altas montañas, puedan necesitar el ambiente controlado de un invernadero. El motivo es sencillo: algunas de las variedades más delicadas pueden sobrevivir bastante bien en invierno bajo un manto de nieve lejos de los vientos helados, la lluvia y las heladas, pero, en nuestro clima «más agradable», sus raíces se pudren fácilmente. El invernadero tiene algunos beneficios añadidos: el follaje y las flores están protegidos de los vientos de primavera y de las lluvias, y las plantas crecen más cerca del nivel de visión.

Una construcción hecha a medida para las plantas alpinas resulta muy cara; lo que se hace normalmente es comprar un invernadero de pequeño tamaño y poner mayor ventilación en el techo y en los lados. Una buena ventilación es vital: puertas y ventanas deben dejarse abiertas la mayor parte del año. Llene las macetas con J.I. n.° 1 o un sustrato de turba con algo de arenilla (cubra la superficie con guijarros, arenilla o arena gruesa). Riéguelas con abundante agua durante la estación de crecimiento pero muy poco en invierno.

Las raíces son poco profundas, así que se suelen utilizar bandejas y macetas de tamaño medio, las cuales deben sumergirse en arena gruesa o arenilla (esto ayudará a mantener el sustrato húmedo y a una temperatura estable). Tape el vidrio cuando la temperatura del aire llegue a los 32 °C. Las macetas pueden llevarse al exterior durante los meses de verano.

La ventilación extra necesaria en una construcción para plantas alpinas la hace poco adecuada para la mayoría de tipos de plantas de invernadero, pero muchos pequeños bulbos, árboles bonsais y coníferas enanas pueden cultivarse si se desea añadir alguna otra variedad a su invernadero. También pueden cultivarse plantas resistentes procedentes de rocalla y plantas alpestres, pero es mucho más habitual basar la colección alpina en especies más delicadas que requieran protección. Algunas de ellas se detallan a continuación.

Androsace hirtella.

Campanula raineri

ANDROSACE   Androsace

Los especialistas catalogan muchas variedades de androsace, pero muy pocas pueden cultivarse en el exterior. Las alpinas de invernadero tienen minúsculas flores sobre tallos florales de 2,5-10 cm sobre cojines o matas de pequeñas hojas. Entre ellos cabe destacar *A. ciliata* (con flores rosas a principios del verano), *A. cylindrica* (con flores blancas en primavera), *A. hirtella* (con flores blancas en primavera) y *A. vandellii* (con flores blancas en primavera y hojas plateadas).

CAMPANULA   Campanilla; c: campaneta; e: ezkila-lore

Una planta de rocalla muy valorada que da campanas o estrellas blancas o azules en verano. Algunas son fáciles de cultivar en el jardín, pero hay tipos enanos delicados que precisan la protección de un invernadero. *C. lasiocarpa* (7,5 cm) produce campanas azules solitarias en verano; *C. piperi* (7,5 cm) es una planta más vistosa y posee grandes pétalos azules y anteras rojas. *C. raineri* (7,5 cm) posee grandes y planas flores azules. Si desea algo diferente, elija *C. vidalii* (2,3 cm), que posee flores blancas con marcas naranjas.

DRABA   Draba

No miden más de 5 cm de altura, y sus montones de minúsculas hojas contienen ramilletes de flores blancas y amarillas sobre tallos como hilos que florecen en primavera. *D. bryoides* produce cojines densos de pequeñas hojas y masas de flores amarillas. Si desea una especie que se extienda más, cultive *D. mollissima*, que forma grandes rosetas y flores de un amarillo brillante. Para su propagación siembre las semillas bajo el cristal.

ctos

...illante tal vez ...esta atractiva ...á ni la tempe- ...referidas para ...tre las gencia- ...verano, 5 cm), ...*arica* (azul bri-

...son rosas, ana- ...o de los híbridos ...e floración de me- ...flores naranjas de ...mbre las semillas

..., parecidos a los no- ...e para cultivarse en ...ada que necesita las ...o sobre el cual nacen

...anas como para culti- ...en una roseta basal de ...o pendientes. Los tipos ...rosas o rojas, sin tallo, ...ncipios de la primavera, ...a primavera. Algunas pri- ...ro para protegerse de las ...a es *P. edgeworthii*.

Primula allionii

...: ranuncle

...rse en un jardín de rocalla. ...as de crecimiento incontro- ...cción de un invernadero de ...as que aparecen a mediados ...en verano, 2,5 cm) necesita ...nte el invierno. *R. calandri-*

Ranunculus asiaticus

...o de cacto más fácil ...en un pedestal o en ...metro que cuelgan ...flores tubulares de ...*allisonii* (*Heliapo-* ...flores como las es-

...he ninguna de las dificultades ...roceden de los Alpes europeos. ...*baurii*: 5 cm de alto, 7,5 de an- ...nales de verano. Se encuentran ...a. Las raíces en forma de bulbo ...illetes en otoño.

Saxifraga 'Cranbourne'

...al durante más de ...los 15 m pero que ...unas 30 costillas ...e lo cubren total- ...s flores rosas de

...antapiedras

...las rocallas. Existen diversos gru- ...tidades de pequeñas rosetas de ho- ...je puede ser plateado, gris o verde ...a principios de primavera. Algunos ...a (blanca), *S.* «**Cranbourne**» (rosa) y

...el tiempo su tallo ...as marrones. En ...pecies maduras: ...bastante pareci- ...a noche y duran ...a de una verda-

...danella

...de las lluvias invernales. En primave- ...estoneadas caen graciosamente de los ...avanda, pero hay disponibles otras to- ...a del género; también destaca *S. mon-* ...Se multiplican por división en verano.

Soldanella montana

Plantas ornamentales: ca

Los cactos son una amplia familia de suculentas con una gran variedad de tamaños, formas y tipos de flores, pero todas ellas poseen una serie de características comunes. Prácticamente todas ellas carecen de hojas y sus tallos están cubiertos de pelusa o espinas.

Hay dos motivos por los cuales hay quien decide dedicar todo el invernadero a una colección de cactos y otras plantas suculentas. En primer lugar, hay una fascinación por las flores de extrañas formas y colorido: algunas especies de cactos pueden tardar mucho tiempo en llegar al estado de floración, pero con un tratamiento adecuado florecerán año tras año. La segunda razón para elegir los cactos es una puramente práctica: no requieren el mismo grado de atención que otras plantas ornamentales, no hay necesidad de crear una atmósfera húmeda y necesitan poco o nada de riego entre mediados de otoño y principios de primavera. Todo lo que necesitan es una gran cantidad de luz, condiciones sin heladas, un sustrato de arenilla/grava y ventilación cuando la temperatura llega a los 21 °C. Pueden tolerar una falta de atención, por lo que no tiene que preocuparse si se ausenta durante unos días, pero para que se desarrollen adecuadamente y florezcan de manera regular las debe tratar de manera adecuada. Esto significa que necesitan que las riegue abundantemente en verano cada vez que compruebe que el sustrato empieza a secarse.

Los consejos señalados antes deben aplicarse a los cactos del desierto, que incluyen prácticamente todas las especies de esta familia. Los de bosque, de selva o de orquídea (*Epiphyllum*, *Zygocactus* y *Rhipsalidopsis*) crecen en los árboles de su hábitat natural, en las selvas tropicales de América. Tienen sus necesidades particulares y en cierta manera son algo exigentes (*véanse* págs. 108-109 de *Plantas de interior*).

Aporocactus flagelliformis

Cereus peruvianus

APOROCACTUS

La especie más popular es **A. *flagelliformis***, valorada por ser el ti[...] de cultivar y de hacer florecer. Se trata de una planta para colocar [...] un recipiente colgante: posee tallos cilíndricos de 1,5 cm de diá[...] y que crecen varios centímetros cada año. En primavera aparecen [...] 7,5 cm de largo, que se abren de día y se cierran por la noche. **A. m[...] *rus smithii*) es parecida, pero los tallos son más gruesos y tanto la[...] pinas son más grandes.

CEPHALOCEREUS

Este género se ha cultivado en Gran Bretaña como planta ornamen[...] cien años. Produce un tallo columnar que en estado silvestre alcanz[...] en el invernáculo sólo llega a los 30-45 cm. **C. senilis** está provisto d[...] y de finas espinas. Suele cultivarse por los largos pelos plateados q[...] mente. **C. chrysacanthus** posee prominentes espinas doradas. L[...] *Cephalocereus* raramente aparecen en las plantas de invernáculo.

CEREUS

El cacto columnar **C. peruvianus** siempre ha sido muy popular. Con [...] llega a alcanzar los 60-90 cm y sus destacadas costillas poseen espi[...] verano aparecen flores de 15 cm en forma de largos embudos, en las e[...] son ligeramente aromáticas y se abren por la noche. **C. jamacaru** es [...] da, pero las espinas son amarillas y blancas, las flores se abren por [...] más. **C. peruvianus «Monstrosus»** tiene un crecimiento lento, y se tra[...] dera rareza con las ramas de formas distorsionadas.

ECHINOCACTUS   Cacto barril

Formado por una bola redondeada y estriada con espinas afiladas, es de crecimiento lento, puede tardar diez años en alcanzar un diámetro de 23 cm. **E. grusonii** tiene espinas amarillas y puede formar un globo de 90 cm. Tarda quince años en alcanzar la fase de floración, así que es raro ver bajo en cristal sus flores amarillas. Si desea un espécimen más grande, cultive **E. ingens**.

ECHINOPSIS

Puede elegir entre una especie de porte esférico o columnar de este género de crecimiento rápido con costillas prominentes y espinas afiladas. No tiene nada de especial, excepto las flores de 10-15 cm que crecen en lo alto de largos tallos y se abren de noche, las cuales aparecen en verano. **E. eyriesii** tiene forma esférica y flores blancas y perfumadas con pequeñas espinas marrones. **E. rhodotricha** es ovalada y posee espinas de 2,5 cm y flores aromáticas. **E. aurea** produce flores amarillas. **Echinopsis** es una planta semirresistente que puede cultivarse en un invernáculo frío.

Lobivia hertrichiana

LOBIVIA

Normalmente se describe como el cacto del principiante: es fácil de cuidar, se mantiene compacto (7,5-15 cm de altura) y produce fácilmente flores blancas, rojas, rosas, amarillas o naranjas desde finales de la primavera a principios del otoño. Cada flor dura sólo un día. Hay disponibles diversas especies. La ovalada **L. famatimensis** está cubierta de espinas amarillas y produce grandes flores doradas; tanto **L. aurea** como **L. hertrichiana** tienen forma esférica.

MAMMILLARIA   Mamilaria

Cualquier colección importante de cactos contendrá diversas especies de este género. Algunas son sencillas de cultivar, pero otras pueden ser todo un reto para los expertos. El modelo estándar tiene un porte esférico cubierto de tubérculos llenos de espinas en vez de costillas y con un anillo de flores de primavera o verano cerca de la parte más alta. Estas flores suelen producir frutos. Una de las especies preferidas es **M. bocasana**, con pelos sedosos, espinas ganchudas y flores blancas. También destacan **M. rhodantha** (con flores magenta), **M. zeilmanniana** (púrpura) y **M. hahniana** (rosa).

Mammillaria hahniana

OPUNTIA   Chumbera

Las especies cultivadas como plantas de interior normalmente están formadas por tallos aplanados que poseen flores amarillas por todo el borde que dan paso a frutos comestibles, pero no espere cosechar higos chumbos en su invernadero o invernáculo. El más popular es **O. microdasys**, con pelos dorados de 30 cm y flores amarillas. La variedad «**Albinospina**» tiene pelos blancos. **O. bergeriana** es la especie que florece de forma más libre. **O. cylindrica** es una planta en forma de columnas que no se parece nada a la típica chumbera.

OREOCEREUS

Encontrará las especies conocidas bajo el nombre de **O. celsianus**, **Borzicactus celsianus** o **Pilocereus celsianus**. El tallo columnar alcanzará los 90 cm con el tiempo y las ramificaciones crecen desde la base. Posee prominentes espinas amarillas que se vuelven rojas con la edad, y su característica clave es que está cubierto de largos pelos blancos. En verano aparecen flores rojas de 7,5 cm de ancho. **O. trollii** es una especie más pequeña y menos habitual.

Opuntia microdasys 'Albinospina'

PARODIA   Parodia

Al igual que las mamilarias, las parodias son pequeños cactos de porte redondeado, con tubérculos en lugar de costillas que florecen desde temprana edad. Las espinas suelen tener colores atractivos. El que produce las flores rojas es **P. sanguiniflora**, y los tipos amarillos son **P. aureispina**, con espinas en forma de gancho, y **P. chrysacanthion**, con espinas como cerdas.

REBUTIA   Rebutia

Es otro de los cactos más conocidos, ya que resulta fácil de cultivar y empieza a florecer cuando sólo tiene un año. Se puede confundir con la mamilaria, pues el tallo esférico está cubierto de tubérculos. Pero tienen una diferencia básica: las largas flores en forma de trompeta nacen cerca de la base y no en un anillo alrededor de la corona. **R. minuscula** produce flores naranja o rosa a principios del verano. La forma enana es **R. pygmaea** (de menos de 2,5 cm de altura) y la mayor **R. senilis** (10 cm de altura).

Parodia aureispina

Plantas ornamentales: helechos

Ha habido un renovado interés por los helechos como uno de los tipos que se pueden encontrar en los centros de jardinería, encabezados por las variedades de *Nephrolepis*, que se han convertido en una planta de interior muy común. Este aumento del interés, sin embargo, no puede ni compararse con la gran popularidad de que disfrutó este tipo de plantas sin flores en la época victoriana: las había en grandes cantidades y variedad en todos los invernáculos. Hoy en día utilizamos normalmente unos cuantos helechos como plantas de fondo entre las que producen flores, aunque los grandes especímenes se exponen por ellos mismos en macetas o cestas colgantes.

Para el gran entusiasta de los helechos es una buena idea tener un invernadero dedicado exclusivamente a este gran grupo, si el dinero y el espacio lo permiten: un nivel alto de humedad, protección de la luz solar directa y un sustrato que se mantenga húmedo siempre durante la estación de crecimiento. Uno orientado al este o al norte es lo ideal.

La temperatura requerida depende de las especies que elija cultivar. Algunas crecerán con fuerza en un invernáculo frío mientras otras necesitarán unas condiciones casi tropicales. Un invernáculo frío con una temperatura de entre 10 y 26 °C es satisfactorio para la mayoría de los tipos más populares. Una alta humedad del aire resulta vital para la mayoría de los helechos, por lo que es necesario regar el suelo de la casa cada día durante la época más cálida si desea cultivar tipos tropicales y con hojas vaporosas.

Trasplántelas en primavera, cuando las raíces llenan la maceta (los especímenes jóvenes probablemente requerirán un trasplante anual), y no entierre la corona de la planta. Los tipos con rizoma pueden propagarse dividiendo éste en 2 o 3 trozos en la época de trasplante. Los proveedores especializados ofrecen esporas de diferentes helechos (los que describimos a continuación son algunos de los más populares).

Adiantum raddianum

ADIANTUM   Culantrillo
Temperatura mínima: 7 °C

El culantrillo posee frondes vaporosos en fuertes ramas. Son tan delicados como parecen: requieren constantemente aire húmedo y temperatura cálida cuando están creciendo. **A. raddianum** es uno de los tipos más robustos: crece alrededor de 30 cm, tiene ramas negras y frondes en forma de abanico. La variedad «**Fragrantissimum**» tiene los frondes más grandes. **A. capillus-veneris** es la especie silvestre.

ASPLENIUM   Lengua de ciervo; c: llengua de cèrvol vera; e: grein-mihia; g: cervoa
Temperatura mínima: 12-13 °C

Existen dos tipos básicos que no se parecen en nada. **A. nidus** produce frondes de forma lanceolada que rodean el «nido» fibroso que tiene en el centro. El otro tipo es **A. bulbiferum**, que tiene frondes muy ligeros con numerosos minúsculos bulbillos cuando madura. Todos necesitan sombra y una atmósfera húmeda.

BLECHNUM
Temperatura mínima: 7 °C

La especie más popular es **B. gibbum**, un gran helecho coronado por frondes rígidas parecidas a las de las palmas. Con la edad se forma un tronco corto, por lo que esta planta precisa espacio: un espécimen maduro tendrá una altura de 90 cm y 90-150 cm de ancho. **B. brasiliense** tiene frondes incluso más grandes, y alcanza los 90-120 cm; además necesita un invernadero templado o cálido si desea que florezca.

Asplenium nidus

DAVALLIA   Davallia
Temperatura mínima: 7 °C

Helecho que consiste en un rizoma rastrero peludo que crece en la superficie del suelo y hacia abajo en la maceta. Los frondes están llenos de ramas resistentes y están formados por minúsculas hojas. La especie más popular es **D. canariensis**, que tiene un follaje parecido al de las zanahorias: obtendrá mejor resultado con este helecho que con otros en una atmósfera bastante seca.

DICKSONIA   Dicksonia
Temperatura mínima: 1-2 °C

Es el tipo de helecho que más se encuentra a nuestro alcance. **D. antarctica** crecerá al aire libre en zonas suaves: en un invernáculo grande el tronco puede poco a poco alcanzar los 3 m o más, con frondes lanceolados de 1,50 a 1,80 m. No es fácil cultivar esta planta: el grueso tronco tiene que ser rociado con agua al menos una vez al día. El tronco de **D. fibrosa** está cubierto de raíces fibrosas de color amarillo.

NEPHROLEPIS
Temperatura mínima: 7 °C

En la época victoriana los helechos con hojas rígidas como **N. exaltata** y **N. cordifolia** eran los más populares. Hoy en día han sido reemplazados por una mutación con frondes con un gracioso porte arqueado: **N. exaltata «Bostoniensis»**. Los hay de diferentes tipos, como **«Fluffy Ruffles»**, con folíolos resistentes, y **«Whitmanii»**, con folíolos como de encaje. Todos son sencillos de cultivar y producen unas excelentes plantas para colgar en cestas.

Nephrolepis exaltata 'Bostoniensis'

PELLAEA
Temperatura mínima: 7 °C

P. rotundifolia tiene un rizoma rastrero que produce frondes arqueados de 30 cm de largo: estos frondes están formados por folíolos redondeados y resistentes. Este helecho puede utilizarse como tapiz o en cestas colgantes. Tolerará el aire seco mucho mejor que otros helechos.

Pellaea rotundifolia

PLATYCERIUM   Cuerno de ciervo
Temperatura mínima: 7 °C

El cuerno de ciervo (**P. bifurcatum**) posee grandes y espectaculares frondes: los estériles son planos y bien sujetos y los fértiles miden 90 cm de largo, tienen forma de asta y contienen las esporas. Cultívelos en una maceta sombreada o envuelva las raíces con musgo esfagno y sujételo a un trozo de tronco o de corcho alambrado recubierto de plástico. Una vez a la semana sumerja la planta y la placa en agua durante unos minutos.

POLYPODIUM   Polipodio
Temperatura mínima: 12-13 °C

El polipodio tiene un grueso rizoma rastrero parecido al de *Davallia*, y también crece en aire seco. Sin embargo, es una planta mucho más grande: **P. aureum** (**Phlebodium aureum**) posee frondes claramente divididos que miden 60 cm de largo. La mejor variedad es **«Mandaianum»**, que tiene los folíolos de color verde azulado. Una nueva manera de cultivar esta planta es poniéndola en un trozo de tronco que se mantenga húmedo.

Platycerium bifurcatum

POLYSTICHUM   Píjaro; c: polístic setífer; e: garra
Temperatura mínima: 7 °C

Género con diversas especies que se parecen poco unas a otras. La más popular es **P. (Cyrtomium) falcatum «Rochfordianum»**, que posee frondes formados por brillantes folíolos parecidos a los del acebo. A esta planta no le molesta el aire seco, al igual que a **P. tsus-simense**, con frondes arqueados. **P. auriculatum** necesita una atmósfera húmeda y posee frondes tiesos parecidos a la espina de un pescado.

PTERIS
Temperatura mínima: 7 °C

Hay muchos tipos de *Pteris* sencillos de cultivar y que producen hermosos frondes de muchas formas y tamaños distintos. Los tipos más populares son las variedades de **P. cretica**, que están disponibles en un gran surtido de colores y formas. **P. ensiformis «Victoriae»** (con una banda plateada en el centro del nervio de las hojas) es la más atractiva.

Pteris ensiformis 'Victoriae'

Plantas de arriate

Una planta de arriate es una anual o, en ocasiones, una bienal o vivaz que se cultiva bajo cristal o en un semillero al aire libre y después se planta en el jardín para crear un grupo de plantas que ofrezcan un colorido temporal. Hasta hace poco, la mayor parte de las plantas de este tipo se plantaban en arriates (muchas de un solo tipo como plantas de base, o bien plantas altas individuales, en el caso de variedades con hojas o flores espectaculares). Actualmente, sin embargo, alrededor del 60 % de las plantas de arriate se utilizan en macetas y cestas colgantes en lugar de los arriates tradicionales.

La mayoría de las personas adquieren las plantas de arriate estivales en forma de plantes o esquejes con raíz en recipientes de plástico muy fino, o bien en bandejas blancas porosas. Los antiguos recipientes de madera forman parte del pasado. Si dispone de un invernadero fresco, le resultará sencillo conseguir sus propios plantes. Las begonias crecen a partir de tubérculos; los geranios, fucsias, dalias, heliotropos y cañacoros se desarrollan a partir de esquejes. Y el resto de las plantas se reproducen a partir de semillas.

Obtener las plantas por uno mismo ofrece diversas ventajas. Puede elegir de entre una enorme selección de variedades en lugar de limitarse a la gama de plantas que se encuentran a la venta como plantes en primavera. Por otro lado, el ahorro puede ser considerable si ha de plantar una zona muy grande, y además podrá asegurarse de que las plantas se encuentren en las mejores condiciones cuando llegue el momento de trasplantarlas.

Existe un problema, y es que la germinación suele requerir una temperatura más alta de la que se necesita para el cultivo de plantes, lo que significa que las semillas exigen calor adicional (puede calentar parte del invernadero a 18,5 °C o instalar un propagador con sistema de calor). Siembre entre principios de invierno y mediados de primavera. Las plantas más resistentes y las de crecimiento más lento son las que se siembran primero. Siga las instrucciones de la página 89 y aclimate durante dos o tres semanas las variedades semirresistentes antes de plantarlas a mediados o finales de primavera.

En los casos en los que este procedimiento no sea posible, en la actualidad existen excelentes soluciones intermedias entre sembrar y comprar plantas caras en recipientes ya listas para colocar en arriates. Puede adquirir plantes muy pequeños y mantenerlos en un invernadero fresco hasta que llegue el momento de trasplantarlos.

Comprar y plantar en este tipo de recipiente constituye un útil modo de cultivar muchas plantas de arriate sin tener que utilizar un propagador.

Plantas de arriate estivales

Nombre científico	Nombre común	Espaciado	Altura	Época de floración	Colores disponibles							
AGERATUM		15-23 cm	15-46 cm	Principios de verano-mediados de otoño								
ALYSSUM	Mastuerzo	23 cm	76 mm-15 cm	Finales de primavera-principios de otoño								
AMARANTHUS	Amaranto	23-76 cm	30,5-122 cm	Finales de primavera-mediados de otoño								
ANTIRRHINUM	Boca de dragón	15-46 cm	10-91,5 cm	Finales de primavera-mediados de otoño								
BEGONIA	Begonia tuberosa	23-30,5 cm	23-46 cm	Finales de primavera-principios de otoño								
BEGONIA	Begonia	15-30,5 cm	10-30,5 cm	Finales de primavera-mediados de otoño								
CALCEOLARIA	Calceolaria	23 cm	20-38 cm	Finales de primavera-mediados de otoño								
CALENDULA	Caléndula	23-30,5 cm	23-61 cm	Mediados de primavera-finales de verano								
CALLISTEPHUS	Coronado	23-46 cm	15-91,5 cm	Mediados de verano-mediados de otoño								
CAMPANULA	Campanilla	15-30,5 cm	46-76 cm	Mediados de primavera-mediados de otoño								
CANNA	Cañacoro	Planta individual	61-122 cm	Mediados de verano-mediados de otoño								
CELOSIA	Celosía	23-46 cm	23-76 cm	Principios de verano-principios de otoño								

Nombre científico	Nombre común	Espaciado	Altura	Época de floración	Colores disponibles
CENTAUREA	Aciano	23-30,5 cm	30,5-91,5 cm	Finales de primavera-principios de otoño	
CHRYSANTHEMUM	Crisantemo o margarita	23-61 cm	23-91,5 cm	Finales de primavera-mediados de otoño	
COSMOS	Cosmos	30,5-46 cm	30,5-91,5 cm	Principios de verano-mediados de otoño	
CUPHEA	Cufea	30,5 cm	30,5 cm	Mediados de verano-principios de otoño	
DAHLIA	Dalia	30,5 cm	30,5-61 cm	Principios de verano-mediados de otoño	
DIANTHUS	Clavel anual	23-30,5 cm	23-61 cm	Principios de verano-mediados de otoño	
DIANTHUS	Clavel indio	15-23 cm	15-30,5 cm	Finales de primavera-mediados de otoño	
DIANTHUS	Minutisa	23-30,5 cm	15 cm-61 cm	Mediados de primavera-principios de verano	
FUCHSIA	Fucsia	46 cm	30,5-61 cm	Principios de verano-mediados de otoño	
GODETIA	Godetia	23-30,5 cm	23-61 cm	Principios de verano-finales de verano	
HELIOTROPIUM	Heliotropo	30,5 cm	30,5-46 cm	Mediados de verano-principios de otoño	
IBERIS	Carraspique	23 cm	15-46 cm	Mediados de primavera-finales de otoño	
IMPATIENS	Miramelindo	15-23 cm	15-46 cm	Finales de primavera-mediados de otoño	
LATHYRUS	Guisante de olor	15-30,5 cm	15-244 cm	Finales de primavera-finales de verano	
LOBELIA	Lobelia	15 cm	10,2-15 cm	Finales de primavera-mediados de otoño	
MATTHIOLA	Alhelí	23-30,5 cm	30,5-76 cm	Finales de primavera-mediados de verano	
MIMULUS	Mímulo	23 cm	15-30,5 cm	Finales de primavera-mediados de otoño	
NEMESIA	Nemesia	15 cm	23-30,5 cm	Finales de primavera-principios de otoño	
NICOTIANA	Tabaco de flor	23-46 cm	23-91,5 cm	Finales de primavera-mediados de otoño	
PELARGONIUM	Geranio de hojas de hiedra	23-30,5 cm	15-122 cm	Finales de primavera-mediados de otoño	
PELARGONIUM	Geranio zonal	23-30,5 cm	23-61 cm	Finales de primavera-mediados de otoño	
PENSTEMON	Penstemon	23-46 cm	30,5-76 cm	Mediados de verano-mediados de otoño	
PETUNIA	Petunia	23-30,5 cm	15-46 cm	Finales de primavera-mediados de otoño	
PHLOX	Flox	15-30,5 cm	10,2-46 cm	Finales de primavera-principios de otoño	
SALVIA	Salvia	23-46 cm	15-91,5 cm	Finales de primavera-mediados de otoño	
TAGETES	Damasquina	15-23 cm	23-30,5 cm	Finales de primavera-mediados de otoño	
TAGETES	Clavelón	30,5-46 cm	25,5-76 cm	Finales de primavera-mediados de otoño	
VERBENA	Verbena	30,5 cm	15-46 cm	Finales de primavera-mediados de otoño	
VIOLA	Pensamiento	15-30,5 cm	15-23 cm	Finales de primavera-mediados de otoño	
ZINNIA	Zinia	15-46 cm	15-76 cm	Mediados de verano-mediados de otoño	

Tomates

En la mayoría de los invernaderos encontrará tomates en el lado orientado al sur (en el hemisferio norte), durante los meses de verano. Resulta muy satisfactorio recolectar estos suculentos frutos entre verano y otoño, y el sabor resulta excelente si se escoge una buena variedad.

Todavía resulta un tanto sorprendente que sintamos una irrefrenable necesidad de cultivar tomates. Estas plantas necesitan cuidados constantes (en verano es preciso regar las plantas todos los días) y una amplia gama de plagas y enfermedades encuentra en el tomate un anfitrión ideal, por lo que el rociado con insecticidas también suele ser necesario. Además, hay que añadir el hecho de que hoy es posible adquirir variedades realmente sabrosas, como la Gardener's Delight, en muchas tiendas.

Tal vez la clave radique en la fascinación que produce observar cómo unos puntitos verdes se transforman en frutos de un rojo intenso, además de que el tomate es un producto casi omnipresente, tanto crudo como elaborado, en la mayoría de las casas.

Si nunca ha cultivado tomates, hay algunos datos que le conviene conocer. Las semillas necesitan una temperatura aproximada de 18 °C para germinar de forma satisfactoria, de modo que si no dispone de un propagador tendrá que comprar planteles. Éstos, tanto si son comprados como obtenidos en casa, deben trasplantarse en el momento preciso (lea el apartado de plantación con detenimiento). Los tomates requieren una cantidad de agua sorprendentemente elevada cuando se encuentran en plena producción de frutos (alrededor de cuatro litros al día), y la cosecha será de 3-4 kg por planta (más si tiene buena mano y elige la variedad adecuada, pero mucho menos si comete uno o más errores básicos).

Tipos de fruto

Variedades NORMALES (N)
Este grupo de tomates rojos para ensalada incluye las variedades de frutos de tamaño normal y otras que se cultivan por sus buenos resultados (Moneymaker), su sabor (Ailsa Craig) o la producción temprana (Harbinger).

Variedades HÍBRIDAS F₁ (F₁)
Este grupo incluye frutos similares en aspecto a los de las variedades normales, aunque estos cruces modernos presentan dos ventajas importantes: la cosecha suele ser más abundante y poseen un mayor grado de resistencia a las enfermedades.

Variedades BEEFSTEAK (B)
Este grupo produce los tomates más grandes y carnosos. Son excelentes para bocadillos, pero no para freír. Existen dos tipos que se cultivan bajo cristal: los auténticos híbridos «Beefsteak», como Dombito, y los híbridos gigantes como Big Boy. Detenga el crecimiento de las plantas cuando haya aparecido el cuarto racimo y proporcione soporte a los frutos si lo considera necesario.

Tipos de crecimiento

Variedades de CORDÓN (C)
Las variedades estándar para invernaderos son plantas de cordón (de un solo tallo) que requieren la sujeción a una caña, un alambre o una cuerda. Es preciso eliminar regularmente los brotes laterales, y la planta alcanzará 1,5 m o más si no se despunta el tallo principal. Por desgracia, la mayoría de los jardineros no se muestran demasiado osados: cada año plantan Alicante, Ailsa Craig o Moneymaker a pesar de que existe multitud de variedades entre las que escoger.

Variedades CHERRY (C)
El tomate Cherry es mucho más pequeño que el fruto de una variedad normal, aunque su sabor resulta excelente. Los largos racimos producen una cantidad considerable de frutos, aunque la cosecha total suele ser inferior a la que se obtiene con un tipo normal.

Variedades ARBUSTIVAS (A)
Cuando la altura suponga un problema, cultive tomateras arbustivas en lugar de las de cordón. La planta, de 30 a 90 cm de altura, necesita poco o ningún soporte, y tampoco requiere recortes de los brotes ni la detención del crecimiento, aunque éste resulta bastante desordenado. Ponga en el suelo rodeando a la planta un plástico negro para evitar que los frutos se pudran.

Variedades NOVELTY (No)
Existen frutos amarillos, rayados y con forma de pera. Algunos catálogos elogian las maravillas de los tomates amarillos, a pesar de lo cual siguen siendo frutos poco populares. Sin embargo, lo cierto es que los primeros tomates que llegaron a Europa desde América eran dorados, no rojos, pero eso fue hace mucho tiempo.

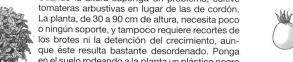

Variedades

	Tipo de crecimiento	Tipo de fruto
AILSA CRAIG En general se considera la variedad con mejor sabor del grupo de frutos normales. Planta muy prolífica que produce frutos de tamaño mediano y de color intenso. Se encuentra en la mayoría de los catálogos.	C	N
ALICANTE Tomatera prolífica y fiable. Muy popular durante años, en especial entre los principiantes. Es resistente al cuello verde y su sabor es bueno.	C	N
BIG BOY Uno de los tomates Beefsteak más antiguos, todavía disponible y capaz de producir frutos de más de 0,5 kg. Dombito constituye hoy la mejor elección.	C	B
BLIZZARD Variedad temprana cuya producción está muy por encima de la media. La temporada de cosecha es más larga y los frutos aguantan mucho tiempo, aunque no destacan por su sabor.	C	F_1
CHERRY WONDER Una nueva estrella entre las variedades Cherry. Se afirma que es incluso más sabrosa que la Gardener's Delight. Su producción es abundante, posee un color rojo intenso y es resistente al cuello verde.	C	C
DOMBITO Una de las mejores Beefsteak, esta variedad de cepa holandesa es de producción temprana y abundante, con frutos de unos 200 g. Buena resistencia a las enfermedades.	C	B
GARDENER'S DELIGHT El preferido entre los tomates Cherry. Los racimos son grandes y abundantes, y los frutos —de 25 mm de diámetro y un rojo profundo— poseen un sabor dulce e intenso. Obtendrá una cosecha de alrededor de 3 kg por planta.	C	C
GOLDEN BOY Variedad que pertenece al grupo de Beefsteak, aunque la piel es amarilla. Los frutos son grandes, en forma de globo, y la textura resulta carnosa. No es una planta muy extendida.	C	No
GOLDEN SUNRISE La opción más popular para el jardinero que desee cultivar tomates amarillos. Frutos medianos con un sabor característico. La producción no es muy abundante.	C	No
GRENADIER Tomatera muy prolífica que produce frutos bastante grandes. Éstos poseen buenas cualidades de conservación y no se ven afectados por el cuello verde. Las plantas son resistentes a la podredumbre.	C	F_1
HARBINGER La variedad normal más temprana de las que aquí se mencionan. Esta planta no presenta otras virtudes, aunque el sabor de los frutos es bueno. Hoy resulta más difícil de encontrar que otras.	C	N
IDA Variedad de producción temprana y abundante, muy recomendable para los ambientes fríos. De porte compacto, el fruto es mediano y la planta presenta una considerable resistencia a las enfermedades.	C	F_1

Ailsa Craig

Big Boy

Gardener's Delight

Golden Sunrise

Variedades *continuación*

Minibel

Moneymaker

Sweet 100

Tigerella

	Tipo de crecimiento	Tipo de fruto
MINIBEL La elección adecuada si el espacio disponible es muy limitado. Esta variedad arbustiva en miniatura se puede cultivar en una maceta de 15 cm y producirá frutos de un rojo profundo y diminuto tamaño.	A	N
MIRABELLE Uno de los equivalentes amarillos del Gardener's Delight. Los tomates, de tipo Cherry, son de un amarillo dorado, aparecen en racimos muy grandes y su sabor es dulce.	C	No
MONEYCROSS Si le gusta el Moneymaker, resulta recomendable probar un cambio con esta variedad. Es más temprana, más prolífica y resistente a la podredumbre gris.	C	N
MONEYMAKER Una de las variedades más populares para el aficionado. Es temprana, fiable y de cosechas razonablemente abundantes, aunque los frutos (de unos 50 mm) poseen un sabor poco destacable.	C	N
RED ALERT Variedad arbustiva de exterior que se puede cultivar en un invernadero fresco. Los frutos, de 25 mm, son de un rojo profundo y, según se afirma, saben mejor que otros tipos arbustivos.	A	N
SAN MARZANO El popular tomate «italiano», en ocasiones denominado Marzano Red Plum. Posee una característica forma de huevo y una pulpa firme. Se utiliza en sopas, *ketchup*, salsas para pasta, etc.	C	No
SHIRLEY Es uno de los mejores tomates que se pueden cultivar. Su producción es abundante y temprana, posee una buena resistencia a las enfermedades y es inmune a los períodos fríos. Sabor por encima de la media.	C	F_1
SONATINE Variedad popular entre los profesionales, y difícil de encontrar para el aficionado. Empieza a producir frutos muy pronto y se asienta inmediatamente. Su resistencia a las enfermedades es excelente.	C	F_1
SWEET 100 Una variedad Cherry híbrida F_1 que hace la competencia a Gardener's Delight. La característica más sobresaliente de esta tomatera es el racimo, que puede producir hasta 100 frutos diminutos.	C	C
TIGERELLA Variedad especial por las rayas verticales amarillas que surgen en los frutos rojos cuando están maduros. Más que una novedad: la producción es buena y el sabor sobresale por encima de la media.	C	No
TOTEM Esta variedad compacta se creó para su cultivo en exteriores, pero también crece en el invernadero. Los frutos, de tamaño mediano, surgen de racimos grandes (podría ser necesario rodrigar).	A	F_1
TUMBLER Muchos invernaderos están ocupados casi en su totalidad por tomates, pero esta variedad para cestas colgantes se puede ubicar en cualquier rincón. Los frutos, del tamaño de cerezas, nacen en tallos colgantes.	A	C

Métodos de cultivo

Existen cuatro métodos básicos para cultivar tomates en el invernadero. A pesar de que muchas voces lo niegan, apenas existen diferencias de producción entre los diferentes métodos. El cultivo en el suelo de los márgenes tiende a dar las cosechas más abundantes, y las plantas cultivadas en macetas en ocasiones son las menos prolíficas, pero las diferencias entre variedades y prácticas de cultivo son mucho más importantes para determinar la cosecha total.

A pesar de que las cosechas obtenidas con los diversos métodos no difieren demasiado unas de otras, su popularidad sí varía. Alrededor de la mitad de los tomates de invernadero se cultivan actualmente en sacos de cultivo; la tierra de los márgenes y las macetas son los otros dos métodos más utilizados. El cuarto método —el cultivo con anillos— existe desde hace muchos años, pero apenas se utiliza.

EL SUELO DE LOS MÁRGENES

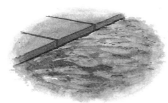

El cultivo en el suelo de los márgenes presenta dos ventajas: el ahorro de dinero (no hay que comprar recipientes ni tierra) y de trabajo (si el suelo se enriquece con materia orgánica sólo habrá que regar dos veces a la semana, incluso en época de pleno crecimiento). Añada al suelo compuesto y, justo antes de plantar, Growmore. No plante hasta que la temperatura del suelo sea de al menos 12 °C. Este método no siempre resulta práctico, pues la tendencia actual consiste en disponer de una base sólida en el invernadero. Además, existe un inconveniente importante cuando se utiliza el suelo de los bordes: después de unos años de cultivar tomates, las plagas del suelo y las enfermedades de las raíces comienzan a acumularse. La solución consiste en cambiar el suelo o pasarse a los sacos de cultivo.

MACETAS

El cultivo en macetas constituye la alternativa tradicional al suelo de los márgenes del invernadero. El procedimiento resulta bastante sencillo: se llena un recipiente adecuado con un sustrato adecuado. Los recipientes más populares son los de plástico, de 7,5 litros y orificios en la base, y las macetas de arcilla o plástico de 25 cm. El sustrato más popular es el universal o el que lleva una base de turba, pero se puede emplear un compuesto J.I. a base de suelo o uno de fibra de coco. Como norma general, los sustratos de tierra necesitan menos riego que los de turba, pero el drenaje resulta pobre en ocasiones. El bonote necesita un riego más frecuente que la turba. En todos los casos, en verano será necesario regar al menos una vez al día. Mantenga las macetas separadas a una distancia aproximada de 60 cm.

CULTIVO EN ANILLOS

Se trata de una buena idea, a pesar de que nunca ha llegado a ser popular. Se cava una zanja de 15-20 cm de profundidad y se cubre con plástico. Esta cavidad se llena con gravilla fina y encima se colocan los «anillos», a intervalos de 60 cm. Cada anillo consiste en una maceta de 23-25 cm de ancho. El anillo carece de fondo, de manera que es necesario colocarlo sobre una tabla cuando lo llene de compuesto (la opción más habitual es uno a base de turba o de tierra J.I. n.° 2). Necesitará alrededor de 5,5 kg de sustrato para llenar cada aro. La gravilla se ha de mantener húmeda y se ha de aplicar un fertilizante líquido cada semana. Si la base del invernadero está pavimentada o es de hormigón, cree un macizo elevado con tablas y fórrelo con plástico antes de llenarlo de grava.

SACOS DE CULTIVO

Encontrará estos sacos en casi todos los centros de jardinería y bricolaje, ya que se han convertido en el método de cultivo de tomates más popular, tanto entre los profesionales como entre los jardineros aficionados. Al principio resultaban bastante caros, pero los precios han ido bajando a lo largo de los años. Coloque cada bolsa sobre una superficie firme y lisa y plante dos, tres o cuatro plántulas (según las instrucciones del fabricante). El soporte puede suponer un problema, pues introducir una caña en la bolsa no es una buena solución. Adquiera una estructura metálica diseñada para este fin. Lea y siga cuidadosamente las recomendaciones de riego y abonado: los malos resultados se deben, casi siempre, a los errores de riego.

Siembra

- Si necesita muchas plantas, siga la técnica convencional de sembrar en bandejas llenas de sustrato de siembra o universal (*véase* pág. 89). Cubra ligeramente con sustrato y mantenga el suelo húmedo, no empapado, a 15-18 °C. La germinación tendrá lugar en un plazo aproximado de siete días. Cuando las plántulas hayan formado un par de hojas, trasplántelas a macetas de turba de 76 mm llenas de sustrato.
- Si sólo necesita unas pocas plantas, resulta más sencillo sembrar un par de semillas en macetas de turba de 76 mm con sustrato. Elimine la plántula más débil después de la germinación.
- Mantenga las macetas a 15-18 °C; riegue poco y a menudo.

Plantación

- Trasplante las plantitas cuando hayan alcanzado alrededor de 20,5 cm de altura y las flores del primer racimo estén empezando a abrirse. Elija con cuidado las plántulas antes de comprarlas: evite los tallos desgarbados, las hojas amarillentas o irregulares y cualquier señal de crecimiento anormal. Riegue bien las macetas antes de trasplantarlas a sacos de cultivo, al suelo de los márgenes o a macetas. En el caso de los márgenes, plante los ejemplares con una separación de 45-60 cm.

Cuidados del cultivo

1 Ate el tallo, sin apretar, a una caña resistente o pásele una cuerda bien sujeta pero que no apriete. Tenga cuidado de no dañar el tallo durante esta operación (le resultará más fácil si enrolla la cuerda alrededor de la planta).

2 En los puntos donde los pecíolos se unen al tallo aparecerán brotes laterales. Es preciso eliminarlos cuando alcancen alrededor de 25 mm, pero realice este trabajo de forma limpia: no deje tocones rotos. Le resultará más fácil conseguirlo por la mañana que por la tarde.

3 Riegue con regularidad para mantener una humedad constante en el suelo. El riego escaso o poco frecuente dará como resultado la podredumbre de las raíces y los tallos. Déjese guiar por el clima y las etapas de crecimiento: una planta en plena producción necesita dos o tres riegos diarios en verano.

4 La nutrición del suelo puede comenzar cuando los primeros frutos estén asentados y debe continuar hasta la aparición del último racimo. Utilice fertilizante líquido, no en polvo ni en gránulos.

5 Elimine las hojas por debajo del primer racimo cuando las plantas hayan alcanzado alrededor de 120 cm de altura. Este proceso de deshojado por debajo de los ramos con frutos puede continuar a medida que la estación avance, pero sólo si las hojas amarillean, están dañadas o enfermas; no se exceda nunca con esta operación. Utilice un cuchillo afilado para eliminar el follaje sobrante.

6 Rocíe las flores a mediodía y golpee los soportes de vez en cuando para favorecer la dispersión del polen y el asentamiento de los frutos.

7 Intente evitar los cambios bruscos de temperatura (el objetivo debe ser mantener la máxima por debajo de 27 °C). La ventilación resulta esencial en verano (airee cuando la temperatura sobrepase los 21 °C). Proporcione sombra mediante pantallas o pintando sobre un compuesto sombreador con el fin de mantener la temperatura y proteger los frutos de quemaduras y otros problemas.

8 Elimine el ápice de dos hojas por encima del racimo superior cuando la planta haya alcanzado el techo del invernadero o cuando disponga de siete racimos.

Calendario

Época recomendada para sembrar	Época recomendada para plantar
Tiempo medio para obtener la cosecha en un invernadero frío	Tiempo medio para obtener la cosecha en un invernadero caliente

Cosecha

● Recoja los frutos cuando estén maduros y su color sea intenso. Mantenga el tomate en la palma de la mano y arranque el fruto con el pulgar por el nudo (la parte hinchada del pedúnculo de la flor). No deje en la planta frutos maduros, ya que el sabor se pierde a medida que pasan los días.

● Finalice la recolección a principios de otoño. Los frutos sin madurar deben colocarse en una bandeja formando una capa, y después ésta se ha de guardar en un cajón. Coloque un par de manzanas maduras al lado de la bandeja, ya que generan etileno (un gas que favorece la maduración de los frutos).

Las semillas de tomatera se siembran en un propagador (se necesita una temperatura mínima de 15-18 °C para lograr una germinación satisfactoria). Esta operación se lleva a cabo a principios de invierno a fin de trasplantar a un invernadero cálido (mínimo 10-12 °C) y a finales de invierno para obtener una cosecha a finales de primavera.
La mayoría de los jardineros, sin embargo, cultivan tomates en invernaderos fríos. Siémbrelos en un propagador a finales de invierno y trasplántelos a mediados de primavera. Los primeros frutos estarán listos para su recolección en verano.

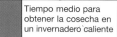

	INVIERNO		PRIMAVERA		VERANO		OTOÑO	
Época de siembra y plantación (invernadero caliente)	🪣 🏠 🏠							🪣
Época de siembra y plantación (invernadero frío)	🪣 🪣		🏠 🏠					
Época de recolección								

Pepinos

Un espécimen de pepino de invernadero bien cultivado, recto y cilíndrico, de piel lisa y brillante, puede alcanzar más de 45 cm. Todo esto suena muy
bonito, pero hasta hace poco era habitual que los
manuales advirtieran al lector de las dificultades.
Las llamadas variedades normales (*véase* página siguiente) necesitan un ambiente más húmedo que
los tomates, y los brotes laterales tienen que ser
guiados con alambres horizontales. Es preciso eliminar las flores masculinas, y tanto las plagas
como las enfermedades pueden provocar auténticos
problemas.

Sin embargo, la introducción de las variedades
exclusivamente femeninas ha cambiado la situación de forma espectacular. Estos híbridos F_1 son tan
fáciles de cultivar como los tomates, y a veces incluso más. Los frutos aparecen en las axilas de las hojas y en el tallo principal, no en brotes laterales, por
lo que sólo se necesita un único soporte. Las flores
masculinas rara vez aparecen, si es que lo hacen, y
las enfermedades no suponen un problema.

Las variedades de exterior han mejorado mucho
en los últimos años, y casi dan ganas de cultivar los
pepinos en el jardín en lugar de en el invernadero.
Sin embargo, si desea recolectar pepinos en verano
para preparar sus ensaladas estivales, el cultivo en
invernadero es la única opción.

Cuidados

1 La temperatura después de trasplantar debe ser de 13-15 °C.

2 Mantenga el sustrato bien húmedo en todo momento, pero tenga cuidado de no empaparlo durante las dos o tres primeras semanas después de trasplantar. La regla de oro es regar
poco y a menudo, y evitar a toda costa el exceso de agua.

3 Será necesaria una ventilación adecuada, así como un rie-go regular. Riegue el suelo, no las plantas, para mantener la
humedad del ambiente.

4 En el caso de las variedades normales es necesario instalar
alambres guía horizontales con una separación de 30,5 cm
a lo largo de la pared y en el techo. Los brotes laterales, que son
los que producen los frutos, se han de atar a los alambres. Pince el
punto de crecimiento cuando el brote principal llegue al caballón:
la punta de cada brote lateral se pinza dos hojas por encima de
una flor femenina. Éstas tienen un pepino en miniatura por detrás
(las flores masculinas sólo tienen un pedúnculo fino). No olvide eliminar todas las flores masculinas en cuanto aparezcan: los frutos
fertilizados son amargos. Pince las puntas de los brotes laterales
sin flores cuando alcancen 60 cm de longitud..

5 Las cosas resultan mucho más sencillas en el caso de las
variedades exclusivamente femeninas. No se necesita una
guía horizontal, y sólo hay que guiar el tallo con una caña resistente
o con un alambre vertical. Doble el tallo alrededor del soporte elegido cada pocos días. Los frutos salen del tallo principal, de modo
que hay que eliminar todos los brotes laterales. Tenga cuidado para
no retirar los frutos diminutos cuando realice esta operación. Retire
todas las flores de los 60 cm inferiores del tallo.

6 Cuando los primeros frutos empiecen a hincharse, nutra las
plantas cada dos semanas con un fertilizante para tomates.

7 Aplique material sombreador para proteger los frutos de la
intensidad del sol de verano.

Siembra

- Las semillas de pepino germinan con gran rapidez, pero es
esencial un ambiente cálido (mínimo 21 °C). Coloque cada semilla de lado, a 12 mm de profundidad, en un sustrato para
siembra o universal, en una maceta de turba de 76 mm. Deberá
esperar cuatro semanas antes de plantar.

- La germinación se produce en dos o tres días (no utilice las
plántulas que germinen después de este plazo). Mantenga húmedo el sustrato y no permita que las plántulas se salgan de la
maceta (trasplántelas a macetas de 13 cm si es necesario).

Plantación

- Plante las plantitas cuando hayan alcanzado 20,5-25,5 cm de
altura y tengan dos hojas bien formadas. Elíjalas con cuidado al
comprarlas: deben ser de un verde intenso y es preciso que se
especifique la variedad. Riegue bien las macetas antes de plantar (cada planta en una maceta de 30,5-38 cm o dos por saco
de cultivo).

- No se recomienda plantar en el suelo de los márgenes, ya que
las enfermedades pronto se convierten en un problema. Si decide hacerlo a pesar de todo, plante sobre un caballón de tierra,
dejando 70 cm entre planta y planta.

Cosecha

Corte los frutos (no tire de ellos) cuando hayan alcanzado un tamaño razonable y los lados sean paralelos. Utilice tijeras de podar o
un cuchillo afilado y recoja los pepinos de forma regular, ya que la
producción cesará si deja que maduren y amarilleen en la planta.

Tipos

Variedades NORMALES (N)
El tradicional pepino para exponer: largo, recto y liso. Sin embargo, estas variedades suelen ser exigentes: necesitan calor y humedad, así como guías en forma de alambres horizontales para los brotes laterales.

Variedades EXCLUSIVAMENTE FEMENINAS (EF)
Estos híbridos F_1 modernos ofrecen varias ventajas. El aburrido trabajo de eliminar las flores masculinas no es necesario y las plantas son mucho más resistentes a las enfermedades. También son más fáciles de cultivar y sólo necesitan una simple caña como apoyo.

Petita

Telegraph

Variedades

Variedad	Tipo
BIRGIT Variedad muy cultivada por los horticultores y cada vez más popular entre los aficionados. Bastante similar a Pepinex 69, aunque es más temprana y se afirma que las cosechas son más abundantes.	EF
FEMSPOT Es el más bonito de los híbridos F_1, aunque sólo conseguirá frutos de exhibición si les proporciona suficiente calor y humedad. La resistencia a las enfermedades es excelente.	EF
KYOTO Un buen ejemplo del grupo japonés. La característica más sobresaliente es su facilidad de cultivo (incluso más que en el caso de los tomates, según algunos expertos). Los frutos son largos y rectos.	N
PEPINEX 69 La primera variedad exclusivamente femenina, antes conocida como Femina. Típica representante del grupo, aunque necesita unas condiciones más cálidas que algunas más nuevas, como Petita.	EF
PETITA Los frutos alcanzan tan sólo 20,5 cm de largo, pero son abundantes. Crece bien en condiciones frescas, aunque produce algunas flores masculinas. Las plantas alcanzan alrededor de 150 cm de altura.	EF
TELEGRAPH Una vieja variedad que recibió su nombre cuando el telégrafo era un invento reciente. A pesar de su edad todavía es popular, y la variedad normal resulta más fiable. En ocasiones se denomina Telegraph Improved.	N

Calendario

 Época recomendada de siembra

Época recomendada de plantación

Época de recolección en un invernadero frío

Época de recolección en un invernadero caliente

Las semillas de pepino se siembran en un propagador (se necesita una temperatura de 21-26 °C). Esta operación se realiza a finales de invierno, y luego los pepinos se trasplantan a un invernadero cálido (mínimo 13 °C) a principios de primavera para obtener una cosecha a mediados de dicha estación.
La mayoría de los pepinos se cultivan en invernaderos fríos. Siémbrelos en un propagador a mediados de primavera y trasplántelos a finales de dicha estación. Los primeros frutos estarán listos para su recolección en verano.

	INVIERNO		PRIMAVERA		VERANO		OTOÑO	
Época de siembra y plantación (invernadero caliente)			🏠					
Época de siembra y plantación (invernadero frío)				🏠				
Época de recolección								

Verduras y hortalizas

La razón más habitual para cultivar verduras y hortalizas en un invernadero es la posibilidad de cultivar aquellos tipos cuyo crecimiento al aire libre resulta impredecible o incluso imposible en alzunas zonas (las berenjenas, los pimientos y los tomates son algunos ejemplos típicos). Además, existe la satisfacción de cosechar frutos antes de que la cosecha exterior esté lista (patatas tempranas, zanahorias tempranas, etc.). Hay, asimismo, otra ventaja importante, aunque no aparece en los manuales: la posibilidad de cuidar de las plantas sin tener que preocuparse por el viento, la lluvia y la nieve.

Un gran número de ornamentales necesitan un invernadero fresco o caliente para su desarrollo satisfactorio, pero en cambio todas las hortalizas que conocemos se pueden cultivar en uno frío. Por tanto, el invernadero sin calefacción es el ideal para cultivar plantas comestibles, y con un poco de planificación podrá conseguir que resulte más productivo. Al principio de la temporada hay mucho espacio libre entre las cosechas altas, como las de los tomates y los pepinos, espacio que puede utilizar para cosechas rápidas, como las de remolachas y zanahorias.

El invernadero puede desempeñar otro papel en el cultivo de verduras y hortalizas. Se pueden emplear para sembrar en un propagador variedades de jardín que después se pasan a bandejas o macetas y, finalmente, se plantan al aire libre con el fin de darles varias semanas de ventaja sobre las plantas sembradas en el jardín.

Verduras y hortalizas de invernadero

El invernadero es su casa permanente, desde la siembra hasta la recolección. Algunos tipos resultan demasiado delicados para cultivarlos al aire libre, otros son semirresistentes y necesitan la estación de crecimiento prolongada que proporciona el cultivo en invernadero. Otras variedades son resistentes, pero producen una cosecha temprana si se cultivan bajo cristal. Una regla básica: asegúrese de que la variedad seleccionada esté recomendada para su cultivo en invernadero.

Verduras y hortalizas de jardín

El invernadero es su vivero, desde la siembra hasta el trasplante al aire libre. Las variedades resistentes se siembran a partir de principios de invierno, siempre que el suelo sea el adecuado. Las plantas semirresistentes se siembran entre seis y ocho semanas antes de la época de plantación.

Verduras y hortalizas de invernadero

BERENJENA

La berenjena pertenece a la nueva hornada de verduras y hortalizas que antes se consideraban poco habituales pero que hoy están disponibles en todos los establecimientos de alimentación. Su cultivo es tan sencillo como el del tomate. Siembre las semillas en macetas de turba llenas de sustrato a mediados de invierno (dos semillas por maceta; arranque la plántula más débil cuando hayan salido). Coloque las macetas en un propagador a 21 °C para su germinación y mantenga las plántulas a 15-18 °C antes de trasplantarlas (cada una en una maceta de 23 cm o de tres en tres en sacos de cultivo, a mediados de primavera). Elimine el punto de crecimiento cuando la planta alcance alrededor de 30 cm de altura y rodrigue el tallo. Cuando los frutos empiecen a hincharse habrá llegado el momento de utilizar un fertilizante líquido para tomates. Es preciso eliminar los brotes laterales y las flores que queden cuando se hayan formado cinco frutos. Rocíe las plantas con regularidad, pero con cuidado de no regar en exceso. Corte las piezas cuando tengan 12-15 cm de largo y todavía estén brillantes. Variedades recomendadas: **Black Prince** (temprana y más prolífica que Long Purple); **Dusky** (un híbrido F_1 moderno resistente al virus del mosaico); **Easter Egg** (del color y el tamaño de un huevo grande, pero con un sabor no muy destacable); **Long Purple** (una de las preferidas, aunque carece de ventajas especiales), y **Moneymaker** (híbrido F_1, prolífica y sabrosa).

Berenjena: Dusky

REMOLACHA

La remolacha es una hortaliza que se puede cultivar entre plantas altas, en el suelo de los márgenes. Las semillas se siembran directamente en el suelo a 25 mm de profundidad, en invierno, entre los lugares de plantación destinados a tomates o pepinos. Separe las plántulas 10 cm y mantenga el suelo regado y sin malas hierbas. Vigile la presencia de áfidos y utilice un insecticida en caso necesario. La recolección tiene lugar a finales de primavera, mientras las raíces todavía son pequeñas. Variedades recomendadas: **Boltardy** (la más popular de las que se cultivan bajo cristal, da una remolacha globular, de un rojo profundo); **Monopoly** (similar a la Boltardy, pero con la ventaja de ser una variedad monogermen, es decir, que da una plántula por «semilla»), y **Replata** (una de las más tempranas, semiglobular, de un rojo profundo y dulce).

Remolacha: Boltardy

Verduras y hortalizas de invernadero continuación

Pimiento: Gypsy

Zanahoria: Early Nantes

Calabacín: Gold Rush

Judía verde: Kinghorn Wax-pod

PIMIENTO

El pimiento dulce grande cada vez es más popular, y su cultivo requiere condiciones similares a las del tomate. Siembre las semillas en macetas llenas de sustrato a mediados de invierno (dos semillas por maceta, y cuando germinen, deseche la más débil). Coloque las macetas en un propagador a 21 °C para que germinen, y mantenga las plántulas a 15-18 °C antes de trasplantarlas (de una en una en macetas de 23 cm o de tres en tres en sacos de cultivo a mediados de primavera). Pinzar el punto de crecimiento es una cuestión de opinión: algunos expertos no lo recomiendan, mientras que otros afirman que hay que detener el crecimiento de la planta cuando alcanza 15 cm de altura. Las plantas necesitan algún tipo de soporte y un rociado regular para mantener a raya la araña roja y favorecer el asentamiento de los frutos. Riegue con regularidad y abone con un fertilizante líquido para tomates cuando los frutos comiencen a hincharse. Ventile el invernadero y aporte sombra cuando haga mucho sol. Recoja los frutos cuando estén verdes o naranjas, hinchados y brillantes: dejar que enrojezcan en la mata reducirá la cosecha. Variedades recomendadas: **Canape** (prolífica y temprana, aunque los frutos son bastante pequeños); **Golden Bell** (la mejor si desea dejar de cultivar pimientos rojos, pues los frutos son amarillos); **Gypsy** (híbrido F$_1$, es la variedad Canape mejorada. Muy temprana, los frutos son grandes y de un naranja rojizo); **Rainbow** (una pimentera peculiar, ya que da frutos rojos, amarillos, púrpuras y naranjas), y **Redskin** (cuyos frutos, rojos y de tamaño mediano, salen de tallos de 30,5 cm de altura).

ZANAHORIA

Se siembra en invierno para obtener una cosecha en primavera, o bien en otoño para recolectarlas en invierno. Siembre esparciendo bien las semillas, en hileras con una separación de 50 mm. Separe las plántulas cuando su tamaño permita manipularlas y deje 50 mm entre cada una. Cultive únicamente variedades de raíces cortas. Variedades recomendadas: **Amsterdam Forcing** (que según se afirma, es la más temprana. Cilíndrica, con un extremo romo y muy poco corazón); **Early French Frame** (una zanahoria redonda, como **Rondo** y **Parmex**), y **Early Nantes** (muy popular, con raíces más largas y estrechas que Amsterdam Forcing).

CALABACÍN

Cuidado: este cultivo necesita una gran cantidad de espacio en el suelo. Siembre en primavera, en macetas de turba llenas de sustrato (una semilla de lado por maceta, a 13 mm de profundidad), y manténgalas a 18-21 °C. Plante las plántulas en sacos de cultivo cuando hayan alcanzado los 15 cm (dos por saco). Mantenga las plantas bien húmedas y polinice a mano las flores con un pincel suave o una bola de algodón. Aplique un fertilizante con regularidad cuando los frutos empiecen a crecer, y corte los calabacines cuando alcancen 10-13 cm. Sírvalos crudos en ensalada, o bien en platos calientes. Variedades recomendadas: **Ambassador** (uno de los mejores calabacines híbridos F$_1$, de un color verde oscuro y con un prolongado período de recolección); **Gold Rush** (variedad dorada que destaca por lo temprana y por su porte compacto), y **Zucchini**, la variedad de calabacín más popular.

JUDÍA VERDE

Las judías verdes, tanto trepadoras como arbustivas, se pueden cultivar en invernadero para obtener una cosecha a finales de primavera. Para obtener cosechas más tempranas, siembre cinco judías en una maceta de 20,5 cm llena de sustrato en invierno y coloque ésta en un propagador a 15-18 °C. Como alternativa, cultive las plantas en macetas de 76 mm y germínelas en un propagador. Tras la aclimatación, plante las plántulas en sacos de cultivo (ocho por saco). Ofrezca apoyo a las plantas con ramas, riegue regularmente y aplique un fertilizante líquido siguiendo las instrucciones del envase. Las vainas estarán listas para su recolección cuando se partan fácilmente si se doblan. Para obtener cosechas abundantes hay que recoger las judías frecuentemente (varias veces a la semana). Vigile los áfidos y la araña roja. Variedades recomendadas: **Blue Lake** (la variedad trepadora más popular, cuyos tallos de 153 cm producen abundantes judías de vaina redondeada y semilla blanca); **Kinghorn Wax-pod** (judía amarilla sin hebras reconocida por su sabor y cuya carne es de un amarillo cremoso); **Masterpiece** (una excelente variedad plana, muy popular durante muchos años); **Tendergreen** (la más popular de las variedades de vaina de lápiz sin hebras y muy adecuada para congelar), y **The Prince** (una judía de vaina plana que constituye una buena elección si desea cultivar una variedad compacta).

HIERBAS AROMÁTICAS

Muchas hierbas aromáticas se marchitan en el jardín al aire libre cuando el verano se acerca a su fin, por lo que es una buena idea trasplantar a macetas cebollinos, perejil, menta, romero, mejorana, albahaca y tomillo. Como alternativa, puede tomar esquejes en verano. Las hierbas aromáticas en el invernadero de invierno necesitan una buena iluminación, condiciones frescas y riegos regulares. Ventile cuando el tiempo esté tranquilo, y elimine las hojas y flores muertas o en mal estado.

LECHUGA

La lechuga se cultiva bien en sacos. Plante dos hileras de seis plantas en cada saco de cultivo. La práctica habitual consiste en sembrar las semillas a 13-15 °C (como máximo) en bandejas o módulos y trasplantarlas a macetas de turba de 76 mm. Cuando las plantas hayan producido alrededor de cinco hojas auténticas, se trasplantan a los sacos de cultivo o al suelo de los márgenes. La siembra quincenal proporcionará una cosecha regular de lechugas durante varios meses, aunque la época correcta para sembrar dependerá de la variedad. Asegúrese de que la variedad que elija está recomendada para su cultivo en invernadero. Variedades recomendadas para sembrar a finales del verano y cosechar en inverno: **Kwiek** (una variedad de invernadero muy popular) y **Marmer** (tipo iceberg, crujiente, para finales del invierno). Variedades recomendadas para sembrar en invierno y recolectar en primavera: **May Queen** (con cogollos rojizos y de tamaño mediano) y **Diamant** (de un verde profundo y resistente al mildiu). En todos los casos, el riego es fundamental: no empape las plantas a menos que la superficie del suelo esté seca. Vigile la presencia de babosas y mildiu.

Lechuga: Marmer

SETAS

Actualmente ya no es necesario preparar el sustrato e impregnarlo con micelios: existe un equipo de plástico listo para cultivar. Sólo tiene que seguir las instrucciones (aunque se trata de un modo caro de cultivar setas, no supone ninguna molestia). Los frutos deberían aparecer al cabo de un mes, y se recogen tirando y girando a un tiempo y suavemente. Cuando arranque una seta, llene el hueco con sustrato.

MOSTAZA Y BERROS

Muy adecuados para ensaladas, acompañamientos y bocadillos, se trata de plantas útiles para cultivar durante todo el año. Coloque varias láminas de papel de cocina en el fondo de una bandeja de plástico, humedezca los papeles y elimine el exceso de agua. Siembre los berros de manera uniforme y espaciada. Tres días más tarde, siembre la mostaza sobre las plántulas de berros que empiezan a germinar. Mantenga la humedad constante y recolecte las plántulas 14 días después, cuando hayan alcanzado alrededor de 50 mm de altura.

Quingombó: Clemson's Spineless

QUINGOMBÓ

Se cultiva igual que la berenjena (*véase* pág. 75). La germinación puede tardar algunas semanas; acelérela dejando en remojo las semillas durante el día anterior a la siembra. Las vainas suaves y jóvenes se cortan de finales de primavera en adelante (no deje que se tornen duras y fibrosas). Vigile la aparición de la mosca blanca y la araña roja. Variedades recomendadas: **Long Green** (una variedad fiable, aunque no resulta fácil de encontrar) y **Clemson's Spineless** (el quingombó más popular de invernadero, con vainas sin nervios y de un color verde claro).

CEBOLLA

Otra candidata para sacos de cultivo. Esparza las semillas en hileras (siémbrelas en otoño para cosechar en primavera, o en invierno para disponer de cebollas en verano) y espacie las hileras dejando 15-20 cm entre ellas. Utilice las plantas débiles para cocinar y las maduras para ensaladas. Variedades recomendadas: **White Lisbon** (con mucho, la cebolla más popular; el bulbo es de un blanco plateado y los extremos son crujientes), **Ishikura** (un nuevo tipo de cebolla de tallos largos y rectos que no forman bulbos; sólo cuentan con una gran base blanca) y **Santa Claus** (parecida a la Ishikura, pero con la diferencia de que la base es rojiza).

Cebolla: White Lisbon

PATATAS

Las patatas tempranas son fáciles de cultivar en un invernadero frío: plante semillas germinadas en invierno para cosecharlas en primavera o verano y tener patatas en invierno. Plántelas en macetas de 25 cm (un tubérculo por maceta) o en sacos de cultivo (dos por saco). Para cosecharlas, tome la cantidad necesaria de patatas de la parte superior del recipiente; repita la operación varias veces antes de arrancar y desechar la planta. Variedades recomendadas: **Maris Bard** (ovaladas, de carne blanca y cerosa, una de las más tempranas); **Epicure** (redondas, de carne blanca y con ojos profundos); **Foremost** (ovaladas, de carne amarilla y cerosa y cosechas no especialmente abundantes), y **Pentland Javelin** (ovaladas, de carne blanca y cerosa y más tardía que otras variedades recomendadas).

RÁBANOS

Hortaliza útil para cultivar entre otras plantas o en rincones difíciles en casi cualquier época del año, aunque la época de siembra preferida abarca de mediados de invierno a mediados de primavera y todo el otoño. Esta planta crece rápidamente y ocupa muy poco espacio (de la siembra a la recolección pueden transcurrir tan sólo tres semanas). Siembre a 12 mm de profundidad en hileras separadas 15 cm (si esparce bien las semillas no necesitará aclarar las plántulas). Variedades recomendadas: **Cherry Belle** (redonda y roja, suave y crujiente); **French Breakfast** (cilíndrica, roja y blanca, muy popular), y **Large White Icicle** (cilíndrica y blanca, suave y crujiente).

Rábano: French Breakfast

Verduras
y hortalizas de jardín

Todas las verduras pueden iniciar el crecimiento en el invernadero y después trasplantarse al jardín. Las semillas se hacen germinar en un propagador caliente o, si no se dispone de uno, en el alféizar de la ventana de una habitación caldeada. Las plántulas se dejan crecer en el invernadero hasta que llega el momento de plantarlas al aire libre. Las reglas básicas consisten en sembrar de forma espaciada, trasplantar y, por último, aclimatar por completo.

Siga las normas que se indican en la página 89. Utilice bandejas para las semillas pequeñas y páselas a bandejas llenas de sustrato (todavía mejor es trasplantar las plantitas a bloques de turba o macetas de turba pequeñas, que evitan los daños a las raíces durante la plantación). Las semillas grandes se espacian 50 mm aproximadamente, en bandejas, aunque también se pueden sembrar en macetas.

Si es posible, tape el suelo con campanas de cristal durante las dos semanas anteriores a la plantación y durante unos días después de ésta. Así, la cosecha empezará a crecer con buen pie.

FORZADO

Las hortalizas descritas a la izquierda se cultivan primero en el invernadero para que tengan un buen comienzo. El uso del invernadero para el forzado se encuentra en el otro extremo de la escala temporal: esta técnica consiste en llevar al interior plantas maduras para que pasen su etapa final antes de la cosecha.

RUIBARBO

Arranque las coronas a mediados de otoño y déjelas expuestas a las heladas en la superficie del suelo. Una vez heladas, junte las raíces en una caja profunda y rellene los espacios que queden entre ellas con sustrato usado o turba. Deje las coronas expuestas, tape la caja con plástico negro y resérvela. En un tiempo aproximado de cuatro semanas podrá recoger brotes tiernos (recoléctelos cuando su tamaño sea el suficiente como para utilizarlos). Cuando haya terminado la cosecha, deseche las coronas.

Verdura u hortaliza	Cuándo sembrar	Cuándo plantar
ACHICORIA	Mediados de primavera	A
APIO	Mediados de primavera	B
APIO NABO	Finales de invierno	B
BERENJENA	Principios-mediados de primavera	B
BRÉCOL	Mediados de primavera	A
CALABACÍN	Mediados de primavera	B
CALABAZA	Mediados de primavera	B
CEBOLLA	Finales de invierno	A
CHIRIVÍA	Mediados de invierno	A
COL DE INVIERNO	Mediados de primavera	A
COL DE PRIMAVERA	Verano	A
COL RIZADA DE MILÁN	Mediados de primavera	A
COL DE VERANO	Finales de invierno	A
COLES DE BRUSELAS	Finales de invierno	A
COLIFLOR	Mediados-finales de invierno	A
COLINABO	Mediados de invierno	A
ENDIBIA	Mediados de invierno-mediados de verano	A
ESPINACA	Mediados de invierno	A
GUISANTE	Mediados de invierno-mediados de primavera	A
HABA	Finales de invierno	A
JUDÍA VERDE	Mediados de primavera	B
LECHUGA	Principios de invierno-mediados de verano	A
MAÍZ DULCE	Mediados de primavera	B
NABO	Mediados de invierno	A
PEPINO	Mediados de primavera	B
PIMIENTO	Mediados de primavera	B
PUERRO	Finales de invierno	A
REMOLACHA	Finales de invierno	A
SALSIFÍ	Finales de invierno	A
TOMATE	Principios de primavera	B
ZANAHORIA	Finales de invierno	A
Plante entre cuatro y seis semanas después de la siembra. La exigencia principal es un suelo en buenas condiciones: ni seco ni empapado. Las plántulas estarán listas para el trasplante cuando las raíces empiecen a asomar por la base de la bandeja semillera.		A
Plante cuando haya pasado el riesgo de heladas. Esto dependerá del clima del lugar: desde mediados de primavera en los lugares cálidos (sur y oeste), hasta finales de dicha estación en el caso de las zonas con las condiciones climáticas menos favorables (norte).		B

ACHICORIA

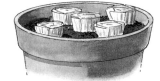

El primer paso consiste en arrancar las raíces a mediados de otoño (descarte las que tengan colmillos y las que no alcancen 2,5 cm de diámetro en la corona). Corte cada pieza aproximadamente 2,5 cm por encima de la corona y recorte las raíces hasta dejarlas en 15 cm. Después dispóngalas horizontalmente en una caja de arena, en un lugar protegido y seco. Fuerce algunas de estas raíces en el invernadero entre mediados de otoño y principios de primavera (plante cinco en una maceta de 23 cm y rodéelas de turba o sustrato húmedo), deje las coronas expuestas y tape el grupo con una maceta vacía a la que deberá bloquear el agujero de drenaje. Se formarán cabezas con hojas; córtelas cuando alcancen alrededor de 15 cm de altura, es decir, al cabo de tres o cuatro semanas.

Frutales

Los primeros invernaderos eran estructuras que se levantaban cada invierno y se calentaban para proteger los naranjos, los olivos y las higueras. Los invernaderos grandes y permanentes, especialmente los tropicales, contenían plátanos, piñas y otras frutas exóticas.

Pero los tiempos han cambiado. En la actualidad, los invernaderos fríos y frescos se utilizan con más frecuencia para hortalizas como tomates, plantas ornamentales como los crisantemos y plantas de maceta. Por desgracia, los melocotoneros y las parras han dado a los frutales una mala imagen de cara a cultivarlos en el interior de una estructura pequeña. Estas vigorosas plantas son excelentes cuando crecen contra una pared de un cobertizo grande, pero no tienen cabida en un invernadero de 25 x 18 m. Pero incluso aquí hay espacio para algunas frutas: unas macetas con fresas para realizar la recolección en primavera y un saco de cultivo con melones que producirán frutos en verano.

La temperatura y el tamaño del invernadero dictarán lo que se puede cultivar en él. Las higueras y los albaricoqueros gustan de condiciones frescas, pero los naranjos necesitan más calor.

El tiempo que la planta permanezca en el invernadero dependerá del tipo de frutal que haya decidido cultivar. Los albaricoqueros y los nectarinos son residentes permanentes que durarán muchos años. Otras especies, como los melones, pueden quedarse en el invernadero durante toda su vida, pero esto sólo dura de primavera a otoño. Las fresas son habitantes temporales, del invernadero, ya que sólo permanecen los meses en los que dan frutos. Los menos permanentes son los frutales resistentes cultivados en macetas, que se llevan al interior del invernadero durante unas semanas, alrededor de la época de floración.

El cultivo en macetas es una buena opción porque permite mover las plantas (algunas agradecen o necesitan estar al aire libre de vez en cuando). No obstante, esto no siempre es recomendable: los albaricoqueros, los melocotoneros y los nectarinos no se desarrollan bien en macetas y prefieren el suelo de los márgenes.

ALBARICOQUERO

Este frutal no da un resultado muy fiable al aire libre en las zonas del sur y resulta muy poco adecuado para el norte. Se desarrolla bien en invernadero, ya que la flor queda protegida contra las heladas de principios de la primavera, y la maduración de las frutas se ve potenciada al final de la estación. No se requieren temperaturas muy altas, y éstas suponen una auténtica desventaja en invierno: durante la estación de letargo, las plantas necesitan aire fresco y temperaturas de 2 °C o incluso menores.

El mejor modo de cultivar un albaricoquero es en forma de abanico contra la pared de un cobertizo grande. La estructura debería estar orientada, a ser posible, hacia el sur (no se moleste en cultivar albaricoqueros orientados al norte). Estos árboles son autofértiles, de modo que sólo se necesita una planta. Una variedad semienana alcanzará alrededor de 2,5 m de altura y 4 m de envergadura.

La época de plantación discurre entre mediados de otoño y principios de invierno (prepare el suelo de los márgenes a mediados de otoño). Compre un árbol de dos o tres años, parcialmente formado. Durante la época de crecimiento riéguelo regularmente y fertilícelo de forma ocasional. Asegúrese de que el invernadero dispone de una buena ventilación durante la época de floración. Políncelo a mano y separe los frutos cada 10-15 cm. Coseche las frutas a finales del verano, cuando lleven una semana con un tono amarillo y se desprendan fácilmente del árbol.

Se pueden cultivar albaricoqueros en macetas o recipientes grandes, pero se quedan demasiado pequeños después de algunos años, y su crecimiento y producción descienden.

Albaricoques

Alquequenje

Citrus reticulata

Higuera: White Marseilles

ALQUEQUENJE

Toda una rareza en las tiendas, pero presente en muchos catálogos de semillas. Cultívela como una anual semirresistente (las necesidades de cultivo son las mismas que las de los tomates). Tenga cuidado porque se trata de una planta vigorosa y frondosa que se encuentra fuera de lugar en un invernadero pequeño. Siembre las semillas en un propagador a principios de primavera y plante las plantitas a mediados de dicha estación, en macetas grandes o en un saco de cultivo. Pince los ápices vegetativos cuando alcancen 30 cm de altura a fin de favorecer su frondosidad, y ate los tallos a cañas de 122 cm. Añada un fertilizante líquido rico en potasio cuando se hayan formado los primeros frutos y proteja las plantas de la mosca blanca. Deje que los frutos maduren en las plantas a finales del verano.

CÍTRICOS

Existe una especial fascinación por el cultivo de un naranjo o un limonero en el invernadero, pero si desea conseguir frutas comestibles tendrá que comprar una variedad seleccionada por su capacidad para producir frutos bajo cristal. Las plantas cultivadas a partir de pepitas no dan fruto hasta que son demasiado grandes para un invernadero normal. Utilice compuesto con un poco de arena gruesa añadida (cambie de maceta cada primavera hasta llegar a una de 35 cm). Pódelo para limitar su tamaño en primavera y reduzca el riego a finales del otoño. Para que la fruta se desarrolle y madure necesitará una temperatura mínima de 10 °C. El mandarino (***Citrus reticulata***) es el naranjo más resistente (entre las variedades más populares figuran «**Satsuma**» y «**Clementina**»). Otros naranjos adecuados para invernadero son ***C. sinensis*** (122 cm, espinoso) y ***C. aurantium*** o naranjo amargo (91,5 cm, espinoso).

El mejor limonero es ***C. limon* «Meyer»**, que crece hasta convertirse en un árbol de 122 x 122 cm. Si es usted atrevido, intente plantar limas y naranjitas chinas (kumquat).

HIGUERA

No plante una higuera en el suelo de los márgenes si no desea que se convierta en un gran caos frondoso con pocos frutos. Cultívela en una maceta grande y guíela en forma de abanico contra la pared o como arbusto enano (incluso un arbusto de 122 cm producirá una cosecha considerable).

Compre un árbol parcialmente formado de dos o tres años. Para su cultivo al aire libre, la elección más habitual es **Brown Turkey**, pero bajo cristal es mejor elegir **Bourjasotte Grise**, de sabor excelente, o **White Marseilles**, que produce frutos de carne blanca. Las higueras son exigentes: el aclarado de frutos resulta bastante complicado y en verano es preciso regar a diario. Cámbiela de maceta cada dos años y aplique un fertilizante cuando se hayan formado frutos. Los higos estarán listos para su recolección cuando el pedúnculo se debilite y cuelgue hacia abajo. Los frutos recogidos se mantendrán durante varias semanas en un lugar fresco. Las higueras apenas necesitan atención cuando las hojas caen: deje de regar y mantenga el sustrato seco durante el invierno.

VID

Es innegable que las vides constituyen un cultivo para el que se necesita mucho tiempo: requieren una limpieza de tallos a mediados del invierno, una poda en primavera y verano, riego regular durante todo el verano, el aclarado de frutos en otoño y la poda de los brotes principales a principios del invierno. Los consejos que le proporcionamos a continuación le resultarán útiles; las cosechas no serán muy abundantes y tendrá que empezar de nuevo al cabo de cuatro años, pero no tendrá que dedicar tanto tiempo.

Plante una vid de dos o tres años en una maceta de 30,5 cm, a finales de otoño. Ponga la maceta al aire libre y éntrela en el invernadero a mediados de invierno. Introduzca tres cañas de 152 cm en el sustrato, cerca del borde de la maceta, y junte los extremos para formar una especie de tienda india. Guíe los tallos de la planta en espiral alrededor de las cañas. Detenga el crecimiento de las ramas laterales a dos hojas por encima de cada racimo (deje sólo seis racimos por planta) y, en invierno, corte los tallos principales (vástagos) a la mitad de su longitud. Entre mediados de otoño y mediados de invierno se necesita un período fresco (nada menos que –1 °C).

La púrpura **Black Hamburgh** es, con mucho, la vid de invernadero más popular, y con razón: es fácil de cultivar, de cosecha temprana y sus frutos poseen un sabor delicioso. No obstante, también puede probar otras variedades. **Buckland Sweetwater** también es temprana (los frutos son de un tono dorado claro y de sabor dulce). Todavía mejor es **Foster's Seedling**, bastante similar. Entre las vides de cosecha tardía figuran **Golden Queen** y **West's St. Peter's**, de color púrpura oscuro.

Vid: Black Hamburgh

FRUTALES RESISTENTES EN MACETA

La introducción de patrones enanos ha convertido el cultivo de frutales resistentes, como manzanos y perales, en una propuesta práctica. Los árboles se plantan en un recipiente de 30-38 cm y se trasladan al interior en invierno y durante la época de floración (es necesario polinizar a mano). Recuerde que los manzanos y los perales en general no son autofértiles: elija una «familia» con diferentes variedades. Tras la caída de los pétalos, la maceta se ha de trasladar al exterior, y durante los veranos secos será necesario regar cada día.

KIWI

Antes era una rareza, pero hoy se encuentra en todas las tiendas de alimentación. En ocasiones verá que este frutal se recomienda como cosecha de invernadero, pero en realidad no es una buena idea. El kiwi es una trepadora vigorosa con hojas muy grandes, por lo que una sombra densa le crearía todo tipo de problemas. Es posible mantenerlo bajo control con una poda bien planificada, aunque es mejor que destine el espacio de su invernadero a otros usos, sobre todo si es pequeño.

Kiwi

MELÓN

Si es capaz de cultivar pepinos, también deberían dársele bien los melones. Eleve las plantas exactamente del mismo modo que los pepinos y plante las plantitas en sacos de cultivo (dos por saco). Deje que asomen 25 mm del cepellón por encima de la superficie y no apriete el sustrato. Riegue la planta, pero sin mojar los tallos. Deberá colocar una caña detrás de cada planta, así como instalar alambres horizontales con una separación de 30,5 cm. Las ramas laterales se guían a lo largo de los alambres (despúntelas cuando hayan producido cinco hojas) y en ellas se formarán brotes laterales de los que saldrán las flores.

La polinización manual de las flores femeninas (busque un «melón» diminuto detrás de los pétalos) resulta esencial. Despunte los tallos dos hojas por encima del fruto y reduzca el número de melones hasta dejar de cuatro a seis por planta. Un rociado regular resulta deseable en casi todos los casos, aunque no durante la polinización ni cuando los frutos empiezan a tomar color. Proteja cada fruto con una red y recójalos cuando estén maduros. No siempre resulta sencillo saber cuándo ha llegado ese momento: huela el melón, pues éste debe desprender un aroma característico, y presione el extremo opuesto al del pedúnculo, que debe ceder ligeramente. Cuando se arranque, el melón debe separarse sin resistencia del pedúnculo.

Existen cuatro variedades ampliamente disponibles. **Sweetheart** es una de las mejores para cultivar; de carne anaranjada, es temprana y más resistente que las otras. La carne de **Blenheim Orange** es de un naranja más profundo que la de Sweetheart, pero necesita un invernadero caliente. **Charantais** es similar, pero no tiene el sabor de Sweetheart. **Ogen** posee una carne dulce, de un verde pálido, y no es tan temprana como Sweetheart.

Melón: Ogen

NECTARINA

La nectarina es un pariente del melocotón, pero con la piel lisa. Se cultiva del mismo modo, aunque las cosechas son menos abundantes y su constitución es bastante más delicada. Entre las variedades más adecuadas para invernadero destacan **Elruge**, **Humboldt** y **Pine Apple**.

MELOCOTONERO

Como el albaricoquero, este frutal se beneficia de la protección y la calidez de un invernadero, tanto en época de floración como cuando los frutos comienzan a madurar. La pared de un cobertizo orientado al sur constituye la ubicación tradicional para un melocotonero, pero si esto no es posible puede cultivar un arbusto en una maceta de 30 cm durante varios años (después, las cosechas resultarán decepcionantes). Compre un árbol parcialmente formado de dos o tres años y plántelo a 30,5 cm de la pared, aproximadamente. Elija una variedad fiable y establecida, como **Peregrine**, **Duke of York**, **Rochester** o **Bellegarde**. Durante la estación de crecimiento es necesario proporcionar al árbol una humedad elevada. El riego regular también es una necesidad en verano, una o incluso dos veces al día. Polinice a mano con un pincel suave y aclare los frutos dejando una separación de 15-20 cm. Vigile la presencia de áfidos y arañas rojas.

Recoja los frutos cuando la carne de alrededor del pedúnculo esté suave y la piel presente un tono rojizo. Durante el otoño y el invierno, mantenga fresco y ventilado el invernadero. No se preocupe si la temperatura en invierno desciende hasta 0 °C.

Melocotonero: Rochester

FRESAS

Una fruta que todos los propietarios de invernadero pueden cultivar, por muy pequeño que éste sea. En verano, plante ejemplares vigorosos y bien enraizados en macetas de 15 cm. Riegue con regularidad y entierre las macetas en el exterior, en el suelo o en turba bien drenados, a mediados de otoño. Así protegerá las raíces de las heladas.

A principios de invierno, lleve las macetas a un invernadero fresco y manténgalas en un lugar bien iluminado. Cuando las flores se abran, deje de rociarlas y polinícelas a mano. Comience a aplicar un fertilizante líquido una vez a la semana y ventile el invernadero cuando el clima sea cálido y soleado. Vuelva a humedecer las plantas cuando los frutos empiecen a hincharse y deje de aplicar fertilizante cuando comiencen a tomar color. Mediados de primavera es la época más habitual para recoger las fresas, que estarán listas cuando toda su superficie sea roja. Pellizque el pedúnculo entre el pulgar y el índice. No guarde las mismas plantas para forzarlas al año siguiente, ya que la calidad desciende en el segundo año (comience de nuevo con estolones enraizados). La preferida durante muchos años ha sido **Cambridge Favourite** (fiable, pero un tanto sosa), mientras que **Royal Sovereign** es famosa por su sabor. **Elvira** es una variedad moderna muy prolífica, y **Tamella** se recomienda en ocasiones a pesar de que su sabor no es precisamente memorable.

Fresa: Cambridge Favourite

RIEGO

La tarea de regar exige más tiempo que cualquier otro aspecto del cultivo en un invernadero, y probablemente sea la más difícil de dominar. Nunca debe convertir el riego en una rutina regular (por ejemplo, cada domingo, martes y viernes), pues la frecuencia y la cantidad de agua dependen de muchas cosas, como por ejemplo, el tipo de planta, la estación del año, el tamaño y la clase de recipiente, la temperatura, el tipo de sustrato o la humedad del aire. No existen reglas inamovibles, pero sí algunas observaciones generales. Entre lo más básico que se debe recordar está el hecho de que las raíces necesitan aire además de agua, lo que significa que el sustrato debe estar húmedo pero no saturado. A algunas plantas de flor cultivadas en maceta les gusta estar permanentemente húmedas, pero otras (como la mayoría de ornamentales de follaje abundante) requieren un período de sequedad entre riegos.

CUÁNDO REGAR

Dar unos golpecitos a la maceta no sirve de nada, ya que medir la pérdida de agua calculando el peso de la maceta requiere una gran habilidad. El modo más sencillo de comprobar si una planta necesita riego consiste en observar la superficie (una vez a la semana en invierno y cada día en verano). Si la superficie está seca y pulverulenta, riegue en aquellos casos en los que las plantas deban mantenerse húmedas en todo momento. En el caso del resto de plantas, introduzca un dedo en el compuesto hasta el fondo: si el dedo sale seco significa que hay que regar. Los sacos de cultivo tienen sus propias reglas (que figuran en la parte posterior de cada saco). También debe guiarse por la estación y el clima. En verano, las plantas pueden necesitar riego hasta dos veces al día; en invierno, por el contrario, sólo una vez cada quince días. Las plantas en estado latente apenas necesitan agua durante los meses de invierno (dato especialmente importante para las suculentas), y recuerde que las plantas necesitan mucha más agua en un día soleado que en uno nublado. Por ejemplo, una tomatera de 90 cm sólo pierde 0,235 litros en un día sin sol, cantidad que se eleva a 1,175 litros en una jornada soleada. Riegue por la mañana, sobre todo cuando el clima sea frío, e intente evitar el riego cuando el sol se encuentre en su punto álgido.

QUÉ AGUA UTILIZAR

El agua del grifo resulta adecuada para casi todas las plantas, aunque para las más delicadas conviene dejarla en reposo durante la noche. No utilice aguas duras con plantas «enemigas» de la cal como la azalea, las orquídeas, el ciclamen o las hortensias. El agua de lluvia es excelente, pero debe estar limpia, no estancada.

CÓMO REGAR

La regadera y la manguera son los métodos más utilizados. En la página 12 encontrará información sobre el modo adecuado de regar y detalles sobre métodos de riego automático que facilitan el trabajo.

MANTENGA CONTENTAS A SUS PLANTAS

No deje que las plantas lleguen al extremo de «suplicarle» el agua, dejando que se les caigan las hojas y las puntas de los tallos. Las raíces necesitan aire además de agua, de modo que hay que evitar que el sustrato quede saturado durante mucho tiempo. Algunas plantas necesitan un período de sequedad entre riegos, pero otras no. Llene el espacio hasta el borde de la maceta y deje que absorba el agua. En el caso de los sacos de cultivo, siga las instrucciones del fabricante. Todas las plantas necesitan menos agua durante el período de latencia.

Problemas relacionados con el riego

La tierra no absorbe el agua

Causa: superficie dura
Solución: rasque la superficie con un rastrillo o una palita. A continuación, sumerja la maceta en un cubo con agua

Al regar, el agua sale directamente por el orificio de drenaje

Causa: falta de sustrato en los bordes de la maceta
Solución: sumerja la maceta en un cubo o una bañera con agua

Exceso de agua

Las hojas se mustian; hay zonas blandas y podridas. El crecimiento es pobre

Las hojas se arrugan, amarillean y se marchitan. Puntas de las hojas marrones

Las flores enmohecen

Tanto las hojas jóvenes como las viejas caen al mismo tiempo

Raíces marrones y blandas

Falta de agua

Las hojas se mustian; apenas crece vegetación nueva

Las hojas inferiores se arrugan, amarillean y se marchitan. Bordes de las hojas marrones y secos

Las flores caen o pierden el color rápidamente

Las hojas más viejas son las primeras en caer

VENTILACIÓN

Ya se ha remarcado la necesidad de al menos una ventana de techo y una lateral en cualquier invernadero, incluso en los más pequeños (*véase* pág. 11. Sin esas ventanas perderá la batalla contra las perjudiciales temperaturas elevadas del verano, aunque ésta no es la única época en la que se requiere ventilación.

En los invernaderos bien surtidos necesitará ventilación durante casi todo el año. En invierno es preciso mantener abierta la ventana del techo 25 o 50 mm durante algunas horas, a mediodía, si el clima es seco y la temperatura está por encima de la mínima del invernadero (realice esta operación en la parte donde perciba menos viento). El objetivo es reducir la humedad del aire y mantener un ambiente agradable (el aire frío, húmedo y estancado en invierno constituye la causa principal de la aparición de moho y otras enfermedades). Esta ventilación invernal resulta vital si utiliza calefacción de parafina, gas o aceite.

Cuando llega la primavera se ha de abrir más y durante más tiempo la ventana del techo (durante el día), pero las laterales se deben mantener cerradas, pues el aire frío que se desplaza rápidamente sobre el follaje perjudicaría al crecimiento de las plantas. En primavera cambia la situación: el principal propósito de la ventilación es mantener la temperatura por debajo de 24 °C. Es el momento de abrir las ventanas laterales, y tal vez sea también necesario abrir la puerta.

Cuando el verano llega a su punto álgido, la ventilación no es suficiente para mantener las temperaturas por debajo de los perjudiciales 30 °C. Es necesario que las plantas dispongan de sombra, así como humedecer el suelo de forma regular. Tal vez sea preciso dejar las ventanas abiertas día y noche, pero un cambio en el clima podría crear la necesidad de cerrar una o dos ventanas por la noche y parte del día. Con todo, es necesario realizar un control diario, lo que convierte la ventana automática (*véase* pág. 11) en una gran ayuda para cualquier propietario de invernadero. Un extractor no resulta tan imprescindible, aunque puede convertirse en un verdadero regalo del cielo en un verano excepcionalmente caluroso.

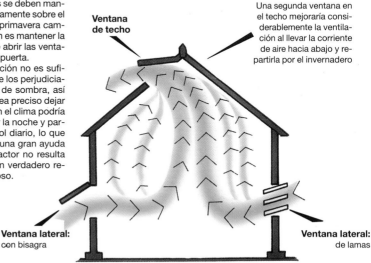

Ventana de techo

Una segunda ventana en el techo mejoraría considerablemente la ventilación al llevar la corriente de aire hacia abajo y repartirla por el invernadero

Ventana lateral: con bisagra

Ventana lateral: de lamas

TUTORADO Y APOYOS

Pocas personas desean ver un invernadero lleno únicamente de plantas de crecimiento bajo, ya que muchos de los especímenes más atractivos son trepadoras o bien plantas altas con tallos débiles. En el invernadero, las hortalizas y frutales más populares (tomates, pepinos, melones, vides y melocotoneros) alcanzan una altura considerable. Para estas situaciones se impone algún tipo de apoyo.

Los soportes se sujetan, en ocasiones, a las barras de la estructura de cristal, o bien a la pared del invernadero en el caso de un cobertizo o jardín de invierno. Un ejemplo es la distribución de alambres horizontales para guiar parras y frutales (con una separación de 25 cm en el caso de las primeras y 46 cm para los segundos). Utilice alambres plastificados de calibre galvanizado 14 tensado, pero asegúrese de que la instalación sea lo suficientemente resistente para dar apoyo a las plantas cargadas de frutos. Los soportes que se sujetan a la pared del invernadero en ocasiones se colocan en vertical (por ejemplo, una franja de espaldera para ornamentales trepadoras). Otra forma de soporte vertical es un arreglo de cuerdas o alambres sujetos a las barras del acristalado del techo, y se utiliza para tomates, pepinos, etc.

En general, resulta necesario utilizar un sistema de soporte que no se sujete a la estructura del invernadero. El ejemplo básico es la estaca de madera o la caña de bambú. En la mayoría de los casos es mejor introducir tres o cuatro cañas alrededor de los tallos de una planta cultivada en maceta y juntarlos con una cuerda o rafia en lugar de emplear una única estaca. Como alternativa, existe una gama de estacas circulares de alambre que sirven para sujetar plantas de maceta o de margen que llegan a alcanzar los 122 cm de altura. Las plantas altas cultivadas en sacos representan un caso especial: existen estructuras metálicas que se mantienen junto al saco de cultivo o por encima de él.

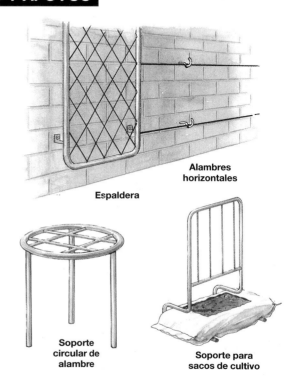

Espaldera

Alambres horizontales

Soporte circular de alambre

Soporte para sacos de cultivo

MACETAS Y PLANTACIÓN EN MACETAS

En el pasado sólo existían dos formas básicas de cultivar plantas bajo cristal. Algunas flores y arbustos pequeños se cultivaban en macetas, pero la mayoría de las vivaces de flor y los arbustos (crisantemos, camelias, etc.), así como los frutales y hortalizas (tomates, pepinos, vides, higueras, etc.) se cultivaban en el suelo de los márgenes. Se seguían las reglas básicas: se regaba el suelo dos días antes y se introducían estacas antes, y no después, de la plantación.

El problema es que los suelos se pueden «estropear» cuando se cultiva el mismo tipo de planta año tras año. Las cosechas disminuyen y las enfermedades aumentan de forma alarmante. Cuando esto ocurre es preciso elegir entre varias soluciones: se puede cambiar el suelo, por supuesto, o esterilizarlo con un desinfectante de jardín, pero, por desgracia, ambos procesos exigen mucho tiempo, son incómodos y no siempre dan buenos resultados; como alternativa, puede cultivar más plantas en macetas, pero la solución más habitual consiste en aplicar la técnica moderna de cultivo en sacos de tierra.

Los sacos de cultivo han revolucionado el mundo del invernadero. Son consistentes y estériles, y pueden producir cosechas muy abundantes. Estas bolsas de plástico llenas de sustrato son excelentes para plantas vigorosas como las tomateras, los pepinos y los melones, aunque es preciso seguir las instrucciones al pie de la letra. Las normas de riego y abonado son bastante distintas a las que rigen para las plantas cultivadas en el suelo de los márgenes.

Recipientes

MACETA DE ARCILLA
Ventajas: menos probabilidades de que se vuelque. Porosa (menos propensa a acumular agua). Aspecto natural y tradicional

MACETA DE PLÁSTICO
Ventajas: menos probabilidades de romperse si se vuelca. La necesidad de riego se hace menos frecuente. Existen formas decorativas

TINA
Gran recipiente decorativo de madera, plástico o fibra de vidrio para un arbusto o una colección de plantas más pequeñas. Ponga una capa de grava en el fondo antes de añadir el sustrato y riegue con moderación si carece de orificio de drenaje

BOLA DE TURBA
Útil para sembrar semillas y cambiar macetas. Se planta directamente en suelo o sustrato (no afecta a las raíces). Comprimida (sumergir en agua antes de su uso)

BOLSAS DE PLÁSTICO
Baratas y fáciles de guardar. Útiles para albergar las plantas durante el proceso de cambio de maceta. Por lo general se desechan después del uso, aunque se pueden reutilizar

MACETA DE TURBA
Útil para contener las plantas antes de pasarlas al jardín. Esta maceta es biodegradable: se planta directamente en el suelo o en el sustrato, y no representa ninguna molestia para las plantas

TACO DE TURBA
Cubo comprimido de sustrato a base de turba con o sin tierra realizado con una pequeña herramienta manual. Es preciso manipularlo con cuidado. Hoy se utiliza poco

ARRIATE ELEVADO
Útil cuando la base está pavimentada o el drenaje del suelo es muy malo. Construya los lados con tablas de 30,5 cm de ancho forradas de plástico. Llene el arriate con una mezcla de tierra y turba sobre una capa fina de grava

SACO DE CULTIVO
Bolsa de plástico llena de sustrato sin tierra. Los agujeros de drenaje o las hendiduras se realizan a los lados y se retiran los paneles de la parte superior para crear bolsas de plantación

Tipos de suelo

TIERRA DE JARDÍN
La tierra tomada directamente del jardín no resulta adecuada para llenar las macetas. Además de las plagas y malas hierbas que pueda contener, su estructura quedará destruida mediante el riego regular. Para un arriate elevado se puede utilizar una mezcla 4:1 de tierra de jardín y turba (cámbiela cada tres o cuatro años).

SUSTRATO A BASE DE TIERRA
La introducción de los compuestos John Innes (J.I.) ha eliminado la necesidad de emplear un gran despliegue de mezclas. Se mezcla marga y turba esterilizadas con fertilizantes, cal y arena. Los sustratos sin tierra los han sustituido casi por completo.

SUSTRATO SIN TIERRA
Dada la dificultad para obtener marga y debido a que su calidad es variable, la mayoría de los sustratos modernos se basan en turba o una mezcla de ésta y arena. Estos sustratos sin tierra presentan varias ventajas con respecto a los que sí incluyen tierra. Su calidad no varía y son más ligeros y limpios a la hora de manipularlos. Tal vez la ventaja más importante sea que el ejemplar que se va a plantar en una maceta probablemente haya crecido en un sustrato a base de turba, y a las plantas no les gusta cambiar de medio. Entre los inconvenientes está la dificultad para rehumedecerlo si el sustrato se seca, y el hecho de que la aplicación de fertilizantes debe llevarse a cabo dos meses después. Actualmente existen sustratos sin turba a base de bonote (fibra de coco).

REPICADO

Cuando se ha sembrado un gran número de semillas en un recipiente relativamente pequeño, resulta esencial trasplantar las plántulas a otro recipiente lleno de sustrato a fin de que dispongan de espacio para desarrollarse. Para más detalles, *véase* el punto 7 de Siembras (pág. 89).

ENMACETADO

Se lleva a cabo cuando una plántula o un esqueje enraizado está listo para ser trasplantado a su primer recipiente (por lo general, una maceta de plástico, arcilla o turba de 65-75 cm). El momento adecuado llega cuando las hojas de las plantas adyacentes empiezan a tocarse entre sí. El trasplante a una maceta puede convertirse en una operación delicada: manipule la planta joven con cuidado, asegúrese de que parte del sustrato quede adherido a las raíces y llene la maceta con sustrato universal para que la planta quede al mismo nivel que estaba. Debe quedar un hueco de 12 mm entre la superficie del sustrato y el borde de la maceta. Riegue ligeramente.

CAMBIOS DE MACETA

Se realizan cuando las raíces llenan la maceta y la planta comienza a acusar la falta de espacio. Las señales que lo revelan son que las raíces se salgan por el orificio de drenaje, que el sustrato se seque con gran rapidez y que el crecimiento sea muy lento a pesar de que la planta disponga de condiciones favorables. Como comprobación final, retire la maceta como se indica en el paso 2 de las ilustraciones inferiores. Si la maceta se ha quedado pequeña, verá una masa enmarañada y apelmazada de raíces, sin apenas suelo visible. En caso contrario, vuelva a poner la planta en su sitio. Si es necesario cambiar de maceta, siga la técnica que se muestra a continuación. La mejor época para hacerlo es en primavera. Elija una maceta ligeramente más grande que la anterior. No se precipite con los cambios de maceta a menos que sea estrictamente necesario, pues algunas plantas sólo florecen cuando la maceta se les queda pequeña.

① Una secuencia adecuada de tamaños de maceta sería 75 mm →13 cm→18 cm→25 cm. No se salte ninguna fase de esta secuencia, pero deténgase cuando la planta alcance el tamaño deseado. Limpie las macetas usadas (para ello, deje las de arcilla en remojo durante toda la noche).

② Riegue la planta. Una hora más tarde, sáquela de la maceta tal como se indica en la ilustración. Si le resulta difícil, golpee la maceta contra el borde de una mesa y pase un cuchillo alrededor del cepellón. Deshaga la maraña de raíces.

③ Tape con trozos de maceta el orificio de drenaje de una maceta de arcilla. Añada una capa de sustrato para macetas. Coloque la planta sobre esta capa y llene el espacio hueco con sustrato húmedo. Afirme la tierra con los pulgares.

④ Golpee varias veces la maceta contra una superficie resistente (deje un espacio de 20-25 mm en la superficie para poder regar). Riegue y mantenga la planta a la sombra durante una semana, pero rocíe las hojas a diario. Transcurrido este tiempo, la planta estará en desarrollo; trátela con normalidad.

REENMACETADO

Esta técnica se realiza cuando la planta o el recipiente han alcanzado el tamaño deseado o máximo. Durante la estación de latencia, retire la planta de la maceta tal como se ha descrito anteriormente y elimine parte del sustrato viejo del cepellón (puede hacerlo con una horquilla, la herramienta más habitual para esta tarea). Recorte la punta de algunas raíces, pero no reduzca el tamaño del cepellón más de un 25 % y vuelva a plantar el ejemplar en una maceta del mismo tamaño. Lave bien la maceta vieja si tiene intención de reutilizarla.

SUSTITUCIÓN DE LA CAPA SUPERFICIAL DE SUSTRATO

Por diversas razones, sobre todo en el caso de las macetas grandes y los ejemplares guiados, tal vez no desee o no pueda realizar la limpieza del cepellón. En este caso, deberá sustituir la capa superficial de sustrato cada primavera: elimine cuidadosamente los 25 mm superiores de sustrato (el doble en el caso de las macetas grandes) y cambie el material eliminado por sustrato fresco.

PROPAGACIÓN

Si no aprende el arte de la propagación se perderá gran parte del encanto de cultivar plantas en invernadero. Algunas especies de invernadero y de invernáculo no se pueden cultivar a cubierto sin unos conocimientos y un equipo especiales, pero muchas otras se pueden propagar fácilmente en un invernadero corriente. Existen diversos métodos, aunque destacan dos: los esquejes y la propagación por semillas. La propagación con esquejes mediante el sencillo método de la bolsa de plástico o del propagador eléctrico constituye la técnica habitual para las ornamentales, mientras que las semillas son el método más utilizado para propagar las verduras y hortalizas. Pero incluso con esquejes y semillas de enraizado fácil se producen fallos inexplicables, así que conviene tomar siempre más esquejes y sembrar más semillas de las que se tenga pensado utilizar.

Existen cuatro razones básicas para cultivar sus propias plantas. En primer lugar, podrá tener más ejemplares sin necesidad de comprarlos, pero además esto le permitirá sustituir las plantas viejas por otras nuevas y vigorosas, tener plantas no disponibles en el centro de jardinería más cercano y disfrutar de la satisfacción de cultivar plantas empezando desde cero.

Como ya hemos apuntado, sembrar semillas y tomar esquejes de tallo son los métodos más populares de propagación de plantas para su cultivo en un invernadero, aunque no los únicos. La begonia y la violeta africana se propagan a partir de esquejes de hoja; las fresas se reproducen sujetando los estolones; y los helechos se dividen y los vástagos se plantan tras arrancarlos de los laterales de bulbos maduros.

Tomar esquejes

Un esqueje es una pieza pequeña de una planta cortada, que con el tratamiento adecuado puede formar raíces y convertirse en un espécimen idéntico a la planta madre. Hay plantas leñosas difíciles o imposibles de propagar sin un equipo especial, mientras que los esquejes de algunas plantas de invernadero muy conocidas (como la hiedra y la tradescantia) formarán raíces en un vaso con agua. Principios del verano es una época recomendable para muchas plantas, aunque en el caso de las fucsias y los geranios hay que esperar a finales del verano. De modo que no se deje llevar por la intuición y consulte guías como *Plantas de interior, Flores de jardín* y *Árboles y arbustos de jardín*.

Existen algunas reglas básicas. Plante los esquejes de las no suculentas tan pronto como sea posible tras la separación de la planta madre y asegúrese de que el sustrato esté en contacto directo con la parte introducida en él. Mantenga los esquejes en un entorno cerrado para conservar una humedad del aire elevada alrededor de las plantas (los cactos, las suculentas y los geranios son tres excepciones). Finalmente, no tire del esqueje para comprobar si ha echado raíces: la aparición de vegetación nueva es la mejor guía.

Los esquejes de brote tierno son verdes en la punta y en la base, y se toman desde principios de la primavera hasta mediados del verano. Muchas vivaces resistentes y algunos arbustos pequeños se propagan mediante este método. Los esquejes basales son brotes que se forman en la base de la planta y que se arrancan para su uso como esquejes de madera blanda en primavera.

Los esquejes semimaduros son verdes en la punta y parcialmente leñosos en la base (por lo general, son esquejes de brote lateral; *véase* inferior). La época habitual para tomarlos transcurre entre mediados del verano y principios del otoño, y la mayoría de los arbustos y las vivaces trepadoras se propagan siguiendo este método.

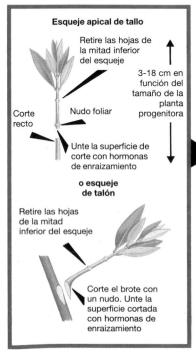

Esqueje apical de tallo

Retire las hojas de la mitad inferior del esqueje

3-18 cm en función del tamaño de la planta progenitora

Corte recto

Nudo foliar

Unte la superficie de corte con hormonas de enraizamiento

o esqueje de talón

Retire las hojas de la mitad inferior del esqueje

Corte el brote con un nudo. Unte la superficie cortada con hormonas de enraizamiento

④ Introduzca el esqueje y afirme el sustrato alrededor de la base con el lápiz. Ponga una etiqueta de identificación

② Corte por la mitad el follaje de las plantas de hojas grandes

③ Realice un agujero en el sustrato con un lápiz

⑤ Riegue el esqueje muy ligeramente

① Llene una maceta de 13 cm con sustrato para semillas y esquejes o con sustrato universal

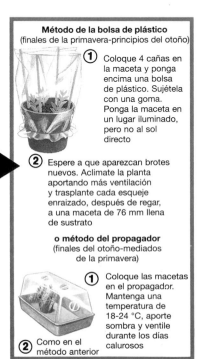

Método de la bolsa de plástico
(finales de la primavera-principios del otoño)

① Coloque 4 cañas en la maceta y ponga encima una bolsa de plástico. Sujétela con una goma. Ponga la maceta en un lugar iluminado, pero no al sol directo

② Espere a que aparezcan brotes nuevos. Aclimate la planta aportando más ventilación y trasplante cada esqueje enraizado, después de regar, a una maceta de 76 mm llena de sustrato

o método del propagador
(finales del otoño-mediados de la primavera)

① Coloque las macetas en el propagador. Mantenga una temperatura de 18-24 °C, aporte sombra y ventile durante los días calurosos

② Como en el método anterior

Siembras

1 **SEMILLAS** Debe empezar con semillas de buena calidad. Cómprelas en un establecimiento fiable y no abra el paquete hasta que esté preparado para sembrarlas. Las semillas de corteza dura deben agitarse en un tarro con arena gruesa y después ponerse a remojo durante toda la noche (no se recomienda intentar partirlas). Las semillas muy finas se mezclan con arena seca plateada antes de la siembra.

2 **RECIPIENTES** Existen muchos tipos de recipientes (deben tener agujeros o aberturas en la base para el drenaje). Evite las bandejas de madera, ya que los organismos que provocan enfermedades son difíciles de eliminar mediante el lavado. Opte por el plástico (las bandejas completas suelen ser demasiado grandes; la mejor elección es media maceta o media bandeja de 90 mm-12 cm). Las semillas grandes se pueden sembrar en módulos, macetas de turba llenas de sustrato o bolas de turba (Jiffy 7s).

3 **SUSTRATO** Lo ideal es uno para semillas o universal con base de turba (estéril, ligero y consistente). Llene el recipiente con él y afírmelo ligeramente con un trozo de madera. La superficie debe quedar aproximadamente 12 mm por debajo del borde de la maceta. Rocíe la superficie con agua el día anterior a la siembra (debe estar húmeda, pero no empapada, cuando esparza las semillas). Las semillas más grandes se pueden sembrar en hileras.

4 **COBERTURA** No cubra con sustrato las semillas muy pequeñas (entre ellas, las de las begonias, las lobelias, las petunias y los mímulos). Otras semillas deben cubrirse con sustrato hasta una profundidad del doble del diámetro de la semilla. Este sustrato debe aplicarse con un tamiz para formar una capa fina y uniforme. Afirme suavemente con una tabla después de la siembra. La mayoría de las semillas, aunque no todas, necesitan oscuridad para que se produzca la germinación: coloque papel de embalar sobre la bandeja o la maceta y, encima, un cristal. La condensación será absorbida por el papel, de modo que no caerán gotas en el sustrato; cambie el papel si es necesario. No utilice papel de embalar para semillas que necesiten luz para germinar (entre las más populares figuran las de *Antirrhinum, Alyssum, Mimulus, Impatiens, Nicotiana* y *Begonia*).

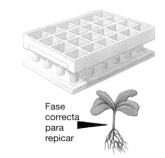

5 **CALOR** La mayoría de las semillas requieren una temperatura bastante cálida (18-21 °C) para una buena germinación. Como guía general, la temperatura de germinación debe ser 5 °C superior a la mínima recomendada para la planta en desarrollo. Calentar todo un invernadero en primavera puede salir muy caro, por lo que es mejor instalar un propagador controlado mediante un termostato. Asegúrese de comprar uno que sea lo suficientemente grande para sus futuras necesidades. Para la propagación en alféizares de ventana necesitará una habitación con calefacción central en la que se pueda mantener la temperatura a 15-21 °C. Levante las macetas o las bandejas del alféizar para que queden niveladas con el cristal.

6 **LUZ Y AGUA** Cuando las plántulas asomen a través de la superficie, retire el papel y mantenga la lámina de cristal. Transcurridos algunos días, retire el cristal y traslade el recipiente a un lugar bien iluminado, pero no con sol directo. Las macetas o bandejas colocadas en el alféizar de una ventana deben girarse cada dos días. No deje que el sustrato llegue a secarse. El modo más seguro de regar consiste en utilizar un pulverizador fino (regar con una regadera o sumergir el recipiente en agua puede desplazar las plantitas).

7 **REPICADO** Cuando se haya abierto el primer par de hojas auténticas, las plántulas deben trasladarse a bandejas, macetas pequeñas o módulos de 24 huecos (Propapacks) llenos de sustrato universal. Coloque las plántulas de modo que las hojas queden justo por encima de la superficie, pero manipule las plantitas por las hojas, no por los tallos. Las plantitas deben tener una separación de 25-26 mm en las macetas o bandejas, y las plantitas grandes, como las de las dalias y los geranios, deben plantarse en macetas individuales de 76 mm. Mantenga las macetas a la sombra durante uno o dos días antes de trasplantar. No se requieren temperaturas elevadas (10-13 °C son suficientes). Riegue según las necesidades de cada planta y utilice sustrato Cheshunt si el hecho de humedecer el suelo supone un problema.

Fase correcta para repicar →

8 **ACLIMATACIÓN** Cuando las plantitas se hayan recuperado del trasplante y de su plantación en maceta, se pueden trasladar a la parte del invernadero reservada para ellas. Proporcióneles sombra en los días soleados hasta que hayan pasado la fase de plántula. Las plántulas destinadas a ser trasplantadas al aire libre deben aclimatarse a fin de que se preparen para la vida en el jardín. Traslade las macetas a la parte más fresca del invernadero y después a una cajonera fría. Mantenga las luces apagadas al principio, y después enciéndalas durante el día. Finalmente, deje las macetas sin cubrir durante siete días antes de plantar los ejemplares al aire libre.

MANTENIMIENTO DE LA ESTRUCTURA

Casi todas las técnicas de mantenimiento y reparación descritas en este capítulo están diseñadas para mantener las estructuras resistentes, atractivas y seguras. En el caso de los invernaderos existe un factor adicional: gran parte del mantenimiento va dirigido a mantener las plantas en sus mejores condiciones e impedir la aparición de plagas y enfermedades. Éste consiste en llevar a cabo una puesta a punto anual en otoño y en emprender acciones inmediatas en cualquier momento si se produce una emergencia.

LIMPIEZA DEL INTERIOR EN OTOÑO

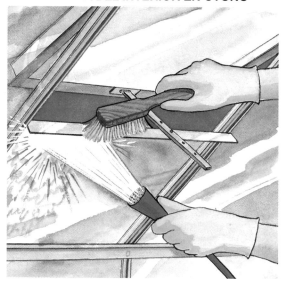

Para realizar una limpieza anual profunda es necesario desplazar tantas plantas como sea posible. El procedimiento recomendado consiste en elegir un día tranquilo de otoño, cuando las tomateras hayan dejado de producir. Traslade las plantas a un lugar exterior adecuado, aunque los ejemplares más delicados tendrán que quedarse en el invernadero.

Retire la basura, las macetas viejas, etc. y utilice un cepillo rígido para eliminar la suciedad del camino. La siguiente fase consiste en el lavado del invernadero: para ello necesitará un cepillo rígido, una rasqueta, una esponja y una solución de agua caliente con desinfectante recomendado para uso hortícola. Frote bien toda la estructura (es importante llegar hasta las grietas donde crían los insectos). En el caso de los invernaderos de aluminio, las barras en T son un vivero de plagas, por lo que deberá eliminar los insectos frotando con un estropajo metálico. Utilice un atomizador para llegar hasta las grietas y preste especial atención a los cristales (*véase* página siguiente. Cuando termine, todas las superficies deberían quedar limpias y sin suciedad incrustada. El camino también se ha de limpiar con la solución desinfectante.

Deje transcurrir varias horas para que el desinfectante haga efecto y después riegue el interior del invernadero. Utilice un cepillo de mango largo y agua limpia para llegar a los rincones y retirar el desinfectante. Deje la puerta y los respiraderos abiertos para que los cristales y la estructura se sequen con la mayor rapidez posible (ponga la calefacción si lo cree necesario). Un consejo sobre seguridad: conviene tapar los enchufes durante el lavado.

Asegúrese de limpiar todas las macetas y bandejas. Cuando el invernadero esté seco puede volver a entrar las plantas. Limpie las macetas y elimine las hojas muertas y enfermas antes de devolverlas a su sitio.

LIMPIEZA DEL EXTERIOR EN OTOÑO

Comience por los cristales y la estructura, utilizando agua y detergente o una solución diluida de un detergente para horticultura. Esta tarea resulta mucho más complicada que limpiar el interior, pues necesitará una fregona de mango largo para llegar al techo. Cuando haya limpiado el cristal y las barras, pase a las paredes (si las hay) y la base. Frote los ladrillos y las paredes con agua y un limpiador específico (para la madera utilice un antimusgo a fin de eliminar las algas y el musgo).

MANTENIMIENTO GENERAL

Quizá tenga que hacer algo más aparte de limpiar los cristales, la estructura, los estantes y el suelo. Compruebe todos los aparatos de hierro y acero, bisagras y clavos por si hubiese óxido (si hacen ruido, aplique una fina capa de aceite y si hay corrosión, trátela con un producto a base de tannato antes de pintar. Sustituya las bisagras muy oxidadas.

Las corrientes suponen un problema especial, ya que además de resultar incómodas para las personas pueden ser mortales para las plantas. Compruebe que los respiraderos y las puertas encajan bien, y si no lo hacen, instale tiras autoadhesivas contra las corrientes. Las lamas son una causa habitual de corrientes; revíselas bien.

Inspeccione los lados del invernadero si no está acristalado hasta el suelo. Rejunte las paredes de ladrillo si es necesario y reponga las tablas que falten si la base es de madera. Debe inspeccionar y reparar la estructura de madera del invernadero y limpiar los canalones si es necesario (*véanse* instrucciones, página siguiente). Compruebe asimismo los alambres que dan apoyo a las plantas altas; por lo general, se necesita sustituirlos cada cierto tiempo. Por último, cambie los cristales rotos o agrietados y renueve la masilla dañada o que falte.

MANTENIMIENTO GENERAL

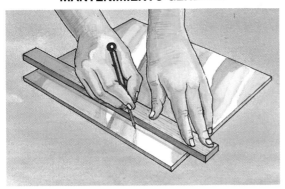

Que el cristal esté sucio no es el verdadero problema: es la reducción de luz que penetra en el invernadero, reducción que puede llegar a ser considerable en invierno y durante los primeros meses de la primavera. El proceso de limpieza ya se ha descrito en la página anterior, pero el crecimiento de algas y la presencia de suciedad incrustada entre los cristales superpuestos requieren atenciones especiales. Utilice un limpiador especial para cristales de invernadero, un chorro potente de agua y una lámina fina de cartón o plástico para colocarla entre las láminas de cristal si fuese necesario. En los invernaderos con plantas, los cristales rotos durante los meses más fríos tienen que sustituirse sin demora. Por supuesto, han de reponerse cualquiera que sea la época del año, porque las corrientes pueden ocasionar muchos problemas. Los cristales agrietados suelen pasarse por alto, lo cual es un gran error, ya que una tormenta puede echarlos abajo fácilmente. En la página 15 encontrará información sobre la sustitución de cristales en invernaderos de aluminio y de madera. Los invernaderos con la estructura metálica se acristalan de un modo similar a los de madera, pero se utilizan clips en lugar de puntillas y tendrá que comprar una masilla especial para metal.

CUIDADOS DE LA MADERA

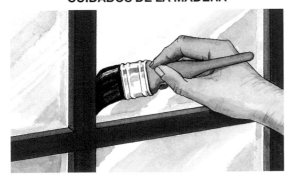

Si su invernadero es de teca o cedro, la podredumbre no debe preocuparle. Es preciso pintar la estructura de los invernaderos de madera blanda cada dos años con un conservador inofensivo para las plantas. Si la pintura está agrietada, rásquela y aplique una imprimación. A continuación, aplique pintura base y dos capas de pintura al esmalte. Abra todos los respiraderos y la puerta para acelerar el secado. La podredumbre puede suponer un serio problema: busque las señales reveladoras: madera blanda en la que pueda penetrar fácilmente un objeto punzante, un color inusualmente oscuro o grietas en el veteado. Los puntos problemáticos se encuentran generalmente alrededor de las tablas de la base, en las barras inferiores del acristalamiento y en la parte inferior de puertas y respiraderos. Es posible reparar la podredumbre con un endurecedor y masilla, pero por lo general resulta más satisfactorio sustituir la madera dañada.

CUIDADOS DE LA PUERTA

La puerta es una parte básica del invernadero y, en general, uno de los primeros elementos en dar problemas. En el caso de las puertas colgadas de forma convencional, compruebe que abren fácilmente y mantenga engrasadas las bisagras, los tornillos en su lugar y el pomo en buenas condiciones. La cerradura no debe engrasarse si está rígida: utilice un lubricante de grafito. La facilidad de apertura es vital, porque por lo general se acciona la puerta con una sola mano mientras la otra se utiliza para llevar macetas, una regadera o un atomizador. El funcionamiento perfecto de la puerta también constituye una necesidad vital en el caso de las puertas correderas, que parecen dar más problemas que las normales. Limpie las guías superiores interiores, pues la suciedad y el polvo son las causas más comunes de que queden atascadas. Otra causa es el desgaste de las ruedas de nailon: sustitúyalas si es necesario.

CUIDADOS DE LOS CANALONES

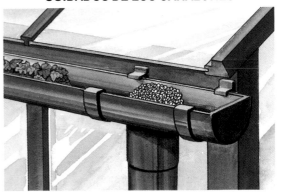

Resulta esencial que los canalones sean resistentes: el exceso de agua o las filtraciones mojarán la zona acristalada y la estructura, provocando el crecimiento de algas en el cristal o el plástico transparente y el desarrollo de podredumbre en las barras de la estructura. Lo primero que hay que hacer es limpiar los canalones de hojas y otros restos, al menos dos veces al año. Si no hay un filtro en la parte superior del conducto, debería poner una bola de alambre de gallinero.

Repare los canalones combados introduciendo una pequeña cuña de madera entre el canalón y el soporte. El fallo, sin embargo, podría estar en la tubería que baja y no en el canalón. Si hay una fuga (busque una mancha de humedad o limo verdoso en la parte de atrás), coloque una venda de fibra de vidrio o una tira autoadhesiva alrededor de la zona afectada. Si el bajante está bloqueado, ponga un cuenco en la base y pase un alambre rígido a través de la salida inferior, hacia arriba, para eliminar el posible obstáculo. Repita la operación en sentido descendente. Retire la suciedad de la abertura y utilice un alambre resistente en forma de gancho para recoger los posibles restos. Finalmente, pase una caña de bambú larga a través de toda la tubería.

ABONADO

Las plantas requieren alimento para permanecer sanas, y los principales elementos necesarios son el nitrógeno, los fostatos y la potasa. Esto no significa que las plantas necesiten alimentación constante, pues el exceso puede ser tan perjudicial como el defecto. Los sustratos a base de turba contienen todos los nutrientes esenciales, los cuales duran hasta seis u ocho semanas después de la plantación. A partir de este momento conviene empezar con el fertilizante, aunque la cantidad y la frecuencia dependerán de diversos factores. Las plantas de crecimiento lento y en período de latencia necesitan poco o ningún fertilizante, mientras que las de crecimiento activo necesitan un abonado regular. Los fertilizantes líquidos son la mejor opción para las plantas en macetas y sacos de cultivo; los fertilizantes sólidos deben reservarse únicamente para los márgenes. La regla de oro es «poco y a menudo» (siga las instrucciones del fabricante). Como abono general utilice un fertilizante con proporciones similares de nitrógeno, fosfatos y potasa. Los jardineros expertos, sin embargo, utilizan más de un fertilizante: emplean uno rico en nitrógeno para las plantas de follaje y las que producen frutos cuando se necesita que crezcan las hojas y los tallos; pero cuando se llega a la etapa de floración y producción de frutos, se necesita un fertilizante rico en potasa. Para las tomateras se emplea un abono que desvíe la energía de la producción de hojas para concentrarse en la de flores y frutos.

Asegúrese de que el sustrato esté húmedo cuando abone las plantas, pues aplicar fertilizante a un sustrato seco puede provocar daños. La fertilización foliar constituye una técnica interesante que consiste en aplicar fertilizante diluido directamente en las hojas, pero asegúrese de utilizar un producto recomendado para este fin.

Guía de abonado

Utilice un fertilizante compuesto que contenga nitrógeno, fosfatos y potasa. Si en la etiqueta no se menciona alguno de ellos, puede estar seguro de que no forma parte de ese fertilizante.	
NITRÓGENO (N)	Favorece el crecimiento de los tallos y la **producción de hojas**. Debe equilibrarse con un poco de potasa para las plantas de flor
FOSFATOS (P$_2$O$_5$)	Estimulan el **enraizamiento activo** en el sustrato. Necesarios para las plantas de follaje y de flores
POTASA (K$_2$O)	Endurece el crecimiento, de modo que se **favorece la floración** y la producción de frutos a costa del desarrollo de hojas
OLIGOELEMENTOS	Derivan de extractos de humus o agentes químicos añadidos. La escasez puede dar lugar a la pérdida de color de las hojas

Problemas con el abonado

Causa	Falta de fertilizante	Exceso de fertilizante
Efectos	Crecimiento lento y poca resistencia a plagas y enfermedades	Crecimiento desgarbado y débil en invierno y crecimiento anormal en verano
	Hojas pálidas con aspecto de «lavadas». Caída de las hojas inferiores y tallos débiles	Hojas mustias con bordes quemados y manchas marrones
	Falta de flores o flores pequeñas y sin apenas color	Falta de flores o flores pequeñas y sin apenas color

ILUMINACIÓN

La mayoría de los jardineros de invernadero confían únicamente en la luz natural. En verano recuerde que casi todas las plantas deben disponer de protección contra el sol de mediodía (las hojas nuevas sin abrir son las que más sufren), mientras que en invierno es preciso mantener las ventanas limpias: eliminar el polvo puede incrementar la intensidad de la luz en un 10 %.

La falta de luz y las bajas temperaturas provocan un descenso del crecimiento en invierno. No se trata sólo de que no haya sol: la duración del día también es importante. La mayoría de las plantas requiere iluminación durante 12-16 horas al día para mantener un crecimiento activo, razón por la que el período de descanso de las plantas de follaje no se interrumpe por una serie de días soleados en invierno.

La instalación de iluminación ofrece varias ventajas durante el invierno. El aumento de la duración y la intensidad de la luz activa el crecimiento de las plántulas y las plantas jóvenes y provoca la floración de algunas especies (las violetas africanas pueden estar en flor durante casi todo el año). La ventaja más importante, no obstante, es que se puede trabajar en el invernadero durante las largas tardes de invierno. La base de un fluorescente consiste en un tubo o una serie de tubos montados bajo un reflector, pero más práctica resulta una línea de lámparas de vapor de mercurio de 200 vatios. Dos advertencias: asegúrese siempre de que las lámparas que elija estén recomendadas para su uso en horticultura y recuerde que algunas plantas necesitan un período de días cortos (y, por tanto, podrían sufrir daños si se prolonga artificialmente la duración del día en invierno).

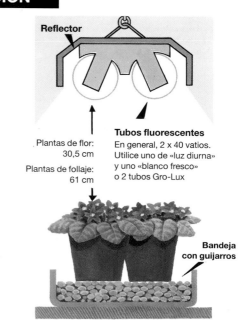

Reflector

Tubos fluorescentes
En general, 2 x 40 vatios. Utilice uno de «luz diurna» y uno «blanco fresco» o 2 tubos Gro-Lux

Plantas de flor: 30,5 cm

Plantas de follaje: 61 cm

Bandeja con guijarros

CAPÍTULO 5
PROBLEMAS DE LAS PLANTAS

El calor y la humedad en el invernadero son un verdadero paraíso para muchas plagas y enfermedades. Algunos enemigos naturales pueden estar presentes y la velocidad de reproducción de estos organismos resulta sorprendentemente elevada. Por supuesto, habrá ocasiones en las que tendrá que rociar o encender un fuego para hacer humo, pero intente poner todo de su parte para evitar problemas siguiendo las normas de una buena higiene.

Evite los problemas antes de que aparezcan

NO INTRODUZCA PROBLEMAS EN EL INVERNADERO
● Nunca utilice un suelo no esterilizado. Adquiera un sustrato especialmente preparado, sin plagas ni enfermedades. Como alternativa, esterilice tierra si desea preparar su propio compuesto. No utilice abonos sin esterilizar y examine con detenimiento las plantas nuevas para tomar las medidas necesarias si alguna planta presenta algún problema.

MANTENGA LIMPIO EL INVERNADERO
● No deje la basura dispersa y elimine las hojas muertas y el sustrato viejo de los bancos y el suelo. Lave y ordene las macetas y bandejas después de su uso. Las grietas y la madera pueden albergar plagas y enfermedades: hay que limpiar a fondo el invernadero una vez al año (*véase* pág. 90) y utilice un desinfectante de jardín (siga las instrucciones al pie de la letra).

SIGA UNA PRÁCTICA DE CULTIVO CORRECTA
● Asegúrese de que el invernadero disponga de una ventilación adecuada. El aire seco favorece la aparición de plagas como la araña roja y el trips, y el aire saturado también provoca enfermedades. Riegue por la mañana para que las hojas tengan tiempo de secarse antes de que llegue la noche. Puede regar a primera hora de la tarde si el tiempo es caluroso, pero no utilice agua de lluvia sucia: puede introducir plagas, enfermedades y organismos. Esterilice el suelo de los márgenes una vez al año a fin de evitar la acumulación de organismos perjudiciales y abone las plantas de forma regular.

REVISE LAS PLANTAS CON REGULARIDAD
● Busque las primeras señales de problemas. Preste especial atención al envés de las hojas. Elimine las flores y las hojas muertas de inmediato y extraiga del invernadero las plantas muertas o estropeadas. Si observa problemas, soluciónelos (*véase* inferior).

Tome medidas de inmediato

REALICE PRIMERO LAS TAREAS QUE NO REQUIEREN ROCIADO
● Los ataques menores de orugas y polillas minadoras de las hojas se pueden controlar arrancando a mano las hojas y los frutos mohosos. Muchos problemas se deben más a las malas condiciones de crecimiento que a una plaga o enfermedad específica. Mejore sus habilidades de cultivo. Coloque una capa de 50 mm de turba húmeda alrededor de los tallos de las tomateras y los pepinos si sospecha que las raíces han podido sufrir daños.

COMPRE EL PRODUCTO ADECUADO
● Tal vez tenga que rociar, fumigar o espolvorear con algún producto. Los pesticidas son seguros si se utilizan como se indica en la etiqueta, pero debe seguir las instrucciones y las precauciones al pie de la letra. Asegúrese de que el producto esté recomendado para su uso en un invernadero y para las plantas afectadas, pues muchas variedades (pepinos, melones, begonias, etc.) pueden aparecer en la lista de «no rociar».

APLIQUE LOS TRATAMIENTOS CORRECTAMENTE
No rocíe o fumigue cuando haga sol y cierre todos los ventiladores antes de utilizar humo

Cuidado con los aerosoles, pues rociar una planta muy cerca puede hacer que ésta se queme

Las hojas deben estar secas

Utilice un aerosol de buena calidad y eficaz. Mantenga todos los aerosoles alejados de la piel y lávese inmediatamente si sufre alguna salpicadura

No rocíe las flores delicadas abiertas

Rocíe a conciencia las hojas por el haz y el envés hasta que queden cubiertas de líquido y empiecen a gotear

SIGA TODAS LAS NORMAS SOBRE CUIDADOS POSTERIORES
● No se quede en el invernadero después de haber rociado y cierre la puerta después de fumigar (abra los ventiladores y la puerta al día siguiente). Lave el equipo; lávese las manos y la cara. No guarde la solución en aerosol para un próximo uso. Guarde los productos en un lugar seguro y no almacene productos sin etiquetar o con etiquetas ilegibles. Tire los recipientes a la basura tras vaciarlos en un desagüe exterior. Nunca guarde productos en botellas de cerveza o similares.

PRINCIPALES PLAGAS

ÁFIDOS (pulgón verde)

Insectos pequeños que chupan savia; por lo general son verdes, pero también los hay negros, grises o anaranjados. Pueden atacar a una amplia gama de ornamentales, frutales y hortalizas. La planta afectada se afea, y se debilita el crecimiento, pero todavía peores son los virus que ellos contagian. Rocíe con jabón hortícola.

ORUGAS

Existen muchos tipos de orugas que atacan a las hortalizas y las plantas ornamentales, pero rara vez suponen un problema grave en el invernadero. Las señales inequívocas de su presencia son los agujeros que dejan en las hojas, que pueden llegar a juntarse. Retire las orugas una a una, ya que no es necesario rociar con derris o fenitrotión.

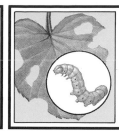

TIJERETAS

Insecto de jardín habitual con el cuerpo de color marrón oscuro y cola en forma de tenazas. Con frecuencia pasa inadvertido porque sale de su escondite por la noche y se alimenta de las hojas y los pétalos inferiores de claveles, crisantemos, etc. Mire debajo de las hojas y agite las flores. Cuando los encuentre, destrúyalos.

ANGUÍLULAS

Por suerte, estos gusanos microscópicos que viven en el suelo no forman una plaga habitual en el invernadero. Entre sus víctimas figuran las tomateras y los crisantemos. Las raíces infectadas de las tomateras presentan bultos acorchados y las hojas de los crisantemos desarrollan manchas marrones. Destruya las plantas afectadas.

POLILLA MINADORA DE LAS HOJAS

Las pequeñas larvas crean largos y retorcidos túneles y se comen el tejido foliar. El follaje de los crisantemos suele recibir su ataque. La mosca del clavel se comporta de otro modo, produciendo manchas en las hojas. Arranque y destruya las hojas minadas (no es necesario rociar).

COCHINILLAS ALGODONOSAS

Insectos pequeños cubiertos de una lanilla algodonosa de color blanco. Se pueden formar grupos numerosos en los tallos y debajo de las hojas de una amplia variedad de plantas, y un ataque grave provoca el marchitamiento y la caída de las hojas. Elimínelas con un algodón húmedo y en el caso de un ataque severo, rocíe con malatión.

ARAÑA ROJA

Plaga de arañas diminutas que chupan la savia. Infestan el envés de las hojas de muchas plantas de invernadero cuando las condiciones climáticas son cálidas y secas. El haz de las hojas se llena de motas, y en ocasiones se produce una telaraña blanca. Rocíe cada día y aplique derris; repita si es necesario.

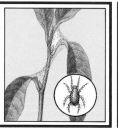

COCHINILLAS

Discos pequeños de color marrón sujetos al envés de las hojas y en los tallos. Estos adultos inmóviles se protegen de los aerosoles con sus conchas cerosas externas, pero se pueden retirar con un trapo húmedo. Si se dejan en la planta pueden provocar una infestación que echaría a perder el ejemplar afectado.

BABOSAS

En las hojas de muchas plantas aparecen agujeros irregulares e incluso se pueden ver las huellas inconfundibles de las babosas. Esta plaga en general se esconde bajo la basura y se siente atraída por la vegetación en descomposición, de modo que la higiene es esencial. Reparta un molusquicida alrededor de las plantas en la zona afectada.

TRIPS

No es una plaga importante, aunque estos diminutos insectos negros afean las begonias, los crotones, las fucsias y muchas otras ornamentales. Vuelan o saltan de hoja en hoja, y las flores y hojas dañadas presentan puntitos o deformaciones. Se puede controlar rociando con derris.

GORGOJO

Los escarabajos adultos atacan las hojas, pero son las larvas de 25 mm las que provocan el auténtico daño. Viven en el sustrato y devoran rápidamente raíces, bulbos y tubérculos. Cuando las plantas se marchitan ya es demasiado tarde para tomar medidas. Utilice un tratamiento no químico (biológico) para evitar ataques.

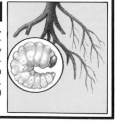

MOSCA BLANCA

Plaga grave y habitual. Las moscas adultas son muy desagradables y las larvas verdes situadas en el envés de las hojas chupan savia y depositan un jugo pegajoso. La mosca blanca puede reproducirse en gran número y su erradicación mediante el rociado resulta difícil. Cuelgue atrapamoscas especiales para invernadero.

PRINCIPALES ENFERMEDADES

ANTRACNOSIS

Aparecen unos puntos negros hundidos en el follaje de palmas, ficus y otras ornamentales susceptibles. Esta enfermedad se asocia al calor y las condiciones húmedas, y controlarla no resulta fácil. Elimine y queme las hojas infectadas; rocíe con un fungicida sistémico y mantenga la planta más bien seca durante varias semanas.

PODREDUMBRE DEL TALLO

Enfermedad de los esquejes de tallo, en especial de los geranios. La base del esqueje se vuelve negra debido a una invasión de hongos. La causa es el exceso de riego o de compactación del sustrato, lo que impide el drenaje adecuado. Elimine los esquejes infectados de inmediato y mantenga el sustrato más seco en el futuro.

BOTRITIS (podredumbre gris)

El familiar moho gris algodonoso que cubre cualquier punto de la planta si las condiciones son frescas, húmedas y sin ventilación. Pueden verse afectadas todas las plantas de hojas delicadas. Corte y destruya las partes enfermas (rocíe con un fungicida sistémico). Reduzca el riego y mejore la ventilación.

PODREDUMBRE DE LA CORONA Y EL TALLO

Parte del tallo se reblandece y se pudre (la enfermedad se conoce como podredumbre basal cuando es la base de la planta la que queda afectada). Casi siempre es fatal: hay que tirar la planta, la maceta y el sustrato. En el futuro, evite el exceso de riego y mantenga las plantas un poco más calientes. Ventile siguiendo las recomendaciones.

HUMEDAD DEL SUELO

El hongo que provoca la humedad del suelo ataca las raíces y la base del tallo de las plántulas. Puede producirse contracción y podredumbre al nivel del suelo, lo que causa que las plantas se doblen. Elimine las plántulas afectadas, todas a la vez, y mejore la ventilación. Use sustrato esterilizado, siembre con un buen espaciado y no riegue en exceso.

MANCHAS EN LAS HOJAS

Aparecen manchas marrones húmedas en el follaje de las plantas más susceptibles. En un ataque severo, los puntos se agrandan y sobresalen, matando toda la hoja. Los causantes de este efecto pueden ser bacterias y hongos. Queme las hojas infectadas y mantenga las plantas más bien secas durante varias semanas.

EDEMA (roña)

Manchas costrosas y duras que aparecen en el envés de las hojas. Esta enfermedad no está provocada por hongos o bacterias: se trata de la respuesta de la planta a un compuesto encharcado, junto con la falta de luz. Retire las hojas muy afectadas, traslade la planta a un lugar más iluminado y reduzca el riego.

MILDÍU

Hongo que se desarrolla en la superficie de las hojas, las cuales se cubren de puntos o de una capa blanca pulverulenta. A diferencia de la botritis, esta enfermedad no es común ni fatal. Elimine las hojas muy infectadas y rocíe la planta con un fungicida sistémico. Como alternativa, espolvoree con azufre y mejore la ventilación.

PODREDUMBRE DE LA RAÍZ

Enfermedad fatal a la que son especialmente propensos los cactos, las suculentas, las begonias, las palmas y las violetas africanas. Las hojas se tornan amarillas y se marchitan, y al final la planta muere. La causa es un deterioro fúngico debido al exceso de riego (la próxima vez, asegúrese de seguir las normas de riego; *véase* pág. 84).

ROYA

Enfermedad poco habitual que afecta en ocasiones a los crisantemos, las fucsias, los claveles y los geranios. Aparecen aros concéntricos de pústulas pulverulentas en el envés de las hojas y resulta difícil de controlar. Queme las hojas infectadas y aumente la ventilación.

NEGRILLA

Hongo negro que crece en el jugo pegajoso depositado por áfidos, cochinillas, moscas blancas y cochinillas algodonosas. El depósito de moho no daña directamente a la planta, pero reduce el crecimiento al sombrear la superficie y bloquear los poros. Elimínelo con un trapo húmedo y mantenga las plagas bajo control.

VIRUS

No existe un único síntoma. El crecimiento puede verse seriamente afectado y los tallos suelen deformarse. Se concreta en falta de frutos y puntos o manchas amarillas en las hojas. La infección ya estaba en la planta cuando la compró, o bien ha sido provocada por un insecto. No hay cura.

PRINCIPALES PROBLEMAS DE LOS CULTIVOS

HOJAS SUPERIORES RÍGIDAS Y AMARILLAS
El sustrato tenía cal o se ha utilizado agua dura para regar plantas que no soportan la cal. Utilice un sustrato sin cal.

HOJAS APAGADAS Y MUSTIAS
La causa habitual es el exceso de sol directo. También puede deberse a la presencia de arañas rojas o polvo en las hojas.

LA PLANTA NO CRECE
Normal en la mayoría de las plantas durante el invierno. En verano, la causa más probable, si la maceta no se ha quedado pequeña, es el exceso de riego o la falta de luz.

HOJAS PEQUEÑAS Y CRECIMIENTO DESGARBADO
Un efecto común en invierno y a principios de la primavera si la planta se mantiene a una temperatura excesiva. En verano la causa más probable es la falta de fertilizante o de luz.

PUNTOS O MANCHAS EN LAS HOJAS
Si los puntos o las manchas son recientes y marrones, la causa más probable es la falta de riego. Si la zona está blanda y marrón, puede deberse al exceso de agua. Las manchas de color paja suelen estar provocadas por las salpicaduras de agua en las hojas, aerosoles, exceso de sol directo o daños por plagas o enfermedades. Los puntos hundidos o similares a ampollas se deben a enfermedades (*véase* pág. 95).

PUNTAS O BORDES DE LAS HOJAS MARRONES
Si sólo están afectadas las puntas, la causa más probable es la sequedad del aire. Otra causa posible es el roce (las personas o los animales que tocan las puntas podrían ser los culpables). Si los bordes aparecen amarillos o marrones, existen diversas posibilidades: entre ellas, el riego incorrecto, la falta de luz, el exceso de sol directo, de fertilizante o de calor, y las corrientes. Busque otros síntomas para identificar la causa.

LAS HOJAS SE ONDULAN Y CAEN
El ondulado seguido de la caída de las hojas es una señal de falta de calor, corrientes frías o exceso de riego.

LAS HOJAS INFERIORES SE SECAN Y CAEN
Las tres causas más habituales son: muy poca luz, demasiado calor y exceso de riego.

CAÍDA DE LAS HOJAS EN PLANTAS ESTABLECIDAS
La defoliación rápida sin un período preliminar prolongado de marchitamiento o pérdida de color suele deberse a un *shock* sufrido por el sistema de la planta. Puede haberse producido un cambio muy brusco de temperatura, un aumento repentino de la intensidad de la luz o una corriente fría prolongada. La sequedad de las raíces por debajo del nivel crítico puede provocar la pérdida repentina de las hojas en los especímenes leñosos.

LAS HOJAS CAEN EN LAS PLANTAS NUEVAS
Resulta bastante normal que las plantas que se han cambiado de maceta, las nuevas adquisiciones o los ejemplares trasladados de un punto a otro pierdan una o dos hojas inferiores. Mantenga al mínimo las posibles perturbaciones plantando en un recipiente sólo ligeramente más grande que el anterior y evitando trasladar una planta de un lugar sombrío a uno muy luminoso sin un período intermedio de varios días con una luz intermedia.

LAS HOJAS SE VUELVEN AMARILLAS Y CAEN
Resulta bastante normal que alguna que otra hoja inferior de una planta madura se vuelva amarilla y termine por caer. Cuando ocurre con varias hojas al mismo tiempo, la causa probable es el exceso de agua o una corriente fría.

HOJAS MARCHITAS
La causa habitual es la sequedad del suelo (provocada por la falta de riego) o el encharcamiento (debido a un error de drenaje o a un riego muy frecuente). Otras causas son el exceso de sol, el aire seco, el exceso de calor o los daños provocados por las plagas.

LAS CABEZUELAS FLORALES CAEN
Las condiciones que provocan la caída de las hojas también pueden llevar a la pérdida de capullos y flores. Las causas más habituales son aire seco, falta de riego, falta de luz, traslado de la maceta y daños provocados por insectos.

LAS FLORES SE MARCHITAN RÁPIDAMENTE
En el caso de algunas plantas, es normal que las flores duren tan sólo uno o dos días (por ejemplo, las de *Hibiscus*). En el caso de las plantas de floración duradera, los responsables son la falta de riego, el aire seco, la falta de luz o el exceso de calor.

AGUJEROS Y DESGARRONES EN LAS HOJAS
Existen dos causas principales: el efecto de los daños físicos provocados por animales de compañía y personas (rozar una hoja que empieza a abrirse puede hacer que el borde sufra daños) y daños provocados por insectos.

AUSENCIA DE FLORES
Si se ha llegado a la etapa de floración, las causas más probables serán los problemas de iluminación (falta de luz o problemas con la duración del día). Otras posibilidades son el exceso de fertilizante, el aire seco o el trips.

LAS HOJAS VARIEGADAS SE VUELVEN VERDES
La explicación es que el follaje recibe muy poca luz. La solución consiste en eliminar las ramas verdes, si es posible, y trasladar la maceta a un lugar donde reciba más luz.

PODREDUMBRE DE HOJAS Y TALLOS
La podredumbre está provocada por un hongo o bacteria que ataca al follaje cuando las condiciones de cultivo son inadecuadas. La causa principal suele ser el exceso de riego (sobre todo en invierno) o el hecho de dejar agua en las hojas por la noche.

LIMO VERDE EN LAS MACETAS DE BARRO
Señal inequívoca de problemas de riego: la causa es el exceso de agua o la falta de drenaje.

COSTRA BLANCA EN LAS MACETAS DE BARRO
Existen dos posibles causas: el empleo de agua excesivamente dura o el exceso de fertilizante.

PROBLEMAS DE LOS TOMATES

MILDIU

En el fruto aparece una zona marrón abultada y el tomate afectado se pudre por completo rápidamente. La infección puede desarrollarse durante el almacenamiento.
Tratamiento: ninguno. Destruya el fruto.
Prevención: proteja los frutos rociando contra el mildiu tan pronto como aparezca en las hojas.

CAÍDA DE LAS FLORES

Nudo

En ocasiones las flores se marchitan y se parten por el nudo. La polinización no se ha producido y la causa suele ser la sequedad de las raíces y del aire.
Tratamiento: ninguno.
Prevención: riegue regularmente y rocíe las flores por la mañana. Golpee las plantas para favorecer la polinización.

PODREDUMBRE DEL EXTREMO DE LA FLOR

Aparece una mancha correosa de color oscuro en la parte inferior del fruto. Se trata de un problema frecuente cuando se utilizan sacos de cultivo.
Tratamiento: ninguno.
Prevención: nunca deje que el suelo o el sustrato llegue a secarse, sobre todo si el fruto se encuentra en fase de crecimiento.

BROTE SECO

El crecimiento del fruto se detiene cuando alcanza el tamaño de una cerilla. El problema se debe al aire, demasiado caliente y seco, existente mientras se producía la polinización.
Tratamiento: ninguno.
Prevención: rocíe las plantas cada día con agua, por la mañana o por la tarde.

SALPICADO

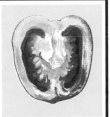

Esporas de un hongo gris que caen en el fruto o lo salpican. Se forman anillos pequeños y transparentes («puntos de agua»).
Tratamiento: ninguno. Los frutos afectados son aptos para el consumo.
Prevención: proporcione una buena ventilación. No salpique los frutos en desarrollo cuando riegue. Controle la botritis.

CUELLO VERDE

La zona que rodea el pedúnculo permanece dura, verde y sin madurar. La causa es el exceso de sol o la falta de potasa.
Tratamiento: ninguno.
Prevención: aplique material sombreador. Controle el calor del invernadero y aplique regularmente un fertilizante para tomateras. Existen variedades resistentes.

FRUTO HUECO

Existen varias causas posibles: malas condiciones para la polinización (aire demasiado cálido, demasiado frío o excesivamente seco), falta de potasa en el suelo o daños provocados por un herbicida hormonal.
Tratamiento: ninguno.
Prevención: evite los factores mencionados.

FRUTOS PARTIDOS

Problema común tanto en los tomates cultivados al aire libre como en los de invernadero. Está provocado por el exceso de riego o lluvia después de que el suelo se haya secado alrededor de las raíces. El aumento repentino de tamaño provoca la rotura de la piel.
Tratamiento: ninguno.
Prevención: mantenga las raíces húmedas.

PODREDUMBRE DEL TALLO (didymella)

Las hojas inferiores se vuelven amarillas y aparece un chancro marrón y abultado en la base del tallo. En esta zona se desarrollan puntos negros. La enfermedad puede extenderse a otras parte del tallo.
Tratamiento: ninguno.
Prevención: esterilice el equipo entre cosecha y cosecha.

ESCALDADURAS

Zona hundida de color marrón claro y de textura similar a la del papel en el lado del fruto que da al cristal. Manchas en las hojas. La causa es la exposición directa al sol.
Tratamiento: ninguno.
Prevención: aporte sombra. Humedezca el suelo de manera adecuada, pero no rocíe las plantas a mediodía.

MOHO EN LAS HOJAS

Manchas marrones púrpura en el envés de las hojas. El haz presenta manchas amarillentas.
Tratamiento: retire algunas hojas inferiores. Rocíe con carbendazim a la primera señal de ataque.
Prevención: ventile el invernadero, sobre todo por la noche.

POLILLA DEL TOMATE

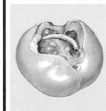

Orugas grandes, de color verde o marrón, que penetran en el fruto y los tallos. Las orugas jóvenes hacen agujeros en las hojas.
Tratamiento: si ha llegado a esta fase, significa que ya es demasiado tarde para un tratamiento efectivo. Destruya los frutos afectados.
Prevención: rocíe fenitrotión cuando aparezcan orugas y agujeros en las hojas.

PROBLEMAS DE LOS PEPINOS

ANTRACNOSIS

Aparición de puntos y manchas hundidos, de color verde claro, cerca del extremo de la flor. Las zonas afectadas adquieren un tono rosa a medida que el moho se desarrolla sobre la superficie, y finalmente se tornan negras y pulverulentas. Al tiempo que la enfermedad se extiende, los frutos afectados se vuelven amarillos y mueren.
Tratamiento: ninguno. Destruya los frutos infectados y espolvoree con azufre una vez a la semana.

MOSAICO DEL PEPINO

Frutos deformados y pequeños con verrugas características de color verde oscuro. La superficie es blanca o amarilla, con manchas o puntos verdes. La gravedad de los síntomas aumenta al subir la temperatura en el invernadero.
Tratamiento: ninguno. Las plantas sanas no deben manipularse después de haberse cortado los frutos infectados. No obstante, no hay riesgo para la salud si se comen pepinos infectados con este virus.
Prevención: compre plántulas sanas.

PODREDUMBRE GRIS (BOTRITIS)

Un moho peludo gris aparece en los frutos en descomposición. La botritis puede provocar pérdidas graves al aire libre en una temporada húmeda y bajo cristal si la humedad es elevada. Los tallos suelen verse afectados y el punto de entrada de la enfermedad es una zona dañada o muerta.
Tratamiento: retire y queme los frutos y las hojas infectados. Rocíe con carbendazim a las primeras señales de la enfermedad.
Prevención: no riegue en exceso. Rocíe las plantas con un fungicida sistémico.

GOMOSIS

Enfermedad grave de los pepinos de invernadero cultivados en condiciones húmedas y frescas. Los frutos infectados desarrollan puntos hundidos a través de los cuales rezuma una goma similar al ámbar. En la superficie de la goma aparece un moho oscuro.
Tratamiento: destruya todos los frutos enfermos, eleve la temperatura y reduzca la humedad. Rocíe las plantas con ditano.
Prevención: mantenga el invernadero cálido y asegure una ventilación adecuada.

AMARGOR

Si el fruto presenta un aspecto normal, es que alguna de las condiciones de cultivo ha fallado. Un descenso repentino de la temperatura o de la humedad del suelo y un aumento súbito del sol o la poda suelen ser causas habituales. El segundo tipo de amargor se asocia con los frutos deformados (tipo garrote) cultivados en invernadero. En este caso, la causa es la polinización: recuerde que es preciso retirar las flores masculinas, aunque es posible evitar esta tediosa tarea cultivando una variedad exclusivamente femenina, como Pepinex. Los pepinos amargos no suelen ser comestibles, pero puede probar el viejo truco de cortar el fruto varios milímetros por debajo del extremo de la flor y frotar las dos superficies de corte.

MARCHITAMIENTO DE LOS FRUTOS JÓVENES

En ocasiones, los pepinos dejan de crecer cuando sólo tienen unos milímetros de longitud. La podredumbre se extiende desde la punta hacia atrás. Por desgracia, existen muchas causas posibles como las corrientes, la poda agresiva y el uso de abono fresco de granja. La razón más probable es una acción radical errónea debida a la falta de drenaje, al exceso de agua o a la mala preparación del suelo. El secreto consiste en mantener un crecimiento uniforme mediante un riego cuidadoso. Si se produce el marchitamiento de los frutos jóvenes, elimine el fruto dañado y rocíe con un fertilizante foliar. Durante la semana siguiente, absténgase de regar y ventile el invernadero, pero mantenga el suelo húmedo como siempre.

MUERTE DE LAS PLANTAS

Existen multitud de razones por las que una planta puede morir en un invernadero o un invernáculo. Los factores fatales más habituales son:

● **SEQUEDAD** La vida sin agua no es posible. Muchas plantas resisten un riego poco frecuente en invierno, pero la falta de agua durante la estación de crecimiento puede llevar al marchitamiento de las hojas y, finalmente, a la muerte de la planta.

● **EXCESO DE RIEGO** La causa más habitual de muerte de una planta en un invernadero caliente en invierno es el exceso de agua. Las hojas de las plantas afectadas se caen y el jardinero cree que les falta agua. Así que riega todavía más, y la planta no tarda en morir. Resulta imprescindible saber cómo diferenciar los síntomas de la falta y el exceso de agua (*véase* pág. 84).

● **TEMPERATURAS INFERIORES A LA MÍNIMA** Muchas plantas pueden soportar un corto período de exposición a temperaturas por debajo de la mínima recomendada, pero las temperaturas bajo cero matarán rápidamente cualquier planta semirresistente. No es sólo cuestión de mirar el termómetro: el efecto de una noche fría se ve agravado si la planta se mantiene en condiciones cálidas durante el día. Por lo general, son los cambios bruscos de temperatura más que el aire frío los que provocan los daños.

● **SOL DIRECTO** Algunas plantas mueren rápidamente si se exponen a los rayos directos del sol en pleno verano.

● **AIRE CALIENTE Y SECO** Puede suponer un problema en verano si el suelo está endurecido y las raíces han muerto. También puede representar un problema en invierno, ya que algunas plantas necesitan un período de descanso fresco cuando la intensidad de la luz es baja.

● **PLAGAS Y ENFERMEDADES** La mayor parte de las plagas y enfermedades afean las plantas más que matarlas, pero algunas (gorgojos, podredumbre de la raíz, botritis, etc.) son fatales.

CAPÍTULO 6

CALENDARIO

Muchos invernaderos se utilizan para cultivar tomateras en verano, guardar algunas plantas de interior, producir plántulas en primavera y poco más durante el resto del año. Saque mayor provecho de su invernadero y, para ello, estudie con detenimiento este capítulo y planifique el año con antelación (puede empezar en cualquier momento). Utilice las gráficas que se incluyen y anote en ellas las plantas que tiene pensado cultivar.

INVIERNO

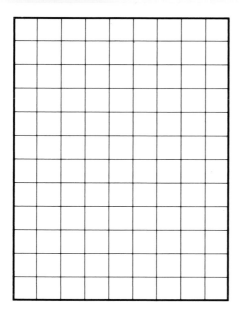

PRIMAVERA

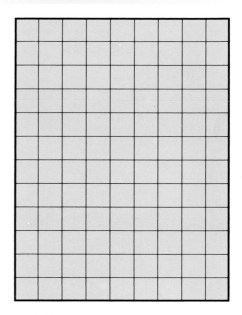

1 cuadrado = 15,25 x 15,25 cm, 30,5 x 30,5 cm o 61 x 61 cm

VERANO

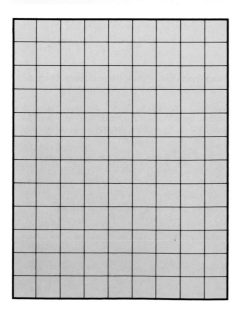

OTOÑO

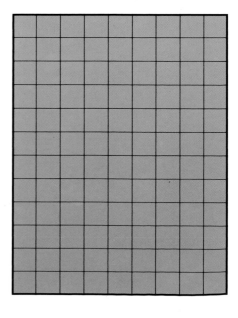

PRINCIPIOS DE INVIERNO

Empieza un nuevo año, aunque es una entrada lenta en el año del invernadero. En general, el espacio está más vacío que nunca y la época de siembra activa todavía no ha llegado. Hace frío y los días son cortos. Mantenga el invernadero seco y razonablemente fresco y aproveche la ocasión para prepararlo todo de cara a la primavera. Es una buena época para comprobar el material, reponer lo que falte y revisar el estado de la estructura. Existen diversas tareas que se pueden desarrollar a principios de invierno, pero casi todo se puede dejar para mediados de dicha estación.

Principales tareas

Es una buena idea trazar un plan. Utilice las gráficas de la página 99 y cultive algo más que tomates y plantas de arriate, pero no se vaya al otro extremo e intente tener demasiadas plantas con distintas necesidades. Encargue semillas, compuestos, etc., y revise el invernadero y el equipo. Tape todas las grietas que puedan provocar la pérdida de calor y corrientes, y asegúrese de sustituir rápidamente los cristales rotos. Inspeccione las calefacciones (las de parafina hay que llenarlas y limpiarlas con regularidad) y asegúrese de instalar un termómetro al nivel de la vista.

•

Mantenga una temperatura mínima de 5,5-7 °C en el invernadero fresco si hay plantas sensibles a las heladas. En un invernadero frío será necesario cubrir esos ejemplares con una estera, paja o periódicos si se prevén heladas nocturnas. No intente alcanzar temperaturas altas: 13-15 °C durante el día es suficiente.

•

Mantenga un ambiente seco para evitar la aparición de enfermedades y no salpique el suelo, la estructura, las hojas o las coronas de las plantas cuando riegue. Las macetas hay que lavarlas de vez en cuando (las plantas en flor deben regarse de forma más generosa). Riegue a primera hora de la mañana.

•

Revise las plantas. Mantenga las que estén en flor en un lugar bien iluminado, y elimine las flores muertas y las hojas amarillentas o enfermas. Rocíe si la botritis o la mosca blanca se convierten en un problema. Aplique un molusquicida si observa las huellas de babosas.

•

Es necesario disponer de ventilación, pero con precaución. El día debe ser seco y soleado. No abra los ventiladores los días húmedos o con niebla. Abra los ventiladores en el lado opuesto al viento y ciérrelos a media tarde para conservar el calor del sol antes de que llegue la noche.

•

Concluya el aislamiento si no lo hizo el mes anterior (*véase* Principales tareas, finales de otoño).

Plantas en flor

Azalea indica

Aro
Azalea
Begonia
Browallia
Calceolaria
Camellia
Clavel
Cineraria
Cyclamen
Eranthis
Euphorbia fulgens
Freesia

Impatiens
Iris
Jacinto
Jazmín
Lachenalia
Narciso
Pelargonium
Poinsettia
Prímula
Saintpaulia
Tulipán
Solanum capsicastrum

Camellia japonica

Bulbosas

Lleve al interior los cuencos con bulbos de floración primaveral (jacintos, narcisos, crocos, etc.) desde el lecho del exterior. Elija los que estén más desarrollados y deje los demás al aire libre; aplique un fertilizante líquido suave cuando los riegue (evite el exceso de agua).

Comience a plantar *Hippeastrum*, *Gloxinia* y *Achimenes*, o bien espere a principios de la primavera.

Espolvoree los gladiolos con azufre si observa alguna enfermedad.

Otras ornamentales

Siembre semillas de begonia, geranio y *Streptocarpus* en un propagador.

Tome esquejes de fucsias y crisantemos.

Plante en macetas las plántulas y los esquejes enraizados de geranios y fucsias. Examine los esquejes de geranio: elimine las hojas enfermas y tire las plantas si la base del tallo aparece negra.

Ponga en interior las macetas con *Polyanthus* y las rosas cultivadas en macetas.

Pode las fucsias y las pasionarias. Pode los crisantemos después de la floración.

Plantas de arriate

Revise las macetas de las anuales resistentes sembradas en otoño. No riegue a menos que el compuesto de la superficie esté seco.

Puede empezar a sembrar en propagador numerosas plantas de arriate. Entre los tipos adecuados figuran *Antirrhinum*, *Calceolaria*, *Canna*, claveles, *Impatiens*, *Lobelia*, geranios y verbena.

Vivaces y arbustos de jardín

Examine los tubérculos de las dalias y espolvoréelos con azufre si ve señales de alguna enfermedad.

Puede empezar a tomar esquejes de crisantemo si están avanzados. Utilice brotes nuevos de la base (no laterales) de los tallos de la planta madre. Los esquejes deben tener alrededor de 76 mm.

Tomates

La época habitual para sembrar tomates es a finales del invierno, aunque en un invernadero caliente con una temperatura nocturna mínima de 10-13 °C se pueden sembrar en un propagador y después trasplantarlos a finales del invierno para obtener una cosecha a finales de la primavera.

Pepinos   No hay ninguna tarea durante este mes.

Hortalizas

Siembre judías verdes (Masterpiece o Flair), lechugas (Emerald), zanahorias (Amsterdam Forcing), cebollas (Ailsa Craig) y puerros (Lyon-Prizetaker). En un propagador caliente, siembre coliflor (Snowball) y coles (Hispi).

Todavía no es demasiado tarde para plantar y forzar achicoria o ruibarbos (*véase* pág. 78).

Plante patatas tempranas en macetas para obtener una cosecha a mediados de la primavera.

Recoja las lechugas, los rábanos, las setas, la mostaza, los berros, la achicoria y los ruibarbos.

Frutales

Las vides comenzarán a crecer si se mantiene una temperatura nocturna mínima de 7 °C.

Termine de plantar los melocotoneros, nectarinos y albaricoqueros. Si va a cultivar en macetas los melocotoneros y los nectarinos, asegúrese de que se trate de patrones enanos. Mantenga las plantas establecidas frescas y bien ventiladas.

Lleve al invernadero las macetas de fresas y manténgalas en un lugar iluminado a 7-13 °C.

MEDIADOS DE INVIERNO

Los días van siendo más largos y hay más tareas por hacer, aunque la temperatura exterior llega a su punto más bajo. Ahora comienza en serio la siembra de semillas: la de plantas de arriate que requieren mucho tiempo para establecerse y las hortalizas que se plantarán al aire libre en un suelo protegido con una campana de cristal. Hay que tomar esquejes de crisantemos y dalias, acolchar algunos arbustos en macetas y empezar a cultivar otros ejemplares. Todavía es demasiado pronto para sembrar semillas de tomatera en el invernadero frío y tampoco es el momento de sembrar pepinos. La estación ha comenzado, pero los meses más ajetreados están por llegar.

Principales tareas

El hecho de que los días sean más largos significa que la frecuencia de riego debe aumentar ligeramente, aunque todavía hay que hacerlo con precaución. Durante todo el período invernal, el suelo debe mantenerse bien seco, y hay que evitar mojar las hojas y las coronas. Se recomienda regar desde abajo siempre que sea posible. Esto exige poner las macetas en un cubo con agua y dejarlas hasta que la superficie del sustrato empiece a brillar. Retire las macetas y deje que eliminen el exceso de agua antes de devolverlas a su sitio. Cuando riegue desde arriba, ponga el pitorro de la regadera bajo las hojas. Intente realizar esta tarea antes del mediodía.

•

Tape las plantas delicadas durante las noches frías si no puede mantener una temperatura mínima de 5,5 °C. Intente evitar las fluctuaciones pronunciadas (procure mantener el aire dentro de una franja de temperatura bastante limitada, entre 5,5 y 15 °C).

•

Mantenga el ambiente seco y ventile durante los días soleados, siguiendo las instrucciones ofrecidas en el apartado Principales tareas, Principios de invierno.

•

Revise las plantas. Ponga en un lugar bien iluminado las que estén en flor, elimine las flores muertas y las hojas amarillas. Rocíe si aparecen plagas o enfermedades.

•

Asegúrese de que las macetas y las bandejas semilleras estén esterilizadas antes de su uso. Lávelas con un desinfectante para jardín. Compruebe si el aislamiento permanece intacto.

•

Etiquete claramente todas las bandejas de semillas después de sembrar (no lo confíe todo a su memoria). No olvide sembrar en sustrato húmedo (no empapado) dejando una buena separación y tapar el recipiente hasta de que se produzca la germinación.

Cineraria, híbridos

Plantas en flor

Azalea
Begonia
Calceolaria
Camellia
Chionodoxa
Cineraria
Clavel
Clivia
Columnea
Croco
Cyclamen
Dianthus

Freesia
Impatiens
Iris reticulata
Jacinto
Jazmín
Lapageria
Mimosa
Narciso
Pelargonium
Prímula
Saintpaulia
Tulipán

Calceolaria herbeohybrida

Bulbosas

Lleve al interior el resto de los cuencos con bulbos de floración primaveral. Aplique un fertilizante líquido suave cuando los riegue, siempre con precaución.

Coloque los cuencos bajo cubierta después de que las flores se hayan marchitado.

Plante las begonias, *Hippeastrum*, *Gloxinia*, *Gloriosa* y *Achimenes* en un invernadero fresco.

Otras ornamentales

Si tiene un propagador, puede sembrar varias plantas de maceta durante este mes: *Abutilon*, begonias, *Celosia*, *Coleus*, *Streptocarpus*, *Saintpaulia*, geranios, *Schizanthus* y *Solanum capsicastrum*.

Tome esquejes de geranios, claveles y begonias Lorraine.

Plante en macetas helechos, palmas, geranios, fucsias, *Coleus* y *Schizanthus*.

Pode las fucsias, las buganvillas y los geranios.

Elimine las cabezuelas muertas de las azaleas y los ciclámenes después de la floración.

Plantas de arriate

Plante en maceta las anuales resistentes sembradas en otoño.

En lugar de esperar, ya puede sembrar una amplia gama de anuales semirresistentes y otras plantas de arriate. Como norma general, las anuales de semilla pequeña se siembran antes que las de semilla grande. Algunos ejemplos son: *Alyssum*, *Ageratum*, *Antirrhinum*, *Calceolaria*, *Celosia*, *Lobelia*, *Nicotiana*, *Pelargonium*, los guisantes de olor, los alhelíes y las verbenas.

Vivaces y arbustos de jardín

Siga tomando esquejes de crisantemo. Es el momento de empezar a cultivar tubérculos de dalia con el fin de producir nuevos brotes para tomar esquejes. Plante los tubérculos en una mezcla húmeda de turba y arena. Colóquelos en un lugar bien iluminado y corte los brotes cuando alcancen 50-75 mm de altura. Propáguelos tal como se describe en la página 66.

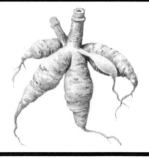

Lleve al invernadero las macetas con hortensias, heliotropos y fucsias, en período de latencia. Haga que vuelvan a crecer regándolas y exponiéndolas a la mayor cantidad de luz posible.

Tome esquejes de heliotropo y fucsia.

Acolche los arbustos plantados en maceta (elimine los 25 mm superiores de sustrato y sustitúyalo por material fresco).

Tomates

Siembre semillas ahora si no lo hizo el mes anterior para plantar las plántulas en un invernadero fresco a finales del invierno.

Pepinos No hay ninguna tarea en este período.

Hortalizas

Siembre semillas para plantar después las plántulas al aire libre en un suelo cubierto con campanas de cristal. Puede sembrar judías verdes, guisantes tempranos, lechugas tempranas, coliflores, zanahorias, coles, coles de Bruselas, cebollas, chirivías y nabos tempranos.

También puede sembrar las semillas para que crezcan hasta la madurez en el invernadero (por ejemplo, lechugas y berenjenas).

Plante en maceta las achicorias y fuércelas.

Recoja las lechugas, los rábanos, las setas, la mostaza, los berros, la achicoria y los ruibarbos.

Frutales

Siembre melones si puede proporcionarles calor (las plántulas necesitarán una temperatura mínima de 15 °C).

Lleve al invernadero las fresas plantadas en macetas. Cultívelas en macetas de 13 cm, en sacos de cultivo o en macetas para fresas.

Guíe las vides que empezaron a desarrollarse el mes anterior. Polinice a mano las flores (*véase* pág. 106).

FINALES DE INVIERNO

Se inicia la estación más ajetreada, momento en que se puede sembrar la mayoría de las plantas de arriate y de invernadero. Algunas semillas, como las de tomate, melón y pepino, necesitan un propagador caliente; otras, como las de *Antirrhinum*, *Lobelia* y petunia, no. Ya se pueden tomar esquejes de madera blanda y las plantitas desarrolladas a partir de lo sembrado el mes anterior necesitan un trasplante. Las plantas establecidas empiezan a crecer de forma activa, de modo que hay que cambiar las prácticas de cultivo. El riego pasa a ser más regular y ha de iniciarse el humedecido del suelo y de la estructura.

Principales tareas

Los cambios bruscos de temperatura pueden convertirse en un problema: un día de mucho sol puede provocar un sobrecalentamiento grave. Intente mantener el aire a 7-18 °C, lo que exigirá calentar la estructura por la noche y ventilarla y humedecerla durante los días sin nubes.

•

Aplique un fertilizante líquido a las plantas en desarrollo, pero no se exceda con las jóvenes. Utilice una fórmula equilibrada, no rica en potasa, para el desarrollo de las hojas (reserve el fertilizante rico en potasa para las plantas de flor).

•

Las plántulas necesitan mucha luz, pero las jóvenes necesitarán protección del sol de mediodía.

•

Los insectos comienzan a ser un problema este mes. Vigile la presencia de pulgones, moscas blancas y arañas rojas. Rocíe con un insecticida de invernadero, como derris o permetrina, antes de que el problema se le vaya de las manos.

•

La humedad del suelo provoca la muerte de las plántulas (*véase* pág. 95). En la actualidad ha dejado de ser un problema gracias a la introducción de sustratos estériles, pero todavía aparece en alguna ocasión. Puede deberse a la esterilización incompleta de un sustrato a base de tierra, aunque la causa más probable es el exceso de riego, el uso de bandejas de semillas sucias o el hecho de sembrar sin espaciar. Actúe de inmediato: elimine todas las plántulas dobladas y riegue el resto con solución Cheshunt Compound.

•

Mantenga húmedas, pero no empapadas, las macetas con plantas en desarrollo. Un acolchado capilar resulta de gran ayuda (*véase* pág. 12).

•

Es preciso polinizar a mano las flores de melocotonero, nectarino y fresal, ya que no hay insectos polinizadores. *Véanse* instrucciones, pág. 106.

•

Ha llegado el momento de preparar las cestas colgantes para colocar al aire libre a finales de la primavera.

Plantas en flor

Primula obconica

Schizanthus hybrida

Begonia	Jazmín
Camellia	Mimosa
Cineraria	*Muscari*
Clavel	Narciso
Clivia	Oxalis
Crossandra	*Pelargonium*
Cuphea	Prímula
Cyclamen	*Saintpaulia*
Freesia	*Schizanthus*
Hippeastrum	*Sparmannia*
Impatiens	Tulipán
Jacinto	*Veltheimia*

Bulbosas

Cuando las flores se hayan marchitado, plante al aire libre bulbos de floración primaveral (no los guarde para plantarlos en cuencos el año siguiente).

Empiece a cultivar las siguientes plantas bulbosas: *Achimenes*, *Begonia tuberosa*, *Caladium*, *Canna*, *Gloriosa*, *Gloxinia* e *Hippeastrum*. Plante en bandejas y después en pequeños recipientes cuando aparezcan brotes.

Siembre semillas de *Freesia*.

Otras ornamentales

Plante en macetas de 13 cm las plantas sembradas en otoño (tutore si es necesario), y trasplante las plántulas crecidas de las semillas sembradas el mes anterior.

Siembre semillas de las plantas sugeridas para el mes anterior. Otras variedades interesantes son la esparraguera, los cactos, *Campanula isophylla*, *Capsicum anuum* y *Grevillea robusta*.

Active el crecimiento de las plantas establecidas con un largo período de letargo aumentando el riego y llevándolas a un lugar muy luminoso.

Plante en maceta un geranio de pensamiento. Recorte la poinsetia cuando las flores se hayan marchitado y manténgala seca hasta finales de la primavera.

Tome esquejes de coleos, fucsia y geranio.

Plantas de arriate

Trasplante las plántulas desarrolladas de las semillas sembradas el mes anterior.

La mayor parte de las plantas de arriate se pueden sembrar durante este mes. Utilice la lista de mediados del invierno y añada *Begonia semperflorens*, *Callistephus*, *Campanula*, *Iberis*, *Kochia*, maíz ornamental, petunias y salvia.

Active el desarrollo de las plantas en letargo (*véase* superior).

Vivaces y arbustos de jardín

Siga tomando esquejes de crisantemo y dalia y plante en maceta los esquejes con raíces tomados a principios de año. Pince los puntos de crecimiento de los esquejes enraizados de crisantemo cuando tengan alrededor de 15 cm de altura: así conseguirá un crecimiento frondoso.

Plante tubérculos de dalia que no utilice para producir esquejes. Póngalos en una mezcla húmeda de turba y arena hasta que se hayan formado capullos. A continuación, corte la raíz en varios trozos (cada uno con al menos un tubérculo resistente y un brote bien formado) y plántelos en sustrato universal.

Tomates

Siémbrelos en un propagador para plantarlos en un invernadero frío a mediados de la primavera o al aire libre a finales de dicha estación. La temperatura ideal de germinación es de 15-18 °C.

Trasplante las plántulas de la siembra de mediados del invierno a macetas de turba de 75 mm. Plante en sacos de cultivo o en macetas las plántulas de la siembra de principios del invierno cuando alcancen 15-20,5 cm de altura.

Pepinos

Siémbrelos en un propagador para plantarlos en un invernadero caliente a principios de primavera.

Hortalizas

Puede sembrar una amplia variedad de semillas para trasplantarlas en el jardín. Consulte la lista de mediados del invierno y añada calabacines, apio, judías escarlata, maíz dulce, puerros y diversas plantas aromáticas, como el perejil.

También puede sembrar para cultivar hasta la madurez en el invernadero judías verdes, zanahorias, lechugas, pimientos, berenjenas y remolacha.

Recoja las lechugas, los rábanos, las setas, la mostaza, los berros y las achicorias que estén listas para la recolección.

Frutales

Siembre melones y grosellas.

Los melocotoneros, los nectarinos, las vides y tal vez las fresas estarán en flor este mes: polinícelas a mano tal como se describe en el apartado Principales tareas de principios de primavera.

PRINCIPIOS DE PRIMAVERA

Las plantas en maceta de floración primaveral y los bulbos deberían estar en todo su esplendor y proporcionar color. Los días son cada vez más cálidos, lo que significa que la ventilación y el humedecimiento del suelo son necesarios cuando hace sol. Hay mucho que hacer. Es preciso trasplantar las plántulas antes de que crezcan demasiado, y hay que plantar en macetas los esquejes cuando aparezca vegetación nueva. Ésta es la época para cambiar de maceta las plantas establecidas, y tanto los tomates como los pepinos necesitan atenciones regulares. Hay que preparar las plantas de arriate para su traslado al exterior a finales de la primavera.

Principales tareas

Las elevadas temperaturas diurnas pueden convertirse en un problema, por lo que resulta esencial una ventilación regular. Abra las ventanas del techo, pero no utilice las inferiores hasta que el aire exterior se caliente más. Intente mantener la temperatura del invernadero dentro de la franja que va de 7 a 21 °C.

•

Los días muy soleados, sin nubes, será necesario algún tipo de sombra. Esto puede implicar cubrir parte del cristal orientado hacia el sur con pintura, o bien cubrir las plantas pequeñas, las plantas recién plantadas en maceta y los esquejes enraizados con papel de periódico durante los momentos más calurosos del día.

•

Examine las plantas con regularidad para comprobar si necesitan agua. Tal vez tenga que regar las plantas de crecimiento activo varias veces a la semana.

•

Esté atento a las plagas. Los pulgones, las moscas blancas, los gorgojos y las arañas rojas están en plena actividad. Lo mismo ocurre con las babosas, que pueden destruir rápidamente una bandeja de plántulas.

•

Resulta esencial aplicar un fertilizante a las plantas en desarrollo. Siga cuidadosamente las instrucciones de la etiqueta. La regla de oro es «poco y a menudo»: el exceso puede provocar deformaciones, daños en las hojas o quemaduras en las raíces.

•

En este período se reduce la necesidad de aportar calor a las plantas por la noche, pero tenga cuidado porque la vegetación nueva es especialmente susceptible a las bajas temperaturas. Asegúrese de que los radiadores estén en funcionamiento siempre que haya predicciones de heladas. No obstante, las heladas severas y prolongadas no son muy probables en el sur, lo que significa que el aislamiento ya se puede retirar porque resulta esencial disponer de la máxima iluminación.

•

Polinice la fruta a mano. Esta tarea consiste en transferir el polen con un pincel suave o una bola de algodón (hágalo a mediodía). Repita la operación durante varios días para asegurarse de que ha conseguido el objetivo.

Plantas en flor

Anuales tempranas
Azalea
Calceolaria
Cineraria
Clavel
Clivia
Coleus
Freesia
Fucsia
Hippeastrum
Impatiens
Jazmín

Lantana
Pelargonium
Prímula
Rosa
Saintpaulia
Schizanthus
Schlumbergera
Stephanotis
Streptocarpus
Streptosolen
Tibouchina
Tulipán

Saintpaulia ionantha

Stephanotis floribunda

Bulbosas

Plante begonias tuberosas y *Gloxinia* (con la parte hueca hacia arriba) en bandejas con sustrato. Plante *Canna* y *Gloriosa* en macetas.

Reduzca el riego cuando las flores del ciclamen se marchiten. Retire y seque los bulbos; guárdelos para plantarlos en otoño.

Otras ornamentales

Siembre semillas de las plantas sugeridas para finales del invierno si no lo ha hecho ya. Trasplante las plántulas desarrolladas a partir de las semillas que sembró el mes anterior.

Active el desarrollo de las hortensias proporcionándole más agua y calor. Tome esquejes de tallo.

Tome esquejes de geranio y fucsia si no lo hizo antes. Pince los ápices vegetativos para favorecer un crecimiento frondoso.

Es el mejor momento para cambiar de maceta las plantas de interior y de invernadero; siga las instrucciones de la página 87. En el caso de algunas plantas, puede dividir las matas cuando realice el cambio de maceta.

Plantas de arriate

Siembre semillas de los tipos sugeridos para finales del invierno si no lo ha hecho en el período recomendado. Siembre *Zinnia*, *Nemesia* y caléndulas.

Trasplante las plántulas desarrolladas a partir de las semillas sembradas el mes anterior. Comience a aclimatarlas para plantarlas al aire libre a finales de primavera.

Vivaces y arbustos de jardín

Plante tubérculos de dalia si no lo ha hecho antes.

Plante en macetas esquejes enraizados. Tome esquejes de madera blanda.

Tomates

Trasplante las plántulas (que deben tener 15-20 cm de altura) a un invernadero frío. Las flores del primer racimo ya tendrían que estar empezando a abrirse en esta etapa. Las plántulas que todavía no hayan alcanzado esta fase deben plantarse en macetas de turba de 76 mm para trasplantarlas dentro de un mes. Las plantas destinadas al exterior debería aclimatarlas en el plazo de un mes.

Los tomates en sacos de cultivo necesitan un riego regular y frecuente (siga cuidadosamente las instrucciones). Aplique un fertilizante líquido para tomates y respete la cantidad y el tiempo indicados en el envase.

Pince los brotes laterales. Rocíe las plantas a mediodía y golpee los soportes de vez en cuando para favorecer la polinización y el asentamiento de los frutos.

Pepinos

Trasplante las plántulas a un invernadero caliente. Siembre semillas para obtener plántulas que plantará en un invernadero frío a finales de la primavera.

Hortalizas

Siembre calabacines, judías escarlata, apio, apio nabo y judías verdes para trasplantarlos al jardín a finales de la primavera.

Plante plántulas de pimientos y berenjenas en sacos de cultivo.

Coseche las zanahorias, las lechugas, los rábanos, las setas, la mostaza, los berros, las patatas y las achicorias que estén listas para la recolección.

Frutales

Plante los melones sembrados a finales del invierno (siémbrelos ahora si no lo ha hecho antes).

Active el crecimiento de las vides en un invernadero frío (hágalo incrementando el riego y cerrando los ventiladores).

Polinice a mano las flores en cuanto aparezcan. Tal vez sea necesario aclarar los frutos jóvenes de las vides, los melocotoneros, los nectarinos y los fresales (hágalo por etapas). Riegue generosamente y de forma regular cuando los frutos empiecen a hincharse.

Coseche las fresas que estén maduras.

MEDIADOS DE PRIMAVERA

La falta de espacio suele convertirse en un problema durante esta época. Hay bandejas y macetas de plantas de arriate, hortalizas, arbustos y plantas de maceta por todas partes, y en el suelo hay sacos de cultivo llenos de tomates y pepinos. La solución consiste en pasar las plantas de arriate y las hortalizas a una cajonera fría para aclimatarlas de cara a su traslado al jardín al aire libre. Se necesitará mucho menos calor para mantener el invernadero fresco por encima de la temperatura mínima, pero no quite el calefactor. No olvide espaciar las macetas para que entre ellas circule aire fresco.

Principales tareas

Entre invierno y principios de primavera, el mayor problema relacionado con la temperatura era mantener el ambiente por encima del punto de congelación durante las noches frías. Ahora la principal tarea es mantener la temperatura del aire por debajo de 24-26 °C durante los períodos cálidos y soleados.

●

La sombra se convierte en un factor importante. Utilice persianas si dispone de ellas; si no, cubra el cristal con pintura sombreadora. En esta etapa sólo es necesario tratar los cristales orientados al sur. Elimine la pintura si el clima se vuelve gris y frío.

●

En muchos lugares ya no se necesitará calefacción durante el día. Sin embargo, las heladas nocturnas todavía son una posibilidad, así que no retire todavía el calefactor.

●

La ventilación resulta vital durante esta época. Abra las ventanas inferiores o laterales, además de las del techo, si la temperatura supera los 24 °C (si es necesario, abra la puerta).

●

Humedezca el suelo y la estructura por la mañana cuando haga sol. Esta agua tiene dos funciones: bajar la temperatura del aire cuando se evapora y aumentar la humedad relativa (*véase* pág. 82 para más detalles).

●

Las plantas ya están en fase de crecimiento activo, pero las raíces de las plantas cultivadas en macetas o sacos de cultivo no se pueden extender en busca de alimento extra como harían en el jardín, por lo que se requiere una fertilización regular (poco y a menudo). Como norma general, utilice una fórmula equilibrada con nitrógeno, fosfatos y potasa en proporciones más o menos iguales. Para estimular el crecimiento de las hojas utilice un fertilizante rico en nitrógeno; en el caso de las plantas con flores o frutos, emplee uno rico en potasa.

●

Resulta esencial regar de forma regular y generosa (algunas plantas necesitarán atención diaria). Debe comprobar el grado de sequedad del sustrato cada día si no tiene instalado un sistema de riego automático.

Achimenes hybrida

Plantas en flor

Achimenes	Espatifilo
Anuales	Fucsia
Azucena	Hoya
Begonia	*Impatiens*
Buganvilla	Medinilla
Calceolaria	*Pelargonium*
Celosia	Prímula
Cineraria	*Saintpaulia*
Clavel	*Schizanthus*
Clianthus	*Stephanotis*
Coleus	*Streptocarpus*
Dianthus	*Zantedeschia*

Impatiens walleriana

Bulbosas

Plante begonias, *Canna* y *Gloxinia*.

Reduzca el riego de los aros, *Freesia*, *Lachenalia* y *Nerine* cuando las flores se hayan marchitado.

Otras ornamentales

Es el momento de sembrar las semillas de plantas de floración invernal. Entre ellas se encuentran la esparraguerra, *Calceolaria*, *Cineraria*, las prímulas y *Schizanthus*.

Trasplante las plántulas desarrolladas a partir de semillas sembradas el mes anterior.

Tome esquejes de plantas de invernadero. Los esquejes de azalea, *Coleus* y muchas suculentas se toman esta época, aunque para tomar esquejes de geranio lo habitual es hacerlo en verano.

Plante en macetas los esquejes enraizados.

Plantas de arriate

La principal actividad ahora es la aclimatación: traslade las plántulas a un ambiente más fresco para que se acostumbren a las condiciones que tendrán que afrontar al aire libre. Esta operación se realiza en varias etapas. Lo ideal es comenzar colocando las bandejas en la zona más fresca del invernadero, después en una cajonera fría y finalmente en una zona protegida del jardín durante unos días antes de trasplantar.

Prepare cestas colgantes y macetas para trasladarlas al exterior.

Siembre violetas y pensamientos para plantar en un macizo en otoño.

Vivaces y arbustos de jardín

Trasplante los esquejes enraizados de crisantemos a principios de mes. Los esquejes enraizados de dalia se trasplantan a finales de la primavera. Aclimátelos a fin de preparar las plantas para las condiciones del exterior.

Tomates

En el invernadero frío, termine de plantar en sacos de cultivo las plántulas que hayan empezado a florecer.

Las plantas establecidas se encuentran en pleno desarrollo. Aplique un fertilizante líquido de forma regular cuando los primeros frutos empiecen a hincharse. Asegúrese de que el sustrato nunca llegue a secarse del todo.

Guíe los tallos por una cuerda vertical y no se olvide de enrollar la cuerda alrededor del tallo, no al revés.

Golpee ligeramente los soportes o las flores todos los días para favorecer la polinización. Pince los brotes laterales que aparezcan en los puntos donde las hojas se unen al tallo.

Pepinos

Plante las plántulas en sacos de cultivo, en un invernadero frío, y riegue cuidadosamente al principio, manteniendo el sustrato húmedo pero no empapado. Aumente el riego cuando las plantas comiencen a crecer de forma activa (cuando las plantas se encuentran en pleno crecimiento pueden necesitar algo más de un litro diario).

Guíe los tallos a lo largo de soportes verticales y pince los brotes no deseados (*véase* el apartado Pepinos de finales primavera).

Hortalizas

Época de cosecha más que de siembra. Recoja las remolachas, zanahorias, judías verdes, lechugas, setas, mostaza, berros y patatas cuando estén listas.

Frutales

Plante los melones sembrados la época anterior. Las plantas establecidas necesitan calor y humedad (humedezca el suelo con regularidad).

Polinice a mano los melones y las vides cuando aparezcan flores. Tal vez sea necesario aclarar los melocotoneros, nectarinos y vides.

En este momento debe llevar a cabo la poda y guía de melocotoneros, nectarinos, vides y melones.

Siga cosechando fresas.

FINALES DE PRIMAVERA

Este período está marcado por un cambio profundo. La mayor parte de las macetas y bandejas desaparecen, ya que las plántulas de hortalizas, las plantas de arriate, las especies en maceta resistentes al verano, los arbustos delicados, las vivaces enraizadas y las cestas colgantes se trasladan a sus puestos al aire libre. Los tomates y los pepinos entran en su mejor época y hay mucho que hacer (se empiezan a recoger frutos en el invernadero caliente). Los radiadores se han de apagar, excepto en las zonas más frías. Limpie y examine el equipo de calefacción ahora en lugar de esperar a que llegue el invierno.

Principales tareas

Las quemaduras causadas por el sol pueden convertirse en un problema. El crecimiento se ralentiza, las flores pierden color y las hojas se queman. La solución consiste en proporcionar sombra: utilice una pintura adecuada.

●

La ventilación regular se convierte en un elemento esencial. Abra todos los ventiladores y la puerta hasta conseguir la temperatura adecuada. Durante los días cálidos es necesario la ventilación por la mañana y por la tarde, e incluso podría ser preciso poner un ventilador en las noches calurosas. La ventilación automática supone una gran ayuda, sobre todo si se va de vacaciones y nadie cuida del invernadero durante su ausencia. Instálela en esta época si tiene intención de hacerlo, y no espere más tiempo.

●

Compruebe a diario las necesidades de riego. Algunas plantas pueden necesitar agua dos veces al día. Fertilice a intervalos regulares.

●

Debe humedecer el invernadero regularmente rociando el suelo y la estructura por la mañana o a primera hora de la tarde. Además de humedecer el aire y refrescar el invernadero, existe el beneficio añadido de impedir la aparición de la araña roja, toda una amenaza en esta época del año.

●

Las plantas destinadas al jardín se trasladan ahora. Asegúrese de que el peligro de heladas haya pasado antes de trasladar al exterior las semirresistentes y de que los especímenes cultivados en invernadero hayan tenido un período de aclimatación antes de pasar al jardín. Algunas plantas de invernadero pueden permanecer en el jardín al aire libre durante todo el verano: su salud mejorará y usted dispondrá de más espacio en el invernadero.

●

Realice una limpieza después del traslado al exterior. No deje macetas sucias, plantas para tirar u hojas muertas por todas partes.

Streptocarpus hybrida

Plantas en flor

Achimenes
Anuales
Azucena
Begonia
Buganvilla
Caladium
Callistemon
Celosía
Clavel
Clivia
Cobaea
Eucomis

Fucsia
Gloxinia
Hippeastrum
Hortensia
Hymenocallis
Impatiens
Pachystachys
Pelargonium
Saintpaulia
Stephanotis
Strelitzia
Streptocarpus

Hydrangea macrophylla

Bulbosas
Siembre ciclámenes y posteriormente plante en macetas las plántulas que crezcan. Reduzca el riego de los aros una vez que la floración haya terminado (seque y guarde los bulbos).

Otras ornamentales
Siga sembrando semillas de plantas que proporcionen flores en invierno y primavera. Añada a la lista de la etapa anterior *Impatiens*, *Grevillea* y *Zinnia*. También puede sembrar muchas plantas exóticas de invernadero, como *Strelitzia*, aunque sólo si está dispuesto a esperar varios años hasta que lleguen a la fase de floración.

Tome esquejes semimaduros o de hoja de plantas de maceta como la buganvilla, adelfa, *Passiflora*, *Streptocarpus*, *Begonia rex*, *Saintpaulia*, la hiedra y el filodendro.

Debe plantar en sus macetas definitivas los esquejes enraizados de geranio, fucsia, clavel, etc. para disfrutar de ellos en otoño.

Pode los geranios de pensamiento y detenga el crecimiento de los tallos de crisantemo.

Traslade al exterior las plantas resistentes al calor, como claveles, los crisantemos, *Zygocactus*, etc.

Tutore las plantas flexibles y retire las flores muertas.

Plantas de arriate
Traslade al jardín las plantas de floración estival y coloque al aire libre las cestas colgantes. Trasplante las violetas y los pensamientos que sembró el mes anterior.

Vivaces y arbustos de jardín
Ésta es una buena época para tomar esquejes de numerosas vivaces de jardín, como *Gypsophila*, *Delphinium*, los claveles, los lupinos, *Penstemon*, *Linum*, etc.

Siembre ahora vivaces resistentes si piensa cultivarlas a partir de semilla.

Traslade los arbustos delicados, como *Citrus*, que hayan pasado el invierno en el invernadero. Haga lo mismo con arbustos resistentes al calor, como las camelias y las hortensias, una vez la floración haya terminado.

Tomates
Siga aplicando las normas indicadas para mediados de la primavera. El riego y el abonado regulares son ahora todavía más importantes, así como la vigilancia atenta de plagas y enfermedades.

Guíe los tallos en soportes verticales (hágalo por la mañana). A mediodía, golpee suavemente los soportes o rocíe las flores para favorecer la polinización. Siga eliminando los brotes laterales y corte las hojas amarillas que observe inmediatamente por debajo de un racimo con frutos.

En un invernadero caliente, los primeros frutos estarán listos para la recolección. Consulte en la página 72 las instrucciones para saber cuándo está listo el fruto para la cosecha.

Pepinos
En el invernadero frío, acabe de plantar las plántulas en sacos de cultivo.

Siga las instrucciones indicadas para mediados de la primavera. El riego y el abonado regulares son fundamentales y resulta necesario humedecer el suelo a diario. Debe pinzar la punta de cada brote lateral dos hojas por encima de una flor femenina. Pince las puntas de los brotes laterales sin flores cuando alcancen 60 cm de longitud. Elimine todas las flores masculinas.

La recolección comienza en este período en el caso de los invernaderos calientes.

Hortalizas
Siembre judías verdes, mostaza y berros.

Recoja las remolachas, zanahorias, judías verdes, lechugas, mostaza, berros, perejil, rábanos y setas cuando estén listos para la recolección.

Frutales
Riegue, fertilice y guíe los melocotoneros, nectarinos, vides y melones, y polinice a mano estos últimos.

Aclare los racimos de uvas.

PRINCIPIOS DE VERANO

Por lo general, se trata del período más cálido del año y de uno de los más ajetreados en el invernadero. El riego se convierte en una tarea agotadora que hay que realizar cada día, al igual que el abrir y cerrar constante de las ventanas, operación que debe realizar si no dispone de sistemas automáticos. Los tomates y los pepinos pueden sufrir daños serios si se someten a uno o dos días de sequedad, y un invernadero completamente cerrado en medio de una ola de calor puede acabar con muchas plantas dañadas o muertas. Las vacaciones suponen un problema: tendrá que conseguir que un amigo o un vecino le cuide las plantas.

Principales tareas

El mayor problema consiste en mantener la temperatura suficientemente baja durante una ola de calor. La ventilación adquiere una importancia vital, y será necesaria por la noche además de durante el día. Abrir todas las ventanas y la puerta podría no ser suficiente. Humedecer el suelo y aportar sombra serán de ayuda, pero la solución pasa por instalar un extractor o un ventilador eléctrico.

Las quemaduras por efecto del sol pueden provocar daños. Resulta esencial aportar algún tipo de sombra a muchas plantas (las de flor en maceta, los esquejes enraizados, los pepinos en flor, etc.). Las persianas interiores son difíciles de utilizar cuando hay plantas altas, como tomates y pepinos. Una pintura sombreadora resulta más sencilla de instalar y más barata.

Es preciso comprobar el sustrato cada día y no saltarse ni un riego. Hay que humedecer el suelo a diario.

Vigile la presencia de plagas y enfermedades. La araña roja, los pulgones, la mosca blanca, el trips, la botritis y los mildiu son en esta época los principales problemas. Rocíe de inmediato las plantas afectadas si observa alguna de estas plagas, pero lea con detenimiento las instrucciones (*véase* pág. 93) antes de comenzar. Cuelgue atrapamoscas amarillos para invernadero. Los pájaros y las mariposas que entren a través de las ventanas y la puerta pueden crear problemas.

La mayoría de las plantas se encuentran en un período de crecimiento intenso, por lo que hay que aplicar un fertilizante. Uno líquido aplicado cada quince días constituye un tratamiento adecuado, aunque las plantas con frutos (como los tomates y los pepinos) necesitan un fertilizante cada 7-10 días.

Es buen momento para tomar esquejes, ya que las raíces suelen formarse rápidamente en condiciones cálidas.

Plantas en flor

Achimenes
Begonia
Cactos
Calceolaria
Callistemon
Campanula
Canna
Celosía
Clavel
Fucsia
Gloriosa
Haemanthus

Heliotropo
Hibiscus
Hoya
Impatiens
Ipomoea
Ixora
Nerium
Pasionaria
Pelargonium
Saintpaulia
Schizanthus
Streptocarpus

Celosia plumosa

Heliotrope hybrida

Bulbosas

Los bulbos de floración estival ofrecen un bonito espectáculo en esta época del año (las azucenas, *Gloxinia*, *Achimenes*, las begonias, *Canna*, *Gloriosa*, etc.). Cuando la floración haya terminado, retire las vainas con semillas antes de que se desarrollen con el fin de que toda la energía se concentre en los órganos subterráneos de almacenamiento.

Plante los ciclámenes y *Freesia*.

Otras ornamentales

Siembre alhelíes y resedas para disfrutar de su aroma y colorido en invierno. Siembre *Coleus*, *Cineraria*, *Calceolaria*, *Schizanthus* y prímulas para obtener un intenso despliegue de flores en la primavera siguiente.

Trasplante a macetas plántulas de anuales de floración invernal sembradas a finales de la primavera.

Plante en macetas fucsias y geranios.

Tome esquejes de geranios de pensamiento, *Saintpaulia*, *Impatiens*, *Coleus*, fucsias y plantas de follaje.

Tutore y guíe las plantas trepadoras que lo necesiten. Desyeme las begonias y los claveles de flores grandes para obtener más flores.

Saque al exterior *Solanum capsicastrum* para estimular la formación de bayas.

Dé sombra a las plantas de flor en macetas.

Saque al jardín los arbustos resistentes al verano que no trasladó la época anterior. Es importante trasladar al exterior las rosas cultivadas en maceta. Otras plantas que saldrán reforzadas de una estancia al aire libre serán *Camellia*, las azaleas, el jazmín y *Solanum*.

Plantas de arriate   No hay tareas en este período.

Vivaces y arbustos de jardín

Se pueden tomar esquejes de muchos arbustos (utilice madera semimadura e impregne las heridas con hormonas de enraizamiento antes de introducir los esquejes en el sustrato). Entre las plantas que puede utilizar para este proceso figuran *Cotoneaster*, *Forsythia*, las hortensias, *Philadelphus*, *Pyracantha* y *Weigela*.

Tomates

Siga fertilizando, regando, humedeciendo el suelo y ventilando como en la época anterior.

Las plantas estarán en plena producción de frutos y será necesario recoger tomates casi a diario. Elimine los brotes laterales en cuanto aparezcan, pero retire únicamente las hojas inferiores si el invernadero dispone de una buena sombra.

Elimine la punta de dos hojas por encima del racimo superior cuando la planta llegue al techo o cuando tenga siete racimos.

Acolche las plantas en macetas con sustrato fresco.

Pepinos

Las plantas se encuentran en plena producción de frutos (*véase* pág. 73 para las instrucciones sobre cuándo está listo el fruto para la recolección).

Pince el punto de crecimiento cuando el tallo principal llegue al techo.

Siga regando, humedeciendo el suelo y ventilando como se indica para finales de la primavera. Aplique un fertilizante para tomates de forma regular.

Hortalizas

Siembre perejil, mostaza y berros. Las patatas empezarán a producir brotes y estarán listas para plantarse a mediados del verano.

Coseche lechugas, rábanos, pimientos, mostaza, berros y perejil.

Frutales

Guíe, fertilice y riegue.

Aclare los racimos de uvas. Las vides prefieren un ambiente seco.

Instale una red donde se apoyen los melones. Estaque los tallos de fresas a fin de producir nuevas plantas para la siguiente estación.

Coseche los melones, los melocotones y las nectarinas cuando estén maduros.

MEDIADOS DE VERANO

Un invernadero bien planificado ofrece ahora una visión muy atractiva: las macetas están llenas de colorido y el fondo lo forman trepadoras, frutales, tomateras y pepinos. El problema de mantener baja la temperatura todavía está presente, pero el calor significa también que las macetas se pueden dejar al aire libre sin que sufran ningún daño. Por ello, es recomendado pintar y hacer reparaciones; las plantas se pueden recolocar en su lugar una vez finalizadas esas tareas. Utilice un conservador de la madera con base de agua en lugar de disolvente para tratar su invernadero.

Principales tareas

Vigile la presencia de botritis: si las hojas, frutos y flores sufren su ataque, tendrá que destruir las partes afectadas, rociar con un fungicida sistémico y mejorar la ventilación. Asegúrese de que las plantas no sufren salpicaduras por la tarde y nunca deje tirados por el invernadero hojas viejas y frutos podridos. Elimine las cabezuelas muertas de las plantas para prolongar la estación de floración.

•

La ventilación continúa siendo vital. Abra todas las ventanas y la puerta (por la noche, abra sólo la ventana del techo).

•

Siga regando de forma regular. Todavía será necesario regar a diario las plantas vigorosas cultivadas en recipientes pequeños.

•

La fertilización rutinaria de las plantas de crecimiento activo sigue siendo una necesidad. Utilice un fertilizante rico en potasa para prolongar y mejorar la producción de frutos y de flores (deje transcurrir 10-14 días entre una aplicación y otra). Las vacaciones pueden representar un problema: si no cuenta con la ayuda de un vecino, tendrá que instalar ventilación y riego automáticos.

•

Éste es buen momento para tomar esquejes de plantas del jardín. Hay tres grupos: las alpinas, como *Armeria*, los arbustos, como *Weigela*, y las semirresistentes, como los geranios. No tome muchos más esquejes de los que pueda manejar, pero sí algunos de más por si se produce algún fallo.

•

La ronda anual de plantación de bulbos comienza ahora. Asegúrese de que dispone de macetas, cuencos y fibra adecuados.

Begonia multiflora

Plantas en flor

Abutilon
Achimenes
Allamanda
Anthurium
Azucena
Begonia
Campanula
Campsis
Canna
Celosía
Clavel
Fucsia

Heliotropo
Impatiens
Ipomoea
Lantana
Pasionaria
Pelargonium
Plumbago
Saintpaulia
Schizanthus
Streptocarpus
Thunbergia
Vallota

Campanula isophylla

Bulbosas

Siembre semillas de ciclamen para que florezcan a principios del invierno del año siguiente.

Plante *Freesia*, *Lachenalia*, *Nerium*, *Vallota*, ciclámenes, aros e *Iris reticulata*.

A finales de la época, plante bulbos de jacinto y narciso especialmente preparados para que florezcan a principios del invierno.

Después de la floración, seque y guarde *Hippeastrum*, *Achimenes*, *Gloxinia* y las begonias.

Otras ornamentales

Una tarea esencial de esta época es sembrar una variedad de anuales resistentes y semirresistentes para disfrutar de su colorido en el invernadero durante la primavera. Elija entre *Schizanthus*, *Nemesia*, *Phlox*, *Clarkia*, la prímula, *Salpiglossis*, *Cineraria*, la espuela de caballero y la escabiosa.

Trasplante las plántulas sembradas en la época pasada y plante en maceta los esquejes enraizados.

Tome esquejes de plantas de invernadero y trepadoras si no lo hizo la época anterior.

Plante cinerarias y prímulas para tener flores a principios del invierno.

Pode las trepadoras si el efecto sombreador sobre otras plantas se convierte en un problema.

Tome esquejes de alpinas.

Plantas de arriate

Tome esquejes de las plantas de arriate delicadas que crecen en el jardín (geranios, fucsias, etc.). Los esquejes enraizados pasarán el invierno en el invernadero para ser plantados en arriates a finales de la primavera del año siguiente.

Vivaces y arbustos de jardín

Siga tomando esquejes de arbustos de exterior. Añada *Hebe*, *Escallonia*, *Laurus*, *Kerria*, *Hypericum*, *Euonymus*, *Erica*, *Cytisus* y lavanda a la lista de la época anterior.

Tomates

Siga las prácticas indicadas para finales de la primavera. El riego regular es vital, pues la falta de riego reduce la cosecha, produce frutos agrietados y provoca la podredumbre del extremo de las flores. Es necesario ventilar para mantener la temperatura por debajo de 26 °C.

Compruebe que los alambres y otros soportes tengan la resistencia suficiente para soportar el peso de las plantas y la cosecha.

Nunca deje frutos en el suelo: se desarrollan mohos y los frutos en desarrollo pueden verse afectados.

Continúe con el programa de fertilización regular y para ello siga detenidamente las instrucciones del fabricante. Elija un fertilizante líquido que se aplique cada vez que riegue.

Pepinos

Siga regando, humedeciendo el suelo, ventilando y fertilizando como en primavera. Debe aplicar un fertilizante con regularidad (utilice uno para tomates cada dos semanas).

Hortalizas

Siembre lechugas (Kwiek o Marmer), zanahorias, endibias y achicorias. Plante en macetas las patatas que hayan brotado.

Recoja las lechugas, pimientos, berenjenas, rábanos, mostaza, berros y setas cuando estén listos.

Frutales

Riegue y fertilice las vides con un fertilizante para tomates.

Reduzca el riego de los melones cuando los frutos empiecen a madurar.

Plante en macetas los estolones del fresal que hayan echado raíces. Deje las macetas al aire libre y éntrelas en el invernadero a principios del invierno.

Recoja los melones, las uvas, las nectarinas, los melocotones y los albaricoques.

FINALES DE VERANO

Los días son más cortos y las noches, más frías. Pronto comienza el otoño y aunque muchas plantas todavía crecerán de forma activa, el colorido despliegue estival pierde fuerza a medida que el mes avanza. Es la época de empezar a entrar en el invernadero las plantas sensibles a las heladas y de prepararse para el invierno que está a punto de llegar. Revise el sistema de calefacción (tal vez tenga que utilizarlo si se producen heladas tempranas). Finaliza la estación de los pepinos y se retiran la mayor parte de las tomateras. Es un buen momento para limpiar y desinfectar el invernadero.

Principales tareas

Ahora es preciso controlar cuidadosamente las temperaturas. Si suben las temperaturas tendrá que abrir todas las ventanas y tal vez incluso la puerta para evitar el sobrecalentamiento del invernadero, pero durante una ola fría es preciso que todas las ventanas estén cerradas. Intente mantener la temperatura entre 10 y 21 °C. Cierre las ventanas a primera hora de la tarde para conservar parte del calor del día.

•

Debe reducir la frecuencia con que se humedece el suelo y la ventilación. Rocíe el suelo y la estructura sólo en los días cálidos, y cuando lo haga asegúrese de terminar antes de mediodía.

•

El sustrato permanece húmedo durante más tiempo, ya que las temperaturas descienden. El crecimiento ya no es tan activo. Reduzca la frecuencia de riego. Manténgase atento ante la posible aparición de enfermedades fúngicas, que tienden a aparecer este mes.

•

Vaya eliminando el sombreado: la máxima iluminación es ahora más importante que el control del calor, aunque conviene mantener algún tipo de sombra en las zonas donde haya plantas amantes de esta situación, como los helechos.

•

Tal vez tenga un hueco entre la limpieza de las tomateras y los pepinos y el momento en que entre en el invernadero las plantas sensibles a las heladas. Podría ser a principios de otoño, y se trata de una excelente oportunidad para fumigar la estructura con un fungicida.

•

No espere demasiado a entrar los especímenes delicados: una helada repentina podría matarlos. Asegúrese de que las macetas de crisantemos, fucsias, etc. no tienen plagas antes de trasladarlas a cubierto.

Bougainvillea glabra

Plantas en flor

Abutilon	Habranthus
Aphelandra	Impatiens
Begonia	Ipomoea
Beloperone	Lapageria
Buganvilla	Pasionaria
Capsicum	Pelargonium
Clavel	Petunia
Cobaea	Plumbago
Exacum	Saintpaulia
Fucsia	Stephanotis
Gloriosa	Streptocarpus
Gloxinia	Thunbergia

Pelargonium hortorum

Bulbosas

Termine de plantar los bulbos preparados de jacinto y narciso para obtener flores a principios del invierno. Mantenga los cuencos en un lugar oscuro y a salvo de heladas o colóquelos bajo una capa de turba o ceniza al aire libre.

Plante *Freesia*, azucenas, ciclámenes, *Lachenalia*, *Hippeastrum* y aros.

Acabe de sembrar ciclámenes para obtener flores a principios del invierno del año siguiente.

Otras ornamentales

Plante en maceta las anuales sembradas la época anterior. Todavía no es demasiado tarde para sembrar semillas si no lo ha hecho antes.

Lleve a cubierto las plantas en maceta que hayan estado al aire libre durante el verano. No hay ninguna prisa si el clima es suave, aunque debe terminar la operación antes de que lleguen las primeras heladas. Las plantas a las que nos referimos incluyen los crisantemos, los claveles, las azaleas, las prímulas, *Cineraria*, las camelias, *Zygocactus* y *Solanum capsicastrum*.

Desyeme los crisantemos.

Pode las trepadoras que hayan finalizado la floración.

Plantas de arriate

Tome esquejes de plantas de arriate sensibles a las heladas para disponer de material para trasplantar al año siguiente. Tome esquejes de variedades de fucsia recomendadas para guiar.

Las plantas como los geranios, los heliotropos, *Canna* y las fucsias que no se hayan utilizado para esquejes deben plantarse en macetas. Estas plantas se han de mantener frescas y más bien secas durante los meses del invierno, antes de volver al arriate al aire libre al año siguiente.

Siembre anuales resistentes como guisantes de olor y pensamientos para disfrutar del arriate en primavera.

Vivaces y arbustos de jardín

Empiece a llevar al invernadero las macetas con arbustos y árboles delicados (por ejemplo, naranjos y limoneros) que han permanecido a la intemperie durante los meses de verano. El momento para hacerlo dependerá de la llegada de las primeras heladas.

Ahora es un buen momento para tomar esquejes de vivaces, aunque algunos tipos son difíciles de propagar.

Tomates

A pesar de que los días son más fríos, sigue siendo muy importante asegurarse de que el sustrato nunca llegue a secarse. Ventile para mantener la temperatura por debajo de 26 °C los días cálidos y humedezca el suelo según las necesidades.

Siga recogiendo frutos de forma regular. Elimine las hojas que cubran los frutos maduros y nunca deje tomates tirados por el invernadero.

La cosecha puede continuar, pero en general termina a finales del verano. Coloque los frutos que queden en el alféizar de una ventana para que terminen de madurar. Elimine las plantas viejas, los sacos de cultivo y las macetas usadas inmediatamente, pues las hojas muertas favorecen la aparición de enfermedades que pueden afectar a otras plantas de invernadero.

Pepinos

La temporada está llegando a su fin. Las plantas se han de aclarar. Hasta entonces, riéguelas de forma regular, humedezca el suelo los días de calor y recoja los frutos.

Hortalizas

Siembre zanahorias, lechugas, rábanos, endibias, mostaza y berros.

Trasplante las lechugas.

Recoja los pimientos, berenjenas, rábanos, mostaza, berros y setas cuando estén listos.

Frutales

Recoja los melones y las uvas que estén maduras. Calcular el momento adecuado para recoger las uvas no resulta fácil: los racimos deben permanecer en la vid una o dos semanas, o incluso un par de meses, después de que el fruto parezca maduro.

PRINCIPIOS DE OTOÑO

Ahora que han pasado los meses de verano, hay mucho menos que hacer en el invernadero. Ya no hay que regar a diario, ni humedecer el suelo y las paredes constantemente ni cuidar de los tomates y los pepinos. Los crisantemos y los claveles de floración perpetua proporcionan casi todo el color, y es el momento de empezar a preocuparse por la calefacción y el aislamiento. La limpieza anual debe tener lugar en otoño, aunque ahora es un momento ideal para esta tarea. Termine la limpieza antes de entrar en el invernadero las plantas sensibles a las heladas.

Principales tareas

La calefacción se ha de poner en marcha en el invernadero frío. Mantenga una temperatura nocturna mínima de 5,5-7 °C. Si se prevén heladas, tal vez tenga que proteger los ejemplares delicados con esteras, paja o papel de periódico.

●

Deje de humedecer el suelo: el exceso de humedad, que era tan necesario en verano, ya no lo es. De hecho, el aire húmedo puede representar un problema, al favorecer la aparición de botritis. Por tanto, se necesita un poco de ventilación cuyo fin es crear aire fresco y en movimiento en lugar de reducir la temperatura.

●

Ventile un poco cada día entre media mañana y primera hora de la tarde. Utilice únicamente las ventanas del techo. Ciérrelas por la noche, aunque tendrá que dejar una pequeña abertura si utiliza una estufa de parafina. No ventile durante los días húmedos o con niebla.

●

Riegue con cuidado. Asegúrese de que la maceta necesita agua antes de regar. No salpique el suelo, la estructura, las hojas y las coronas de las plantas. Riegue antes de mediodía, así dará tiempo a que las salpicaduras se sequen antes de la puesta del sol.

●

Revise las plantas y elimine las flores muertas y las hojas amarillas o enfermas. Ponga un molusquicida si observa huellas de babosas u hojas dañadas. Rocíe si la botritis o la mosca blanca se han convertido en un problema (realice esta operación por la mañana).

●

Asegúrese de llevar al invernadero todas las plantas semirresistentes.

●

En las zonas frías ya se puede instalar el aislamiento (*véase* pág. 13), pero deje esta tarea para finales de otoño si vive en una zona de clima suave.

Plumbago capensis

Plantas en flor

Abutilon	Heliotropo
Campanula	Impatiens
Canna	Jacobinia
Capsicum annuum	Nerine
Celosía	Pelargonium
Clavel	Plumbago
Crisantemo	Primula
Cyclamen	Saintpaulia
Datura	Salpiglossis
Erica	Smithiantha
Exacum	Solanum capsicastrum
Fucsia	Tibouchina

Salpiglossis sinuata

Bulbosas

Plante los bulbos tradicionales de floración primaveral: tulipanes, jacintos, narcisos, campanillas de invierno, *Muscari*, *Crocus*, *Chionodoxa*, etc.

Seque las begonias, *Hippeastrum*, *Gloxinia*, las azucenas, *Achimenes*, *Canna*, etc. cuando haya terminado la floración.

Riegue y fertilice *Lachenalia*, los ciclámenes y *Freesia*.

Trasplante plantitas de ciclamen.

Otras ornamentales

Trasplante las plántulas de la siembra de anuales de la época anterior para disfrutar de sus flores en primavera. Pince los puntos de crecimiento de las plantitas más viejas para favorecer un desarrollo más frondoso.

Plante en macetas *Cineraria*, *Calceolaria* y *Schizanthus*.

Reduzca el riego de las plantas establecidas y evite encharcarlas a toda costa.

Corte crisantemos y claveles para adornar el interior de su casa. Vigile la presencia de botritis y tijeretas en los crisantemos.

Asegúrese de llevar a cubierto las últimas plantas delicadas en maceta. Mantenga el sustrato casi seco.

Lleve al invernadero las macetas con azaleas a punto de florecer para obtener flores en invierno.

Plantas de arriate

Los geranios y las fucsias que se plantaron en macetas y se llevaron al interior del invernadero la época anterior deben mantenerse bastante secos. Volverán a crecer en la primavera siguiente y podrá plantarlos de nuevo en el arriate a finales de la primavera.

Plante en maceta los esquejes de raíz.

Siembre guisantes de olor para trasplantarlos en primavera.

Vivaces y arbustos de jardín

Siga tomando esquejes de las vivaces, y utilice para ello hormona de enraizamiento. Emplee un propagador o tape las macetas con una bolsa de plástico (*véase* pág. 88).

Plante bulbos de azucenas en macetas de 20,5 cm para trasplantarlos en la siguiente primavera.

Las dalias deben arrancarse del arriate cuando las primeras heladas hayan oscurecido las hojas. Termine esta operación. Corte las plantas hasta dejarlas en 15 cm y etiquételas con el color y el nombre de la variedad. Coloque los tubérculos en cajas como se indica en la página 66 y guárdelas hasta la primavera, cuando podrá utilizar los brotes jóvenes como esquejes.

Tomates

Siga recogiendo los tomates si no ha arrancado todavía las plantas, y recoja todos los frutos. Déjelos madurar en un cajón o una bolsa (*véase* pág. 72). Elimine las plantas y los recipientes cuando se termine la producción.

Pepinos   No hay tareas en este período.

Hortalizas

Retire las plantas de las berenjenas y los pimientos cuando la cosecha termine. Trasplante las plántulas sembradas a finales del verano.

Siembre lechugas para recoger en primavera, como May Queen.

Recoja los pimientos, berenjenas, rábanos, mostaza, berros y setas que estén listos.

Frutales

Reduzca el riego. Los melocotoneros y los nectarinos establecidos necesitan ventilación, aire fresco y seco, para que la madera pueda madurar.

Prepare el suelo para plantar melocotoneros, nectarinos, albaricoqueros o vides a finales de otoño.

Coseche las uvas.

MEDIADOS DE OTOÑO

Ya no hay tomates, y esta época representa el final de la estación de crecimiento otoñal y el inicio de una época tranquila en el invernadero, aunque hay una cantidad razonable de trabajo que hacer si utiliza el espacio de forma adecuada. Las macetas necesitarán un riego minucioso, y la ventilación correcta no resulta nada sencilla: es preciso crear suficiente movimiento de aire para reducir el riesgo de enfermedades, pero sin que las plantas se hielen. Es una época adecuada para llevar a cabo la limpieza anual. No deje esta tarea esencial para pleno invierno.

Principales tareas

Mantenga una temperatura mínima de 5,5-7 °C en el invernadero fresco si posee plantas sensibles a las heladas. En un invernadero frío será necesario cubrir esas plantas con esteras o papel de periódico si se prevén heladas nocturnas.

●

Si el día es seco y soleado, abra un ventilador alejado del viento. Ciérrelo a media tarde para conservar el calor del sol antes de que caiga la noche. Mantenga las ventanas cerradas durante los días húmedos o con niebla.

●

Intente mantener el aire más bien seco y no salpique el suelo, la estructura o las hojas al regar. Hay que espaciar el riego de las macetas, excepto el de las plantas que estén en flor.

●

Revise las plantas y separe las macetas para garantizar la máxima iluminación. Elimine las flores muertas y las hojas amarillas o enfermas. Rocíe si la botritis o la mosca blanca se han convertido en un problema.

●

Ésta es una buena época para la limpieza anual. Elija un día brillante y seco y empiece a trabajar a media mañana. Las tareas básicas se enumeran a continuación, aunque encontrará más detalles en la página 90. Coloque las macetas en un lugar seguro del jardín (traslade al interior de su casa los ejemplares más delicados), elimine la basura del invernadero y limpie la estructura y los estantes con un desinfectante para jardín, utilizando un cepillo rígido para limpiar el aluminio. Retire la pintura sombreadora de los cristales y límpielos bien, tanto por dentro como por fuera. Si la madera no ofrece buen aspecto, píntela con un conservador especial seguro para las plantas. Cave si piensa cultivar plantas en el suelo de los márgenes. Cuando termine la limpieza, devuelva las plantas a su lugar.

●

El momento de la limpieza ofrece una oportunidad ideal para llevar a cabo reparaciones menores y para aislar el invernadero.

Plantas en flor

Zygocactus truncatus

Abutilon
Begonia
Browallia
Capsicum annuum
Cassia
Clavel
Crisantemo
Cyclamen
Erica
Exacum
Hedychium
Impatiens

Jacobinia
Kalanchoe
Lantana
Nerine
Pelargonium
Pentas
Primula
Saintpaulia
Salvia
Solanum capsicastrum
Tetranema
Zygocactus

Capsicum annuum

Bulbosas

Acabe de plantar los bulbos de floración primaveral, incluyendo tulipanes, *Iris reticulata* y lirio de los valles.

Examine los cuencos que haya enterrado al aire libre. Si los brotes tienen alrededor de 25 mm de altura, lleve algunos a cubierto para favorecer una floración más temprana.

Otras ornamentales

Plante los esquejes de geranio, fucsia, heliotropo, *Helichrysum*, *Campanula*, *Plumbago*, etc. que tomó en otoño.

Lleve al interior las macetas con fucsias, hortensias, begonias y geranios. Mantenga el sustrato casi seco.

Plante en macetas algunas plantas resistentes del jardín para disfrutar de ellas a principios del invierno (por ejemplo, *Polyanthus* y *Helleborus niger*).

Corte crisantemos y claveles para decorar el interior de su casa. Vigile la posible presencia de botritis y tijeretas en los crisantemos.

Plantas de arriate

Plante las anuales resistentes que sembró en otoño para el arriate de primavera (por ejemplo, pensamientos y guisantes de olor). Utilice macetas pequeñas de 76 mm (las plantas pequeñas en macetas grandes pueden acabar sufriendo la podredumbre de las raíces). Plante esquejes de geranio y fucsia para incluir en el arriate el año próximo (*véase* Otras ornamentales, superior).

Ponga en cajas con turba ligeramente húmeda las plantas que tenga en cestos colgantes.

Vivaces y arbustos de jardín

Las vivaces como los crisantemos y las dalias deben arrancarse del margen antes de finalizar esta época y plantarse en cajas llenas de turba. Etiquete y corte cada planta antes de introducirla en la maceta y después déjelas en el invernadero hasta la primavera, cuando podrá utilizar los brotes jóvenes a modo de esquejes. Para más detalles, *véanse* págs. 66 y 67. Examine las plantas de vez en cuando durante el invierno para asegurarse de que no se pudren.

Lleve al invernadero las macetas con arbustos y vivaces delicadas (*Agapanthus*, *Osteospermum*, etc.) y pódelas.

Tomates
No hay tareas en este período.

Pepinos
No hay tareas en este período.

Hortalizas

Plante en el margen o en sacos de cultivo las plántulas de lechuga obtenidas de la siembra de principios de otoño. La temperatura mínima necesaria es de 7 °C. Plante micelios de setas.

Coseche las lechugas y las setas cuando estén listas.

Plante y fuerce las achicorias. Para instrucciones sobre cómo hacerlo, *véase* pág. 78.

Plante en cajas ruibarbos y fuércelos a finales de esta época. Arranque las coronas de las plantas bien establecidas en el jardín al aire libre y déjelas expuestas a las heladas. A continuación, coloque las coronas en una caja llena de turba y tápelas con plástico negro. Dispondrá de brotes pequeños y suculentos en cuatro semanas.

Arranque del jardín y plante en macetas cebollinos, perejil y menta para disponer de estas plantas durante el invierno.

Frutales

Plante melocotoneros, nectarinos y albaricoqueros. Los arbustos o abanicos establecidos deben disponer de ventilación durante los días secos (no es necesario aportar calor).

Plante vides. Pode las ya establecidas cuando hayan caído todas las hojas.

FINALES DE OTOÑO

El propietario del invernadero percibe en esta época los beneficios del trabajo adelantado. Las macetas con ciclámenes, prímulas, *Cineraria*, etc., pasan al salón, donde sirven de decoración. Lo mismo ocurre con los cuencos de narcisos y jacintos forzados. Además, la comida puede incluir zanahorias, setas y patatas de cosecha propia, así como ensaladas de lechuga y achicoria. Por tanto, se trata de una época satisfactoria pero también difícil. No es la temporada más fría, pero sí la más oscura, lo que significa que el crecimiento se hace muy lento y la luz es el factor que lo controla. Si no dispone de iluminación complementaria, mantenga el suelo más bien seco y la temperatura al menos a 15 °C.

Principales tareas

Vigile la temperatura. En un invernadero fresco, intente conseguir una mínima nocturna de 5,5-7 °C y una máxima diurna de 13-15 °C. Las temperaturas altas provocan un crecimiento débil y desgarbado.

•

Será necesaria cierta ventilación para eliminar la condensación e intentar mantener el aire en movimiento. Realice esta tarea cuidadosamente o creará corrientes fatales para las plantas y un descenso peligroso de la temperatura. Evite problemas siguiendo las instrucciones indicadas en el apartado Principales tareas de mediados de otoño.

•

Debe mantener el suelo bastante seco si las plantas no están en flor (y, en especial, en el caso de los cactos, las suculentas y los geranios). Limítese a humedecer el suelo y la estructura si es realmente necesario, y hágalo a media mañana.

•

Revise las plantas. Elimine las flores muertas y las hojas amarillas o enfermas. Rocíe si la botritis o la mosca blanca se han convertido en un problema y ponga un molusquicida si observa huellas de babosas o caracoles.

•

Aunque todavía no ha llegado el clima más frío, resulta esencial aislar el invernadero antes de que empiece el invierno. Esta tarea es doblemente importante si la estructura es toda de cristal en lugar de una construcción tradicional de ladrillo o madera. Los principios generales para el aislamiento se indican en la página 13. Sujetar el plástico a una estructura de aluminio no resulta tarea fácil, pero algunos modelos llevan ranuras en las barras que permiten introducir el material aislante. Si no es su caso, utilice almohadillas adhesivas de doble cara. Sea cual sea el método que utilice, es necesario evitar bloquear las ventanas.

•

Recorte las mechas de las estufas de parafina para evitar la producción de gases tóxicos para las plantas.

Cyclamen persicum

Plantas en flor

Acacia
Azalea
Begonia
Bromeliáceas
Camellia
Capsicum annuum
Cineraria
Clavel
Columnea
Crisantemo
Cyclamen
Freesia

Hippeastrum
Impatiens
Jacinto
Jacobinia
Narciso
Pelargonium
Poinsettia
Primula
Saintpaulia
Scilla
Solanum capsicastrum
Zygocactus

Narcissus «Paperwhite»

Bulbosas

Lleve a cubierto más cuencos con bulbos para acelerar su crecimiento. Los capullos de los bulbos forzados comenzarán a mostrar sus colores en esta época. Traslade los cuencos al salón para decorarlo.

Plante azucenas. Tutore los tallos de *Freesia* y *Lachenalia*.

Otras ornamentales

Traslade las plantas de interior floridas a la parte más cálida del invernadero a principios de esta época. Riegue cuidadosamente, añadiendo un fertilizante líquido. Entre las plantas que se pueden llevar al salón se encuentran las azaleas, las cinerarias y las prímulas.

Siembre *Campanula isophylla*. Propague claveles de floración perpetua y tutore las begonias Lorraine.

Lleve a cubierto las rosas cultivadas en maceta. Corte los tallos tres o cuatro brotes por encima del sustrato.

Éste es un buen momento para preparar las bandejas de semillas y las macetas. Tire las que estén rotas y lave bien el resto con un desinfectante para jardín; ordénelas bien. Compre un sustrato universal.

Plante arbustos para decorar el invernadero en primavera: por ejemplo, *Forsythia*, *Hebe*, lilas y *Weigela*. También puede plantar en macetas numerosas vivaces herbáceas, entre las que figuran los lupinos, *Aquilegia*, *Delphinium* y *Gaillardia*.

Plantas de arriate

Época tranquila en este campo, ya que la siembra de semirresistentes comienza dentro de unas semanas. Revise las macetas de las anuales resistentes sembradas en otoño. Asegúrese de que obtengan el máximo de luz y no las riegue a menos que la superficie del sustrato aparezca totalmente seca.

Vivaces y arbustos de jardín

Termine la poda de crisantemos y dalias arrancados y llevados al invernadero la época anterior. Mantenga las raíces frescas y bastante secas hasta que vuelva a activarse su crecimiento.

Tomates

La época habitual para sembrar tomates es a finales de invierno. No obstante, en un invernadero caliente con una temperatura nocturna mínima de 10-13 °C se pueden sembrar ahora semillas en un propagador y trasplantar las plántulas a finales de invierno para obtener una cosecha primeriza.

Pepinos   No hay tareas en este período.

Hortalizas

Siembre lechugas, zanahorias, mostaza, berros y judías verdes (elija las variedades recomendadas para cultivar en invernadero). Trasplante en los márgenes o en sacos de cultivo las plántulas de lechuga sembradas a principios de otoño.

Plante en maceta y fuerce las achicorias; plante en caja y fuerce los ruibarbos (*véase* el apartado Hortalizas de mediados de otoño).

Coseche las lechugas, zanahorias, rábanos, setas, patatas, achicorias y los ruibarbos que estén listos para la recolección.

Frutales

Plante melocotoneros, nectarinos, albaricoqueros y vides. Pode las vides establecidas si no lo ha hecho el mes anterior.

Estos árboles frutales no son los compañeros ideales para especies poco resistentes. Los melocotoneros, nectarinos, etc. necesitan condiciones exentas de calor así como una ventilación adecuada en los días secos.

CAPÍTULO 7

ÍNDICE

Agradecimientos

El autor desea agradecer el esmerado trabajo de John Woodbridge, Gill Jackson, Paul Norris, Linda Fensom, Angelina Gibbs y Constance Barry. Asimismo nuestro reconocimiento y gratitud por la ayuda o las fotografías de Pat Brindley, Harry Smith Horticultural Photographic Collection, Joan Hessayon, Norman Barber, Tania Midgley, Carleton Photographic, Brian Carter/The Garden Picture Library, John Glover/The Garden Picture Library, Steven Wooster/The Garden Picture Library, Brock/Robert Harding Syndication y Hugh Palmer/Robert Harding Syndication.

John Dye ha contribuido con sus dibujos y diseño. Roger Shipp ha colaborado como ilustrador.